KB260138

교원 재임용 소청심사

재임용 거부처분 주요 소청사례

재임용 거부처분 주요 소청사례

교원 재임용 소청심사

초판 1쇄　2016년 3월 7일

지은이　교육부 교원소청심사위원회
발행인　김재홍
디자인　박상아, 이슬기
교정 · 교열　김현경
마케팅　이연실

발행처　도서출판 지식공감
등록번호　제396-2012-000018호
주소　경기도 고양시 일산동구 견달산로225번길 112
전화　02-3141-2700
팩스　02-322-3089
홈페이지　www.bookdaum.com

가격　10,000원
ISBN　979-11-5622-137-1　13300

CIP제어번호　CIP2015034483
이 도서의 국립중앙도서관 출판예정도서목록(CIP)은 서지정보유통지원시스템 홈페이지(http://seoji.nl.go.kr)
와 국가자료공동목록시스템(http://www.nl.go.kr/kolisnet)에서 이용하실 수 있습니다.

재임용 거부처분 주요 소청사례

교원 재임용 소청심사

| 교육부 교원소청심사위원회 지음 |

재임용 거부처분에 대한 법률적 변화는 우리 위원회의 역할을 크게 변화시켰다고 할 것이며, 그간 재임용 거부처분에 대한 우리 위원회의 결정과 그 결정에 대한 판례 축적 등은 각 대학의 재임용 심사 시 길잡이 역할을 하면서 재임용 심사 제도를 실질적으로 보완, 발전시키고 있다고 자부합니다.

지식공감

2014년 한 해 동안 교원소청심사위원회에서 처리한 소청사건 614건 중 대학교원에 대한 재임용 거부처분은 161건으로 전체 사건의 26%를 차지하고 있습니다. 이는 수적인 면에서 재임용 거부처분이 징계처분만큼이나 독자적인 처분 및 심사의 유형군을 이루었고, 전년도 65건과 대비하여서도 약 2.5배 증가한 수치입니다.

재임용 거부처분은 한때 교원소청심사위원회의 심사대상이 되지 못했던 시절이 있었고, 2003년 헌법재판소의 결정과 2005년 법률 개정을 통해 교원소청심사위원회의 심사대상이 되었습니다.

1991년에 설립된 교원징계재심위원회가 지금과 같은 교원소청심사위원회로 명칭을 변경한 것도 이 재임용 거부처분이 심사대상에 포함된 것과 관련이 있습니다.

재임용 거부처분이 교원소청심사위원회의 심사대상이 되면서, 교원소청심사위원회는 재임용 심사의 절차, 기준 등에 대한 법적 논리를 세우고, 대학 재량권의 한계 등에 대한 고민을 거듭하며 재임용 거부처분의 위법·부당성을 판단하기 위해 부단히 노력해 왔습니다.

그런 면에서 재임용 거부처분에 대한 법률적 변화는 교원소청심사위원회의 역할을 크게 변화시켰다고 할 것이며, 그간 재임용 거부처분에 대한 교원소청심사위원회의 결정과 그 결정에 대한 판례 축적 등은 각 대학의 재임용 심사 시 길잡이 역할을 하고 있다고 할 것입니다. 한발 더 나아가 교원소청심사위원회는 재임용 거부처분에 대한 심사의 전문성 향상을 위해, 2014년부터 재임용 전담계를 운영하는 등 재임용 심사에 대한 지속적인 관심과 노력을 쏟고 있습니다.

이 책은 위원회 결정의 최근 추세를 확인할 수 있도록 2014년의 결정례를 중심으로 법리적 쟁점이 있거나 대학 현장의 고민을 함께할 수 있는 사례로 구성하였습니다. 모쪼록 이 책이 대학관계자들의 합리적인 재임용 평가와 대학교원들의 권리행사에 도움이 되기 바랍니다.

2016. 2.
교원소청심사위원회 위원장

○ 이 책은 2014년에 처리되었던 총 161건의 재임용 거부처분을 중심으로, 대학교원과 대학 내 재임용 업무담당자에게 참고될 만한 주요 결정례 32건을 엄선하여 수록하였음.

○ 해당 주요 결정례는 크게 '재임용 거부사유 및 심사기준 영역(12건)', '재임용 심사평정과정 영역(10건)', '기타 쟁점 영역(10건)'으로 구분하였음.

※ 다만, 재임용 거부처분 사건은 여러 쟁점이 복합적으로 얽혀있는 경우가 많으므로 이러한 구분은 편의상 구분에 불과함.

○ 이 책은 사례별로 결정 내용의 게재에 앞서 처분요지(또는 쟁점 사항), 결정요지, 관련규정을 별도로 게재하여 사건의 쟁점 파악이 용이하도록 하였음.

○ 부록으로는 교원소청심사위원회의 설치 근거, 연혁 등을 비롯한 소청심사절차 안내, 결정 통계 현황 등을 수록하였음.

Contents

제2장 재임용 심사평정과정 영역

Contents

부록

제**1**장

재임용 거부사유 및
심사기준 영역

품위손상의 정도와 재임용 거부의 한계

처분요지 해당 교원은 동료교수를 폭행하여 교수로서의 품위가 심히 손상되었으므로 재계약 거부함

결정요지 피청구인의 재임용 거부처분은 학칙에서 규정하고 있지 아니한 '교원으로서의 품위손상'을 재임용 심사기준으로 규정하고 있을 뿐만 아니라, 품위손상으로 언급된 폭행도 그 경위, 정도 등에 비추어 재임용을 거부할 만한 중대한 사유로 보이지는 아니함

관련규정 「사립학교법」 제53조의2 제7항

청 구 인 소속   전) ○○대학교

성명   이○○   직위 부교수

피 청 구 인 학교법인 ○○학원

피청구인이 2014. 2. 27. 청구인에게 한 재임용 거부처분에 대하여 청구인이 2014. 4. 2. 이의 취소를 구하는 소청심사청구를 하여 우리 위원회는 심사를 거쳐 다음과 같이 결정한다.

- 주 문 -

피청구인이 2014. 2. 27. 청구인에게 한
재임용 거부처분을 취소한다.

- 이 유 -

1. 사건의 개요

청구인은 2010. 3. 1. ○○대학교 교원으로 신규 채용된 후 2011. 1.

1. 교목실장의 보직을, 2012. 1. 1. 신학대학장의 보직을 맡아 근무하던 중, 교원으로서 품위를 손상했다는 이유로 피청구인에게서 2014. 2. 27. 재임용 거부처분을 받았다.

이에 대하여 청구인은 이 재임용 거부처분이 부당하다고 주장하며 2014. 4. 2. 이의 취소를 구하는 취지의 소청심사를 청구하였다.

2. 처분 사유

교원인사위원회 평가에서 재직기간 중 동료 교수를 폭행한 것이 확인되었고, 이에 대하여 당사자들 간에 개인적 화해가 있었다고는 하나, 교수로서의 품위가 심히 손상되었으므로 재계약 거부한다. (이사장의 2014. 2. 27.자 통보)

3. 청구인 주장

가. 청구인은 모교인 ○○대학교로 전교한 후 일 년 만에 전 총장으로부터 발탁되어 교목실장과 신학대학장을 임명받고 나서부터 신학대학교 교수들과 갈등이 생기기 시작하였다.

나. 청구인은 위○○ 교수에게 욕설을 한 사실은 인정하지만 폭행(멱살)한 사실은 없고, 욕설을 하게 된 배경도 위○○ 교수가 청구인의 신상에 상처를 입혀서(당사자는 학생들에게 본인을 가짜목사라고 하였음) 언쟁이 되었던 것이다.

상대방 위○○이 제출한 진단서의 내용을 인정하지 못하겠고, 청구인은 수차례 멱살을 안 잡았다고 주장하였음에도 피청구인은 이를 인정하지 아니하였다.

다. 재임용 거부처분은 사립학교법 제53조의2에서 명시한 대로 합리적이고 객관적인 사유에 근거하여, 1.학생교육에 관한 사항(교육업적),

2.학문연구에 관한 사항(연구업적), 3.학생지도에 관한 사항(봉사업적) 및 임용계약서 등에 의거 정량적인 평가를 하여야 한다.

그럼에도 불구하고 피청구인은 위 재임용 평가기준을 충족한 청구인에게 고의적으로 근거 없는 실체를 통한 정성적 평가로 일관하여 재계약 불가처분을 한 것이어서 부당하다.

4. 판 단

가. 사실관계

1) 청구인은 2010. 3. 1. 신규임용된 후 2011. 1. 1. 교목실장 및 평생교육원장의 보직을 맡았다.

2) 이후 청구인은 2011. 3. 1. 2년간 재임용(임기만료일: 2013. 2. 28.)되었으며, 2012. 1. 1. 신학대학장의 보직을 맡았다.

3) 신학과 교수 위○○은 2012. 4. 27. 신학과 학과장에게 청구인이 욕설과 폭행을 하였다는 내용의 진정서를 제출하였다.

4) 피청구인은 2012. 12. 28. 청구인에게 신규채용 당시의 문제, 동료 교수 폭행 등의 4가지 사유로 재임용 거부처분(1차 재임용 거부처분)을 하였다.

5) 피청구인은 2013. 1. 31. 청구인에게 동료 교수에 대한 폭행, 교목실장으로서 품위손상 등의 사유로 해임처분을 하였다.

6) 피청구인은 2013. 2. 20. 청구인에 대해 특별채용 요건 미충족, 교과부 종합감사 지적사항을 이유로 신규임용 취소처분을 하였다.

7) 교원소청심사위원회는 2013. 3. 4. 위 1차 재임용 거부처분이 이사회의 의결을 거치지 않았다는 이유로 취소 결정을 하였고, 2013. 5. 27. 위 해임처분이 이사회 의결을 거치지 아니하였고 위 신규임용 계약이 유효함을 이유로 해임 처분 및 신규임용 취소처분도 모

두 취소하였다.

8) 피청구인은 2013. 6. 10. 위와 같은 교원소청심사위원회의 결정에
대해 행정소송을 제기하였다가 2013. 10. 24. 소취하서를 제출하여
해당 행정소송은 종결되었다.

9) 피청구인은 청구인의 재임용 여부에 대한 재심사에 착수하였고,
교무처장은 2013. 12. 2. 청구인에게 재임용 기준 미충족 및 소명
방법을 통보하였다.

10) 교원인사위원회는 2013. 12. 16. 청구인의 출석 진술을 들은 뒤,
2013. 12. 17. 청구인에 대해 '업적부분은 충족하더라도 동료교수
폭행으로 인한 품위손상'을 이유로 재임용 부결을, 폭행을 이유
로 징계요구를 심의하였다.

11) 이사회는 2014. 2. 24. 청구인에 대해 재임용 거부로 의결하였다.

12) 피청구인은 2014. 2. 27. 청구인에게 재임용 거부통보를 하였다. (
이하 '이 사건 재임용 거부처분'이라 함)

13) 청구인은 위 재임용 거부통보서를 2014. 3. 3. 수령하고 2014. 3.
5. 교원인사위원회에 재심청구를 하였다.

14) 교원인사위원회는 2014. 3. 18. 청구인의 재심청구를 기각하였으
며, 교원인사위원회 위원장은 청구인에게 이를 통보하였다.

15) 청구인은 2014. 4. 2. 이 사건 재임용 거부처분의 취소를 구하는
내용의 소청을 제기하였다.

나. 피청구인의 재임용 기준

교원인사규정 제20조 제2항에 따르면 재임용 심사기준은 정년계열
전임교원의 경우 〈별표2〉에 따르도록 되어 있고, '〈별표2〉 계약제 신

규임용 정년계열 교원의 최초 재계약 심사기준'은 ① 교육업적기준 '교육업적 연평균 B등급(60점 이상 75점 미만) 이상 또는 소속대학 수업평가 상위 60% 이내', ② 연구업적기준 '연평균 총점 75점(연평균 국내 A급 이상 50점 포함)×직급별 체류기간'으로 정하고 있다.

한편, 청구인과 피청구인이 작성한 '정년계열 전임교원 임용계약서' 제6조의2에 따르면, 임용기간 중의 업적이 계약제 임용 정년계열 교원의 승진 및 재계약 심사기준을 충족할 경우 피청구인은 "교원품성평가, 본교 발전 기여도를 고려하여 승진 및 재계약 여부를 결정한다."고 기재되어 있다.

다. 청구인에 대한 평가 결과

'계약제 교원 평정 총괄표'에 따르면, 청구인은 교육업적 및 연구업적 평가에서 다음과 같이 재임용 기준을 모두 충족한 사실이 인정된다.

		교육평가		강의평가	연구평가	
실적	2011 학년도	65.55	4.59	단과대학 평균 평점 4.14	연구영역 총점	390.51
					국내 A급 실적	200
	2012 학년도	62.9	4.19	2011년: 4.10 2012년: 4.18	연구영역 총점	130
					국내 A급 실적	50
총계		128.45	8.78	14.71% (백분위 등위)	연구영역 총점	520.51
					국내 A급 실적	250.00
연평균 점수		64.23	4.39		연구영역 연평균	260.26
					국내 A급 연평균	125.00
재계약 조건		1. 교육업적: 교육업적 연평균 B등급 (60점 이상 75점 미만) 이상 또는 소속대학 수업평가 상위 60% 이내			2. 연구업적: 연평균 총점 75점 (연평균 국내 A급 이상 50점 포함)	

다만, 피청구인은 청구인이 동료교수에게 폭행을 행사하여 교원으로서의 품위를 손상하였다는 이유로 청구인에 대해 재임용을 거부하였다.

라. 재임용 거부의 위법성 여부

1) '교원으로서의 품위손상'의 법적 근거

가) 품위손상 관련 규정 및 계약서의 내용

○○대학교 교원인사규정 제2장 '신규임용' 편의 제8조(임용의 제한)는 임용의 제한 사유로 '① 사립학교 교원 임용에 결격사유가 있는 자, ② 교원으로서 부적당하다고 인정된 자'를 규정하고 있고, 같은 규정 제5장 '정년보장' 편의 제28조에서는 정년보장 임용 심사와 관련하여 제4항에서 "징계를 받거나 교육자로서의 인격과 품위에 문제가 있을 때는 점수와 관계없이 부적격 판정을 할 수 있다."고 규정하고 있다.

한편, 피청구인이 "교원품성평가, 본교 발전 기여도를 고려하여 승진 및 재계약 여부를 결정"하는 것에 대해 청구인이 계약으로 합의한 사실은 이미 살핀 바와 같다.

나) 이를 종합하면, ○○대학교 교원인사규정상 '교원 품위'가 임용에 영향을 미치는 것으로 규정된 것은 '신규임용'과 '정년보장심사'에 한하며, '재임용'에 대해서는 별도로 규정되어 있지 아니하다. 다만 청구인은 임용계약서에서 '교원 품위'가 '재임용'에 영향을 미칠 수 있는 것으로 피청구인과 합의하였을 뿐이다.

다) 그런데 사립학교법 제53조의2 제7항은 재임용 심의기준을 객관적인 사유로서 학칙이 정하도록 규정하고 있고, 이때 학칙은 반드시 학칙의 명칭으로 규정되어 있을 것을 요하지 아니하므로 교원인사규정 등 학교법인의 자율적인 규정 형식에 의한 것도 허용된다. (대법원 2011. 1. 13. 선고 2010두1835판결 참고)

이때 재임용 심의기준을 학칙에서 규정하도록 한 취지에 대해 법원은 "대학교원으로서의 재임용 자격 내지 적격성의 유무가 학생교육, 학문연구, 학생지도에 관한 사항에 대한 평가 등 객관적인 사유에 의하여 심의되어야 할 뿐만 아니라, 해당 교원에게 사전에 심사방법의 예측가능성을 제공하고 사후에는 재임용 거부결정이 합리적인 기준에 의하여 공정하게 이루어졌는지를 심사할 수 있도록 재임용 심사기준이 사전에 객관적인 규정으로 마련되어 있어야 함을 요구하는 것으로 해석한다."라고 판시한 바 있다. (대법원 2011. 1. 13. 선고 2010두1835판결)

라) 이 사건으로 돌아와 살펴보면, ○○대학교의 경우 사립학교법 제53조의2 제7항의 '학칙'이라고 볼만한 재임용 심사기준 규정은 교원인사규정 제20조 제2항 및 별표2(계약제 신규임용 정년계열 교원의 최초 재계약 심사기준)라 할 것이다.

그런데 이 규정은 교원의 재임용 여부에 대해 교육업적(강의평가 포함)과 연구업적 심사기준만 두고 있을 뿐, 별도로 교원의 품위 심사기준은 규정하고 있지 아니하다.

마) 그렇다면 피청구인이 청구인에 대해 재임용 거부사유로 삼고 있는 '교원으로서의 품위손상'은 애초 학칙에 규정된 재임용 심사기준이 아니며, 계약의 형태로 학칙에 없는 기준이 새롭게 추가된 것으로 보인다.

설령 피청구인의 주장대로 위 계약서에 따른 '교원의 품위손상' 사유를 재임용 심사기준으로 삼는 것이 허용된다 하더라도, 위 계약서의 '품위손상'은 추상적으로만 기술되어 있을 뿐 그 품위손상의 유형, 정도 등에 대해 객관성을 담보할 만한 구체적인 내용이 없다.

따라서 위 '품위손상' 기준은 해당 교원에게 심사방법의 예측가능성을 제공하지 못할 뿐만 아니라, 사후에 재임용 거부결정이 합리적인 기준에 의하여 공정하게 이루어졌는지를 심사하기도 어렵게 만드는바, 학칙에 따른 객관적인 재임용 심사기준으로 볼 수 없어 역시 위법하다.

2) 품위손상의 정도와 재임용 거부의 관계

 가) 나아가 가령 '교원으로서의 품위손상'을 이 사건의 재임용 심사기준으로 허용할 수 있다고 하더라도, 이 사건에서 청구인에 대한 재임용 거부가 재량권의 범위 내의 행위로 허용될 수 있는지 추가로 살펴본다.

피청구인이 청구인의 품위손상을 문제 삼은 행위는 2012. 4. 26. 발생한 위○○ 교수에 대한 폭행인바, 청구인은 당시 욕설만 했을 뿐 폭행은 행사하지 아니하였다고 부인하므로 이를 검토한다.

 나) 청구인의 폭행 유무 및 경위

2012. 4. 27.자 위○○의 진정서에 따르면, 청구인이 2012. 4. 26. ○○관 1307-1호 위○○의 연구실로 들어와 "너 이새끼 나한테 오늘 죽어봐라."라는 욕설과 함께 위○○의 멱살을 잡아 흔들고 1시간 동안 시비를 건 사실이 인정된다.

○○정형외과 의사가 작성한 2012. 5. 4.자 상해진단서에 따르면, 위○○이 '경부 좌상 및 찰과상'의 병명으로, 치료예상기간을 '2012. 4. 26.부터 7일'로 하여 의사로부터 상해진단을 받은 사실이 인정된다.

한편, 2013. 12. 16.자 교원인사위원회 회의록에 따르면, 청구인은 인사위원회에 출석하여 "폭행 건은 위○○ 교수님께 사과를 드렸습니다.", "위○○ 교수님과 잘 합의가 되었습니다."라고 진술한 사실이 인정된다.

그렇다면 청구인이 2012. 4. 26. 위○○ 교수에 대해 폭행을 한 것은 사실로 인정된다.

나아가 위○○의 2012. 6. 1.자 '교수님들께 보내는 공개서한'에 따르면, 청구인이 이 사건 폭행 시비 이전에, 학내에서 동료 교수 및 학생들과의 사이에서 목사안수 여부, 불교식 108배, 낙하산 인사, 논문지 게재 등의 논란으로 갈등을 빚어 온 사실이 인정된다.

청구인도 위○○과의 욕설 및 언쟁 경위에 대해 위○○ 교수가 학생들에게 자신을 가짜목사라고 발언하였다고 주장하고 있어, 위 공개서한의 내용과 일부 상통하는 면이 있다 할 것이다.

다) 그런데 재임용 거부는 교원의 신분을 박탈하는 중대한 불이익 처분인 반면에, 교원의 품위에 대한 평가는 통상 정성적인 평가로 이루어지므로, '교원의 품위손상'을 원인으로 한 재임용 거부사유는 그 재량권의 일탈 또는 남용을 막기 위해 객관적으로 교원의 신분이 배제되어야 할 만큼 '중대한' 품위손상으로 한정하여 해석함이 바람직하다 할 것이다.

이 사건에서 청구인의 위○○ 교수에 대한 폭행은, 학내 여러 갈등 상황 속에서 이루어진 것이고, 폭행의 정도는 1주의 치료를 요하는 비교적 경미한 수준이라는 점 등을 종합적으로 고려해 볼 때, 교원에 대한 재임용 거부로 삼을 만한 '중대한' 품위손상 사유로는 보이지 아니한다.

그렇다면 이 사건 재임용 거부처분은 피청구인이 그 재량권을 일탈 또는 남용하여 행한 것이어서 위법하다 할 것이다.

5. 결 론

이상에서 살펴본 바와 같이, 피청구인의 재임용 거부처분은 학칙에서 규정하고 있지 아니한 '교원으로서의 품위손상'을 재임용 심사기준으로 규정하고 있을 뿐만 아니라, 품위손상으로 언급된 폭행도 그 경위, 정도 등에 비추어 재임용을 거부할만한 중대한 사유로 보이지는 아니하므로 주문과 같이 결정한다.

신학대에서의 신학적 정체성의 문제로 재임용 거부

처분요지 해당 교원의 논문이 교원 소속 신학대학교의 교육이념에 위배되므로 재임용 거부함

결정요지 신학대학 소속 교원인 점을 고려하더라도 종교적 시각 차이만으로 재임용 거부를 하려면 신중한 접근이 필요한바, 피청구인의 이 사건 재임용 거부 처분은 비례원칙을 위배한 것이어서 위법함

관련규정 「사립학교법」 제53조의2 제3항 내지 제7항

청 구 인 소속 　전) ○○대학교

　　　　　성명 　성○○ 　직위 부교수

피 청 구 인 　학교법인 ○○대학교

　피청구인이 2014. 6. 27. 청구인에게 한 재임용 거부처분에 대하여 청구인이 2014. 7. 4. 이의 취소를 구하는 소청심사청구를 하여 우리 위원회는 심사를 거쳐 다음과 같이 결정한다.

- 주　문 -

피청구인이 2014. 6. 27. 청구인에게 한
재임용 거부처분을 취소한다.

- 이　유 -

1. 사건의 개요

　청구인은 2003. 4. 1. ○○대학교 일반전임 부교수로 신규 채용된 후 재임용되어 근무하던 중, WCC(World Council of Churches, 세계교회협의회)

에 대해 작성한 논문이 WCC를 반대하고 있는 ○○대학교의 교육이념에 위배된다는 사유로 피청구인에게서 2014. 6. 27. 재임용 거부처분을 받았다.

이에 대하여 청구인은 그 논문이 WCC를 수용하거나 지지하는 논문이 아니라는 등의 주장을 하며 2014. 7. 4. 위 재임용 거부처분의 취소를 구하는 소청심사를 청구하였다.

2. 처분 사유

교원인사위원회(2014. 6. 20.) 및 재단 이사회(2014. 6. 26.) 결의사항을 아래와 같이 알려드린다.

가. 교원인사위원회 결의사항

1) ○○전문대학원에서 재평가한 성○○ 부교수 교원업적평가의 수정 점수를 심사하여 그대로 인정하기로 하다.

2) 2014. 6. 9. 교원인사위원회에서 결의한 대로 교원인사위원장이 자벽하여 선정한 교원인사위원 3명의 평가서 내용은 성○○ 부교수의 논문이 WCC를 반대하고 있는 본교 교육이념에 위배된다고 판단한 것을 교원인사위원회가 심의하여 수용하기로 하다.

3) 생략

4) 따라서 교원인사규정 제19조 제1항 제4호와 제21조 제2항에 근거하여 성○○ 부교수의 재임용을 거부하기로 하고 그 내용을 청원하기로 가결하다.

나. 재단 이사회 결의사항

성○○ 씨를 교원인사위원회의 재임용 거부결의에 따라 면직(2014. 8. 31.)하기로 가결하다.

3. 청구인 주장

가. 청구인은 피청구인이 면직의 사유로 삼았던 교원인사규정 제19조 제
1항 제4호, 제21조 제2항 제2호 및 교원업적평가시행세칙 제7조 제1,
2항에 위배된 사실이 없다.

교원인사규정에서 개혁주의 세계관에 입각한 가르침을 언급한 것은
알고 있으나, 피청구인은 개혁주의 세계관의 개념 지체에 어떤 정의
를 내리고 있는지 궁금하고, 그 정의를 공론의 장에 내어놓을 필요
가 있다.

나. 청구인은 WCC를 수용하거나 지지하지 않는다. 학교가 속한 교단이
나 학교의 지도자들이 부산에서 개최된 WCC를 반대하고 데모하는
데 참여한 것은 이해할 수 있으나, 우리 학교와 교단의 지도적 위치
를 생각하면 좀 더 차분하고 냉정한 반응에 대해서 연구하는 것도 가
치 있는 일이라 여겼다.

청구인은 논문에서 하나님이 세워 부흥하게 하실 세계교회를 기대하
며 그들을 포용하고 지도해야 할 책임감에 대해서 썼다. 피청구인이
지적한 본교의 신학적 노선은 청구인 자신이 긍정하고 있기 때문에
한 번도 다르다고 생각한 적이 없다.

4. 판 단

가. 사실관계

1) 청구인은 2003. 4. 1. 일반전임 부교수로 신규 채용되었고 2010. 4.
1. 부교수로 재임용(임기는 2010. 4. 1. ~ 2014. 8. 31.)되었으며, 2013.
9. 1. 산학협력중점교원으로 지정되었다.

2) 청구인은 2014. 4. 14. 2014년도 2학기 승진·재임용 교원임용신청
서를 제출하였다.

3) 학과는 2014. 4. 28. 청구인에 대한 교원업적평가를 실시(이하 '1차

교원업적평가'라 함)하였다.

4) 교원인사위원 2인과 전문영역심사위원 3인(외부인 1인 포함)이 2014.
   5. 7. 청구인의 연구논문과 저서에 대해 평가(이하 '1차 연구실적심사'
   라 함)를 진행하였다.

5) 교원인사위원회는 2014. 5. 26. 청구인을 재임용 대상자로 심의하
   였다.

6) 총장은 2014. 5. 26. 피청구인에게 청구인에 대한 재임용을 제청하
   였으나, 이사회는 2014. 6. 5. 청구인의 "WCC 관련 논문" 을 지적
   하며 교원인사위원회로 하여금 재심의하도록 결의하였다.

7) 학과는 2014. 6. 5. 청구인에 대하여 교원업적평가를 재실시(이하 '2
   차 교원업적평가'라 함)하였다.

8) 전문영역 심사위원 3명(내부위원 2명, 외부위원 1명)과 교원인사위원
   전문영역 평가위원 3명이 2014. 6. 9. 청구인의 WCC 관련 논문에
   대해 전문영역 심사 평가(이하 '2차 연구실적심사'라 함)를 하였고, 교
   원인사위원(전문영역 평가위원 제외) 4명도 2014. 6. 13. 청구인의 위
   논문에 대해 재평가를 진행하였다.

9) 교원인사위원회는 청구인의 WCC 관련 논문이 ○○대학교의 개혁
   신학 및 신학적 정체성의 방향과 맞지 않는다는 입장에서 2014. 6.
   5., 6. 9., 6. 11. 청구인에게 소명기회를 안내하였다.

10) 청구인은 2014. 6. 13. 교원인사위원회에 소명서를 제출하였다.

11) 교원인사위원회는 2014. 6. 20. 청구인에 대하여 재임용거부로 심
    의하였고, 이사회는 2014. 6. 26. 청구인에 대하여 재임용거부로
    의결하였다.

12) 연구처장은 2014. 6. 27. 청구인에게 교원인사위원회 및 재단 이사
    회 결의사항을 통보하였다.

나. 피청구인의 재임용 기준 규정

1) 청구인은 ○○대학교의 전임교원(일반전임교원의 지위에 있다가 2013.
   9. 1. 산학협력중점교원의 지위로 변경)인바, 「○○대학교 교원인사규정」
   을 적용받는다.
   2013. 8. 22. 개정된 「○○대학교 교원인사규정」에 따르면 재임용 심
   사항목은 크게 4가지 항목 ① 연구실적 및 전문영역의 학회 활동,
   ② 학생지도 및 교육영역의 제반 능력과 실적, ③ 교내외 봉사활
   동, ④ 교육 관계법령의 준수 및 기타 교원으로서의 품위 유지이고
   (제21조 제1항), 그 구체적인 심사항목 및 배점은 〈부록2〉의 '교원업
   적평가기준표'에 따르도록 되어 있다.
   나아가 위 규정 제19조 제1항 제4호는 "본교의 전임교원은 재임기
   간 동안 모든 연구영역(저서, 논문, 학술발표, 연주 등), 교육영역(강의,
   학생지도), 교내외 봉사영역을 통해 본교의 정체성에 입각한 활동
   을 하여야 한다. 본교가 소속한 교단이 지향하는 신학과 신앙을
   이탈하여 본교의 교육이념을 따르지 않을 경우 승진, 승급, 연구
   년, 재임용 등을 유보할 수 있다."고 규정하고 있다.

2) 한편, 위 규정에 따르면, 재임용 평가는 교원인사위원회에서 개혁
   주의 세계관에 입각한 연구실적 및 학생지도능력과 교수로서의 자
   질을 교원승진 및 재임용에 따른 심사기준에 기초하여 심사하도
   록 하고 있으며, 청구인과 같은 산학협력중점교원은 재임용 대상
   자가 되기 위해서 현 임용기간 중 매년 교육영역 200점, 연구영역
   400점, 봉사영역 80점을 취득해야 한다. (제21조 제2항 제2호 마목)

3) 반면 2013. 8. 22. 개정 이전의 교원인사규정에 따르면, 청구인과
   같은 일반전임교원은 재임용 대상자가 되기 위해서 현 임용기간 중
   매년 교육영역 150점, 연구영역 200점, 봉사영역 40점을 취득해야
   한다. (교원인사규정 〈부록2〉의 4.승진기준 및 5.재임용기준)

다. 이 사건에 적용된 심사기준 및 청구인에 대한 평가 결과

1) 규정 개정에 따른 재임용 심사기준 산출 방법

그런데 이 사건 재임용 평가대상기간에 해당하는 청구인의 임기는 2010. 4. 1. ~ 2014. 8. 31.이고, 위 교원인사규정은 위 평가대상기간 중 변경되었다.

한편, 교원인사규정 부칙(2013. 8. 22.)은 제4항에서 "일반전임교원의 업적평가에서 2013년 1학기(2013년 8월 31일)까지의 승진, 재임용에 필요한 최소점수는 종전 규정(2012년 5월 21일 개정)의 기준에 따른다."고 규정하고 있는바, 피청구인은 규정이 변경된 이후의 신학기 시작일인 2013. 9. 1.을 기준으로 그 전 3년[1](2010. 4. 1. ~ 2013. 8. 31.)까지 발생한 실적에 대해서는 구 기준을, 그 후 1년(2013. 9. 1. ~ 2014. 8. 31.)까지 발생한 실적에 대해서는 신 기준을 적용하였다. 결과적으로 피청구인은 청구인이 구 기준에 따라 3년간 충족해야 하는 항목별 최저 점수와 신 기준에 따라 1년간 충족해야 하는 항목별 최저 점수를 합산하여 청구인의 임기 4년[2]에 대한 총 기준점수를 도출하였다. (아래 표 참조)

2) 청구인에 대한 교원업적평가 결과

한편, 피청구인은 청구인에 대해 두 차례의 교원업적평가 결과를 진행하였는바, 청구인이 교육, 봉사, 연구 각 항목별 평가에서 두 차례 모두 기준 점수를 충족하였음은 양 당사자 사이에 다툼이 없다.

구체적인 심사기준의 산출과정 및 청구인에 대한 교원업적평가 결과는 다음의 표와 같다.

---

1) 실제로는 3년 5개월이나, 피청구인은 3년으로 계산함
2) 실제로는 4년 5개월이나, 피청구인은 4년으로 계산함

재임용 기준과 평가		연구영역	봉사영역	교육영역
재임용 심사기준	구 기준 (2010. 4. 1.~ 2013. 8. 31., 일반전임교원)	600 (200×3)	120 (40×3)	450 (150×3)
	신 기준 (2013. 9. 1.~ 2014. 8. 31., 산학협력중점교원)	400	80	200
	최종 기준 (2010. 4. 1.~ 2014. 8. 31.)	1000	200	650
교원업적 평가	1차 평가	2590	1040	5120
	2차 평가	2100	850	1700

※ 1·2차 점수 차이 이유: 2차 평가 시, 1차 평가 당시 해당항목 한계배점 초과 부여건 정정

3) 청구인의 연구실적(논문/저서)에 대한 심사결과

가) 청구인의 연구실적물이 1차 연구실적심사에서 별다른 지적 없이 교원인사위원회에서 재임용으로 심의되어 총장이 청구인을 재임용 대상자로 제청하였으나, 이사회가 WCC 관련의 논문을 문제 삼아 청구인에 대해 교원인사위원회로 하여금 재심의하도록 결의한 사실은 이미 살핀 바와 같다.

나) 이후 진행된 2차 연구실적심사에서 심사위원들은 청구인의 논문에 대해 "WCC를 반대하는 개혁주의에 대한 폄하", "선교적인 관점이라는 것이 마치 신학과 분리되는 듯한 언급은 상당한 우려를 자아내게 하고 있음", "저자는 개혁신학적 입장을 알고도 선교 실용적 마인드로 신학무용론의 개념을 갖고 있든지 아니면 개혁신학적 입장에 대해 충분한 숙지를 하고 있지 못함." 등의 심사평을 하였다. (전문영역심사 재심사표)

교원인사위원 전문영역 평가위원들은 "여러 면에서 개혁주의 원리와 신학에 거슬리는 문제가 발견되고 있으며, 교단적인 결정과 정서가 있음에도 불구하고 이에 역행하는 주장을 함", "저자는 ○○

합동측 교단의 공식입장보다 좀 더 넓은 성향을 지녔음", "아무리 선교적 긴박성과 필요성에 민감해야 한다 할지라도 우리의 선교가 신학의 문제를 잠재하거나 무시할 수는 없다. 그의 입장은 여러 면에서 중도적 입장을 취하는 듯한 모습을 취하면서 마치 반대하는 사람들은 미숙한 지성을 가진 감정적인 사람으로 여기고 자신은 우아한 스타일리스트로 대변하는 듯한 느낌을 지울 수가 없다." 등의 심사평을 하였다. (교원인사위원 전문영역 평가위원의 전문영역심사 평가표)

교원인사위원(전문영역 평가위원 제외) 4명도 청구인의 논문이 ○○대학교의 개혁신학 및 신학적 정체성의 방향과 맞지 않는다는 취지의 심사평을 하였다. (교원인사위원 재평가표)

라. 재임용 거부처분의 위법성 여부

한편, WCC 관련 논문에 대해 심사위원들은 청구인의 종교적 정체성에 의구심, 우려 등을 나타내고 있으나, 청구인은 자신이 WCC를 지지하지 않는다는 입장을 소청심사 단계에서 일관하여 주장하고 있다.

그런데 청구인은 종교인의 지위에서라기보다는 학교법인의 소속 교원으로서 이 사건 소청을 제기하였고, 종교적 시각 차이가 청구인에 대한 재임용 거부로 이어지면서 교원의 신분 박탈이라는 법률효과가 발생한 이상, 이 사건 심사에서 법률적 관점의 접근은 불가피하다 할 것이다.

대한민국 헌법에 따를 때 학문의 자유는 국민의 기본권으로 명문화(제22조)되어 있는바, 청구인은 대학교원으로서 학문의 자유를 향유한다고 할 것이다.

또한, 종교적 시각 차이는 본질적으로 강한 주관성을 내포하고 있고, 재임용 거부로 인한 법률효과는 해당 교원에 대한 신분 박탈이라는 중대한 불이익을 야기하므로, 종교적 시각 차이만으로 재임용 거부를 하려면 신중함과 합리적인 이유가 필요하다 하겠다.

그런데 청구인은 이 사건 재임용 심사과정의 일환인 교원업적평가에서 각 영역별로 기준보다 2~4배 이상의 점수를 취득한 사실이 인정되고, 청구인이 재임용 심사과정에서 제출한 연구실적(논문게재 9건, 논문발표 15건, 저서 4권) 중 신학적 정체성이 문제된 논문은 위 WCC 관련 논문 1편에 불과하며, 이로 인해 특별히 학생들에게 위험을 야기했다거나 학생들이 문제를 삼은 사실 등도 확인되지 아니한다.

그렇다면 ○○대학교가 신학대학인 점을 고려하더라도, 청구인의 신학적 정체성을 이유로 한 이 사건 재임용 거부처분은 비례성의 원칙을 위반하였다고 할 것이어서, 결과적으로 그 재량권을 일탈 또는 남용한 것으로 보인다.

5. 결 론

이상에서 살펴본 바와 같이, 청구인의 신학적 정체성을 이유로 한 피청구인의 이 사건 재임용 거부처분은 비례원칙을 위배하여 그 재량권을 일탈 또는 남용하였다고 보여 주문과 같이 결정한다.

품위손상으로 인한 재임용 거부

처분요지   해당 교원은 원/본부심사에서 적격점수를 획득하였으나 교원의 자질과 품성이 본교 전임교원으로서 임무를 원만하게 수행하기에는 심각한 문제가 있어 재임용 거부함

결정요지   청구인이 임용기간 2년 동안 2회의 징계(감봉, 정직 1월)를 받은 사실과 그와 관련하여 학생들이 청구인의 복귀를 강하게 반대하는 등 학교 내에서 재학생들의 청구인에 대한 신뢰가 매우 낮은 점 등을 고려할 때, 청구인의 학생교육·학생지도에 관한 자질과 역량은 교원으로서의 자격을 갖추지 못한 정도에 이르렀다고 보임

관련규정   「교육공무원법」 제11조의3

청 구 인   소속   전) ○○학교   직위 부교수
               성명   정○○
               대리인 법무법인 ○○ 담당변호사 정○○

피 청 구 인   ○○학교 총장
                  대리인 변호사 공○○, 김○○

피청구인이 2013. 10. 14. 청구인에게 한 재임용 거부처분에 대하여 청구인으로부터 2013. 11. 11. 이의 취소를 구하는 소청심사청구가 있어 우리 위원회는 심사를 거쳐 다음과 같이 결정한다.

- 주 문 -

청구인의 청구를 기각한다.

- 이　　유 -

1. 사건의 개요

청구인은 2011. 9. 1. ○○학교 ○○원 ○○과 부교수로 신규임용되었고, 임용기간이 2013. 8. 31. 만료됨에 따라 청구인에 대하여 재임용 여부를 2013. 5. 14. 원심사위원회와 2013. 5. 22. 학교본부심사위원회에서 심사하여 적격점수를 획득하였으나, 2013. 10. 10. 열린 대학인사위원회에서 재임용하지 아니하기로 의결하여 피청구인이 2013. 10. 14. 청구인에게 재임용 거부통지를 하였다.

이에 대하여 대학인사위원회에서의 청구인에 대한 재임용 거부결정은 절차적·실체적 하자가 있어 위법·부당하다고 주장하며, 2013. 11. 11. 우리 위원회에 이의 취소를 구하는 소청심사를 청구하였다.

2. 처분사유

가. 청구인은 원/본부심사에서 적격점수를 획득하여 통과하였으나, 대학인사위원회에서는 해당 교원의 자질과 품성이 본교 전임교원으로서 임무를 원만하게 수행하기에는 심각한 문제가 있다고 판단하여 재임용하지 아니하기로 결정하였다.

나. 청구인이 재임용될 경우 가장 우려되는 점은 학생교육 및 학생 지도와 관련된 학생들과의 관계이다. 해당 교원의 중징계 사유였던 '성희롱' 발언과 관련하여 자기반성의 태도가 부족하며 관련 학생들과의 관계 개선을 위한 방안 모색 및 적극적인 노력 의지를 찾아볼 수 없는 것이다. 또한, 해당 교원의 학생들에 대한 신뢰가 매우 낮고 학생들에 대한 인식도 부정적이어서 재임용 시 전공교수로서 학생들에게 미칠 영향이 심히 우려된다.

다. 청구인은 본교 임용기간 2년 동안 2회의 징계(감봉 1월, 정직 1월)를 받았으며 그 사유는 「국가공무원법」 제56조 성실의무 위반(퇴임공연 관련 후원금 납부 강요) 및 같은 법 제63조 품위유지의무 위반(성희롱 발언)으로 공직자로서의 윤리의식에 문제가 있는 것으로 보이며 보통 사람에 비해 더 높은 도덕성이 요구되는 국립대학교원으로서 적합하지 않다고 판단된다.

라. 더욱이 청구인은 2회의 징계에 대해 학교의 부당한 징계이고 본인은 무고한 희생자라는 입장을 일관되게 견지하여 개전의 정을 전혀 보이지 않고 있으며, 문제의 원인을 본인을 음해하는 배후세력 탓으로 돌리며 학교와 일부 동료교수, 일부 학생들에 대해 팽배한 불신감을 드러내고 있다. 이러한 태도로 볼 때, 해당 교원은 연구자이기 이전에 교육자로서 교원이 갖추어야 할 자질 및 품성이 현저히 부족한 것으로 판단된다.

3. 청구인 주장

가. 재임용 거부처분의 절차상 하자

○○학교 학칙 제27조(대학인사위원회) 제2항에 따르면 대학인사위원회는 원장·교학처장·기획처장과 총장이 임명하는 10인 이내의 교수 또는 부교수로 구성되어야 하고, 현재 ○○학교는 총 6개의 원으로 구성되어 있어 6명의 원장, 교학처장, 기획처장으로 구성되는 총 8인의 당연직 위원과 총장이 임명하는 10인 이내의 위촉직 위원으로 구성되어야 한다. 그러나 재임용 거부통지서를 보면 2013. 10. 10. 열린 청구인에 대한 대학인사위원회는 당연직 위원 9인과 위촉직 위원 7인이 참석하여 총 16인이 참석하였고, 재적위원은 17인으로 표기되어 있어 당연직 위원 자격이 없는 자가 심의에 참여한 것으로 보인다.

나. 재임용 거부처분의 실체적 하자

1) 「교육공무원법」제11조의3(계약제 임용 등) 제5항은 대학인사위원회
   가 교원의 재임용을 심의할 때 객관적인 사유로서 학칙으로 정하
   는 사유에 근거하여야 한다고 규정하고 있는바, 청구인이 대학 재
   임용 심사지침에 규정된 절차에 따른 원심사위원회와 학교본부심
   사위원회의 심사에서 적격점수를 획득하였음에도 대학인사위원
   회가 찬반투표를 통하여 최종적으로 청구인에 대한 재임용 거부
   결정을 한 것은 청구인의 합리적이고 공정한 심사를 받을 권리를
   침해한 것이다.

2) ○○학교의 학칙이나 규정에는 대학인사위원회가 재임용을 거부
   할 수 있는 객관적 사유에 관하여 어떠한 규정도 두고 있지 않으
   며 청구인에 대한 대학인사위원회의 재임용 거부사유는 이미 학
   교본부심사위원회의 심사에서 포함된 것이거나 자의적인 판단에
   기댄 것이어서 이를 근거로 한 재임용 거부결정은 위법·부당하다.

4. 판 단

가. 사실관계

1) 청구인은 2011. 9. 1. ○○학교 ○○원 ○○과 부교수로 신규임용
   되었다.

2) 청구인은 2012. 7. 3. ○○원 김○○ 교수 퇴임공연과 관련하여 학
   생들에게 후원금을 강요하였다는 사유로 감봉 1월 처분을 받았다.

3) 피청구인은 2013. 4. 15. 청구인에 대한 임용기간 만료 통지(2013. 8.
   31. 만료)를 하였고, 청구인은 2013. 4. 29. 재임용 관련 서류를 제
   출하였다.

4) 청구인은 2013. 5. 14. 원심사위원회 재임용 심사에서 40점을 획득

하여 적격 판정(적격기준: 30점 이상)을 받았고, 2013. 5. 22. 학교본
부심사위원회 재임용 심사에서 88.66점(적격기준: 80점 이상)을 획득
하여 적격 판정을 받았다.

5) 피청구인은 2013. 5. 24. 성희롱 발언 및 폭력적 언동을 사유로 청
   구인에게 '해임'을 처분하였고, 우리 위원회는 2013. 9. 9. 청구인에
   대한 해임을 '정직 1월'로 감경하는 결정을 하였다.

6) 대학인사위원회는 2013. 10. 10. 청구인에 대한 재임용 심사결과
   재적위원 16명, 출석위원 16명 중 동의 12명, 부동의 2명, 기권 2명
   으로 재임용 거부를 결정하였고, 피청구인은 2013. 10. 14. 청구인
   에게 재임용 거부통지를 하였다.

7) 청구인은 2013. 11. 11. 우리 위원회에 재임용 거부처분의 취소를
   구하는 소청을 제기하였다.

나. 절차상 하자의 인정 여부

청구인은 2013. 10. 10. 열린 대학인사위원회에서 위원의 자격이 없
는 자가 참여하여 절차상의 하자가 존재한다고 주장하여 살펴보면,

1) 관련 규정은 다음과 같다.

■ ○○학교 학칙

제27조(대학인사위원회) ① 교원 등의 인사에 관한 중요사항을 심
의·의결하기 위하여 대학인사위원회를 둔다.

② 대학인사위원회는 원장·교학처장·기획처장과 총장이 임명하는
10인 이내의 교수 또는 부교수로 구성하며 위원장은 교학처장이
된다.

⑥ 대학인사위원회는 재적위원 과반수의 출석과 출석위원 과반수
의 찬성으로 의결한다.

2) ○○학교 학칙 제27조(대학인사위원회)는 대학인사위원회가 각 원장 (음악원, 연극원, 영상원, 무용원, 미술원, 전통예술원), 교학처장, 기획처 장과 총장이 임명하는 10인 이내의 교수 또는 부교수로 구성하도 록 규정하고 있고, 2013. 9. 25.자 대학인사위원회 개최 통지 공문 에 명시된 위원회 명단을 보면 당연직 위원 8인(각 원장 6인, 교학처 장, 기획처장), 위촉위원 9인 등 총 17명이 재적인원으로 구성되어 있어 규정에 어긋남이 없다. 또한, 2013. 10. 10. 대학인사위원회 회의록을 보아도 이와 같은 위원회 구성을 확인할 수 있는바, 재임 용 심의결과 통지에 표기된 '당연직 위원 9명' 표기는 단순 오탈자 인 것으로 보여 이 부분 청구인의 주장은 이유 없다.

다. 실체적 하자의 인정 여부

청구인은 원심사위원회 및 학교본부심사위원회의 재임용 심사에서 적격판정을 받았음에도 대학인사위원회에서 찬반투표로 재임용 거 부를 결정한 것은 자의적인 판단에 의한 것이어서 위법하다고 주장 하여 살펴보면,

1) 관련 판례와 법령 등은 다음과 같다.

■ 대법원 판례

사립대학의 교수는 대학교원 기간 임용제 탈락자 구제를 위한 특 별법 및 학교법인의 정관에서 교수의 자격 심사기준으로 삼고 있는 덕목인 학문연구, 학생교육, 학생지도, 교육관계 법령의 준수 및 기 타 교원으로서의 품위 유지에 관한 능력과 자질을 기본적으로 갖 추고 있어야 하고, 이는 재임용의 경우에도 마찬가지라 할 것이며, 학문연구에 관한 능력과 자질을 갖추고 있다고 하더라도 학생교육 및 학생지도를 비롯하여 교육관계 법령의 준수 및 기타 교원으로서 의 품위 유지에 관한 능력과 자질을 갖추지 못한 결과 교육을 받을 기본권을 가진 학생의 교육을 담당할 대학교원으로서의 자격에 미

달한다고 인정되는 경우에는 재임용을 거부할 수 있다 할 것이다. (대법원 2008. 2. 1. 선고 2007다9009판결)

■ 교육공무원법

제5조(대학인사위원회) ① 다음 각 호의 사항을 심의하기 위하여 고등교육법 제2조 각 호의 학교(이하 '대학'이라 한다. 다만, 제11조의4, 제24조, 제24조의2, 제24조의3 및 제25조부터 제27조까지는 제외한다)에 인사위원회(이하 '대학인사위원회'라 한다)를 둔다.

3. 그 밖에 대학교원 인사에 관한 중요 사항

제11조의3(계약제 임용 등) ⑤ 대학인사위원회가 제4항에 따라 해당 교원의 재임용에 대하여 심의할 때에는 다음 각 호의 사항에 관한 평가 등 객관적인 사유로서 학칙이 정하는 사유에 근거하여야 한다. (이하 생략)

  1. 학생교육에 관한 사항
  2. 학문연구에 관한 사항
  3. 학생지도에 관한 사항

제25조(교수 등의 임용) ② 대학의 장이 제1항의 교육공무원을 임용제청할 때에는 해당 대학인사위원회의 동의를 받아야 한다. (단서 생략)

■ ○○학교 학칙

제27조(대학인사위원회) ① 교원 등의 인사에 관한 중요사항을 심의·의결하기 위하여 대학인사위원회를 둔다. (중략)

④ 대학인사위원회는 다음 사항을 심의·의결한다.

  1. 전임교원의 임용 동의에 관한 사항
  2. 원장의 보직 동의에 관한 사항
  3. 기타 필요하다고 인정하는 사항

■ ○○학교 전임교원 및 조교임용규정

제11조(재임용·재계약임용 절차) ⑥ 대학인사위원회가 제4항에 따

라 해당 교원의 재임용에 대하여 심의할 때에는 다음 각 호의 사항
에 관한 평가 등 객관적인 사유로서 학칙이 정하는 사유에 근거하
여야 한다. (단서 생략)

  1. 학생교육에 관한 사항
  2. 학문연구에 관한 사항
  3. 학생지도에 관한 사항

제12조(재임용·재계약임용 심사위원회) ① 전임교원의 재임용·재
계약임용 심사는 원심사위원회 심사와 학교본부심사위원회 심사
로 구분하여 실시하고, 각 심사위원회는 교학처장(원심사위원회 심
사는 제외한다)·해당 원장(학교본부심사위원회 심사는 제외한다)
과 본교 전임교원 중 총장이 위촉하는 3인 이상으로 구성하되, 원
심사위원회에는 원장의 자문을 받아 총장이 위촉하는 2인의 관련
분야 전공 외부인사를 위원으로 추가 위촉할 수 있으며, 원심사위
원회 위원장은 해당 원장이, 학교본부심사위원회위원장은 교학처
장이 된다.

제13조(재임용·재계약임용 심사) 전임교원의 재임용·재계약임용을
위한 심사기준, 절차 등 세부사항은 총장이 따로 정하여 시행한다.

■ ○○학교 전임교원 재임용심사지침

  3. 심사위원회 구성 및 심사절차

  가. 심사위원회 구성

   ① 원심사위원회
      위원은 교내 동일 전공 전임교원 3인 이상(심사대상자보다 상위직급
      인 자로 함)으로 구성하되, 원장이 복수 추천하고 총장이 위촉한다.
      위원장은 원장이 된다.

   ② 학교본부심사위원회
      학교본부심사위원회는 교학처장, 총장이 위촉하는 5명 이상의 교수
      또는 부교수로 구성하며 교학처장이 위원장이 된다.

  나. 심사절차
   ① 원심사위원회에서는 연구실적을 심사한다. (단서 생략)

② 학교본부심사위원회는 교수, 봉사 및 교육자로서의 품위 심사와 원심사의 타당성 및 공정성을 검토하고 필요한 경우 원에 재심사를 요구할 수 있다.

③ 원심사위원회 및 학교본부심사위원회의 심사를 거쳐 재임용 적격자로 선정된 자에 대해 대학인사위원회의 심의(재임용 동의)를 거쳐 총장이 재임용한다.

5. 재임용대상자 선정

가. 심사결과 재임용 적격자로 판정받은 교원 중 인사위원회의 재임용 동의를 얻은 자를 재임용 대상자로 선정한다.

나. 심사결과 재임용 부적격자로 판정되거나 인사위원회에서 재임용 동의를 얻지 못한 자는 임용기간 만료일에 자동 면직된다.

2) 청구인이 원심사위원회의 재임용 심사에서 40점(40점 만점), 학교본부심사위원회의 재임용 심사에서 88.66점(100점 만점)을 획득하여 적격 판정을 받은 사실(적격기준: 원심사 30점 이상, 학교본부심사 80점 이상), ○○학교 대학인사위원회가 투표를 통해 청구인의 자질 및 품성 부족을 사유로 재임용 거부결정을 한 사실에 대하여 양당사자 간 다툼이 없다.

3) 「교육공무원법」제25조(교수 등의 임용)는 교육공무원을 임용할 경우 대학인사위원회의 동의를 받아야 함을 규정하고 있고, 「○○학교 전임교원 재임용심사지침」은 원심사위원회 및 학교본부심사위원회의 심사를 거쳐 재임용 적격자로 선정된 자에 대해 대학인사위원회의 심의(재임용 동의)를 거쳐 총장이 재임용할 것을 규정하고 있다. 또한 「교육공무원법」제11조의3(계약제 임용 등) 제5항 및 「○○학교 전임교원 및 조교임용규정」제11조는 대학인사위원회가 교원의 재임용을 심의할 때에는 객관적인 사유로서 학칙이 정하는 사유에 근거하여야 할 것을 규정하고 있다. 다만, 「○○학교 학칙」은

대학인사위원회의 재임용 심의에 관한 사유에 대하여 명시적으로 정하고 있지 아니하는바, 위 '학칙이 정하는 사유'란 「교육공무원법」제11조의3 제5항 및 「○○학교 전임교원 및 조교임용규정」제11조가 규정하는 학생교육, 학문연구, 학생지도에 관한 사항으로 보아야 할 것이다. 대법원은 "교원이 학문연구에 관한 능력과 자질을 갖추고 있다고 하더라도 학생교육 및 학생지도를 비롯하여 교육관계 법령의 준수 및 기타 교원으로서의 품위 유지에 관한 능력과 자질을 갖추지 못한 결과 교육을 받을 기본권을 가진 학생의 교육을 담당할 대학교원으로서의 자격에 미달한다고 인정되는 경우에는 재임용을 거부할 수 있다(대법원 2008. 2. 1. 선고 2007다9009 판결)."고 판시하고 있다.

4) 위 법령과 규정 및 판례의 취지를 볼 때, 대학인사위원회는 교원의 재임용 심의에 관하여 교원 임용의 당·부당 여부를 실질적으로 심의하는 기구라 할 것이고, 피청구인은 교원으로서의 자질이 미달하는 교원을 재임용할 것인지 여부에 대하여 합리적인 범위 내에서 재량권을 가지고 있으며, 교원으로서의 품위를 손상하는 행위가 있고 그로써 학생교육·학문연구·학생지도에 관한 해당 교원의 자질과 역량을 인정하기 어려운 정도에 이를 경우 해당 교원의 재임용을 거부할 수 있다고 할 것이다.

5) 청구인에 대한 재임용 거부사유를 보면 학생들의 청구인에 대한 신뢰가 매우 낮고 부정적이며 관련 학생들과의 관계가 개선되지 않아 청구인이 재임용될 경우 전공교수로서 학생들에게 미칠 영향이 우려되는 점, 청구인이 임용기간 2년 동안 2회의 징계(감봉 1월, 정직 1월)를 받는 등 공직자로서의 윤리의식에 문제가 있어 높은 도덕성이 요구되는 국립대학교원으로서 적합하지 않다고 판단되는 점, 2회의 징계에 대하여 개전의 정이 없고 문제의 원인을 본인을 음해하는 배후세력 탓으로 돌리며 학교와 일부 동료교수 및

학생들에 대하여 팽배한 불신감을 드러내는 등 청구인에게 교원
으로서 갖추어야 할 자질 및 품성이 현저히 부족한 것으로 판단되
는 점을 근거로 하고 있다.

6) 위 재임용 거부사유가 정당한 것인지에 대하여 살피면,

청구인은 2012. 7. 3. 학생들에게 ○○원 교수 퇴임공연 관련 후원
금을 강요한 사유로 '감봉 1월'의 징계를 받은 사실이 있고, 2013.
5. 24. 학생들에게 성희롱 발언을 하였다는 사유로 '해임'을 처분
받았으나 2013. 9. 9. 우리 위원회는 징계사유 중 일부가 인정되지
않는다 하여 '정직 1월'로 감경한 사실이 있다. 청구인이 성희롱 발
언 관련으로 해임처분을 받고 우리 위원회에서 정직 1월로 감경한
사실은 2013. 5. 22. 열린 학교본부심사위원회에서 '봉사 및 교육자
로서의 품위' 평정 영역의 심사에는 반영되지 않은 것으로 보인다.
청구인이 성희롱 발언 관련으로 징계를 받는 과정에서 ○○학교
총학생회는 2013. 5. 7. 청구인의 성희롱 발언 사례 및 재임용 반
대를 내용으로 하는 대자보를 게시하였다. 이에 2013. 5. 16. 대자
보의 대다수 내용이 사실이라는 서명서 및 청구인의 복귀를 반대
하는 탄원서를 제출하였고 여기에는 청구인이 전임교원으로 있는
○○원 ○○과 ○○파트 재학생 2~4학년 총 42명(제적 2명, 휴학 8명
포함) 중 31명의 학생이 참여하였다. 이후 우리 위원회의 감경 결정
으로 청구인에 대한 재임용 심사절차가 재개되자 ○○학교 ○○원
재학생들은 청구인의 복직을 전면 거부하는 내용의 서명운동을
진행하여 2013. 12. ○○학교 ○○원 ○○과, □□과, △△과, ◇◇과
재학생 1~4학년 총 174명의 학생이 서명하였고, 총학생회 및 원학
생회는 청구인의 재임용을 반대하는 호소문을 게시하였으며, 일
련의 상황을 언론에 제보하여 널리 알리는 등 청구인의 복귀 반대
의사를 강하게 표명하고 있다. 이러한 상황을 볼 때 학교 내에서
재학생들의 청구인에 대한 신뢰가 매우 낮고 관련 학생들과 청구

인의 관계가 개선되지 않았다는 것은 사실로 보인다.

또한, 대학인사위원회 출석 진술 발언 및 그간의 청구인의 진술 내용을 볼 때 청구인은 후원금 강요나 성희롱 발언과 관련하여 여전히 자신의 잘못을 인정하지 않고 그 책임을 외부의 탓으로 돌리고 있는 점 등의 제반사정을 고려할 때 청구인이 전임교원으로 재임용될 경우 관련 학생들의 심각한 수업권 침해 및 반발이 우려될 것으로 예상된다. 이를 종합하여 볼 때 청구인이 임용기간 2년 동안 2회의 징계(감봉, 정직 1월)를 받은 사실과 그와 관련하여 학생들이 청구인의 복귀를 강하게 반대하는 등 학교 내에서 재학생들의 청구인에 대한 신뢰가 매우 낮고 관련 학생들과 청구인의 관계가 여전히 개선되지 않고 있는 사실은 청구인의 학생교육·학생지도에 관한 자질과 역량이 교원으로서의 자격을 갖추지 못한 정도에 이르렀다고 볼 것이 상당하여 대한인사위원회의 위와 같은 결정이 위법하거나 부당하다고 할 수 없을 것이다.

5. 결 론

이상에서 살펴본 바와 같이 대학인사위원회는 교원의 재임용 여부를 실질적으로 심의하는 기구라 할 것인바, 이 사건 대학인사위원회는 청구인이 원심사위원회와 학교본부심사위원회의 재임용 심사에서 적격판정을 받았음에도 청구인이 임용기간 2년 동안 2회의 징계를 받은 사실과 그와 관련된 학생교육·학생지도 및 공직자로서의 윤리의식 등 교원이 갖추어야 할 자질과 품성을 고려하여 재임용을 하지 아니하기로 의결한 것이고, 이를 이유로 한 피청구인의 재임용 거부처분은 사회통념상 현저히 타당성 내지 객관성을 잃었다고 볼 수 없어 주문과 같이 결정한다.

소속학과 교원 전원의
재임용 동의 요건

처분요지 강의평가 기준 미충족 및 소속학과 일부 교원의 재임용 비동의로 재임
용 거부함

결정요지 피청구인의 재임용 거부사유 중 '소속학과 교원 전원의 재임용 동의' 미
충족은 부당하다고 할 것이나 다른 재임용 거부사유인 '항목별 보통 이
상에 해당 및 전체 점수 80점 이상' 미달은 부당하다고 보이지 아니하
고, 청구인이 동 기준을 충족하지 못한 것은 사실이므로, 이를 이유로 한
피청구인의 재임용 거부처분은 재량권을 일탈하거나 남용한 것으로 보
이지 아니함

관련규정 「사립학교법」 제53조의2

청 구 인 소속   ○○대학교

　　　　　 성명   서○○   직위 조교수

　　　　　 대리인 법무법인 ○○ 담당변호사 정○○

피 청 구 인 학교법인 ○○학원

　　　　　 대리인 법무법인 ○○ 변호사 이○○ 외 3

　피청구인이 2013. 12. 27. 청구인에게 한 재임용 거부처분에 대하여
청구인이 2014. 1. 22. 이의 취소를 구하는 소청심사청구를 하여 우리
위원회는 심사를 거쳐 다음과 같이 결정한다.

- 주　　문 -

청구인의 청구를 기각한다.

- 이　유 -

1. 사건의 개요

청구인은 2012. 3. 1. ○○대학교에 조교수로 2년을 임용기간으로 하여 신규임용되어 근무하던 중, 강의평가 기준 미충족 및 소속학과 일부 교원의 재임용 비동의를 이유로 피청구인에게서 2013. 12. 27. 재임용 거부통보를 받았다.

이에 대하여 청구인은 업적평가 시 보직 및 임무 부여에 따른 개인의 사정이 고려되어야 하고 강의평가에 대한 비교 집단이 잘못되었다는 등의 주장을 하며 2014. 1. 22. 이의 취소를 구하는 소청심사를 청구하였다.

2. 처분 사유

강의평가 기준 미충족 및 소속학과 일부 교원의 재임용 비동의로 재임용 거부한다.

3. 청구인 주장

가. 청구인은 2012. 3. 1. 신규임용된바, 2년 임기 중 18개월을 교수학습지원센터장 보직을 맡게 되면서 일반교원에 비해 강의시간을 적게 배정받았으므로 청구인에 대한 업적평가는 2012년에는 보직 및 임무 부여에 따른 수행평가를, 2013년에는 강의평가를 해야 하며, 강의평가에 대한 비교 집단도 일반 전임교원이 아니라 교직과목 강의 교원들이어야 한다.

나. 청구인은 2012. 2학기에 간호과에서 유아교육과 소속으로 변경되었는바, 교직과목만 담당하므로 전공과목 강의를 담당하는 타 동료 교

수들의 평가는 부당하고, 소속학과 교수들의 평가 또한 센터장 보직 이후인 2013. 9. 1.부터 수행한 평가 자료로 이루어져야 한다.

다. 피청구인은 교수임용 계약 시 관련 직무평가기준에 대해 공지해 주지 않았고, 자의적 판단 기준에 의하여 청구인을 부당하게 평가하였다.

4. 판 단

가. 사실관계

1) 피청구인은 2012. 3. 1. 청구인을 교직 강의(간호과 소속) 및 교수학습지원센터장(HRD)으로 신규임용하였고, 2012. 9. 1. 청구인의 소속학과를 유아교육과로 변경하였다.

2) 피청구인은 2013. 10. 28. 청구인에게 임용기긴 민료(2년) 및 재임용 신청 안내를 하였다.

3) 교원인사위원회는 2013. 12. 16. 청구인의 2013. 12. 14.자 소명서를 확인한 후, 청구인이 연구실적은 충족하나 '평가항목별 보통이상 및 총점 100점 대비 80점 이상' 기준과 '소속학과 교원 전원의 재임용 동의' 기준에 부합하지 못한다는 이유로 청구인을 재임용하지 않는 것에 동의하였다.

4) 이사회는 2013. 12. 26. 청구인에 대해 재임용 거부의결을 하였고, 총장은 2013. 12. 27. 청구인에게 재임용 거부통보를 하였다.

나. 피청구인의 재임용 기준

교원 재임용 시행세칙 및 〈별표3〉에 의하면, 신규임용 후 최초 재임용 심사대상인 교원은 ① 재임용 평가기준(다음 표)에서 '항목별 보통 이상에 해당 및 전체 점수 80점 이상', ② 소속학과 교원 전원의 재임용 동의, ③ 현 직급 임용기간 내 발표한 연구실적물 200% 이상 요건을 동시에 충족하여야 재임용될 수 있다.

〈별표3〉 전임교원의 최초 재임용에 대한 학과 평가표(소속학과 교수별 작성)

해당 교수	소속			현 임기 근무기간			
	성명						
	재임용 여부	찬성( ) 반대( )					
구분	평정요소	매우 우수	우수	보통	미흡	매우 미흡	평가 점수
A 교수로서의 자질	인격과 품위	5	4	3	1	0	
	직무관련 태도	5	4	3	1	0	
B 학과발전 공헌도	실습지도 또는 정책제안 등 학과발전기여	10	8	5	2	0	
C 강의 평가	임용기간 강의 평가 결과 (m = 동 기간 전임교원 강의 평가 평균)	30 (m+0.3 이상)	24 (m+0.3 미만~ m+0.1 이상)	18 (m+0.1 미만~ m−0.1 이상)	12 (m−0.1 미만~ m−0.3 이상)	6 (−0.3 미만)	
D 학생지도	학생만족도	20	16	12	6	2	
E 취업지도	취업실적	15 (5건 이상/년)	12 (4건 이상/년)	9 (3건 이상/년)	6 (2건 이상/년)	3 (1건 이상/년)	
	취업지도 (상담, 교육 등)	10	8	5	2	0	
	산학협력	5	4	3	1	0	

[작성요령] 1. 위 평정요소 중 '임용기간 강의평가결과''학생지도''취업실적'은 제시된 정량치에 근거하여 평가.

2. 위 구분의 A, B, C는 모든 해당교수에게 필수적임. 단, D와 E는 수행 직무 영역에 따라 평가하지 않을 수도 있으며, 이 경우 위 평가점수란 에는 '평가제외'라고 표기함

평가점수 합계(S)	
재임용여부 종합의견 〈반드시 작성〉	[평가 적합 판정 기준] 항목별 보통 이상에 해당하고, 전체 점수 80 점 이상이어야 함

다. 청구인에 대한 재임용 평가방법

1) 피청구인은 2012. 3. 1. 교직과목 강의 및 교수학습지원센터장 업무를 위해 청구인을 신규임용하였는바, 당시 기획회의에서는 청구인이 교육 외에 센터 업무라는 특수 업무를 담당하기로 한 점을 고려하여 일반 교원들의 의무시수 12시간과 달리 청구인의 의무시수를 6시간으로 줄여주기로 하고, 추후 재임용 심사 시에도 수행업무에 대한 실질적인 평가를 위해 청구인에게 '학생 및 취업 지도'에 대한 평가 대신 '보직평가'를 하기로 논의하였다. (이○○의 경위 설명서)

2) 이에 피청구인 측은 〈별표3〉의 심사항목 중 A(교수로서의 자질), B(학과 발전 공헌도), C(강의평가)에 대한 평가는 그대로 진행하되, D(학생지도)와 E(취업지도)는 청구인에 대한 평가에서 배제하고 보직평가로 대체하기로 하였다.

3) 청구인 소속(또는 전 소속) 학과 교수들은 위 〈별표3〉의 심사표에 따라 '교수로서의 자질', '학과 발전 공헌도', '강의평가'에 대한 항목을 심사하였고, 교학처장은 '2012년 직무능력 평가 지표'에 따라 청구인에 대한 '보직평가' 항목을 심사하였다. (2013. 11. 25., 12. 16.자 교원인사위원회 회의록)

그 결과 청구인에 대한 구체적인 평가점수는 다음과 같다.

A.교수로서의 자질(10점)		B.학과 발전 공헌도(10점)	C.강의평가 (30점)	보직평가 (50점)	평가점수 (100점)
인격과 품위 (5점)	직무관련 태도 (5점)				
4.2 (우수)	4.1 (우수)	6.9 (보통)	6 (매우 미흡)	25 (45/90) (미흡)	46.2

4) 위 심사항목 중 '강의평가'는 HRD 센터[3]가 수강생들에게 설문을 실시하여[객관식 10문항에 대해 1점(전혀 그렇지 않다)에서 5점(매우 그렇다)까지 부여] 그에 따른 점수를 평균화하고, 전임교원 강의평 가평균과의 점수 차를 계산하여 소속학과 교원들에게 알려주면, 소속학과 교수들이 〈별표3〉에 따라 일정한 편차 구간별로 6점(매우 미흡)에서 30점(매우 우수)까지 부여하는 방식으로 이루어졌다. 그런데 청구인에 대한 2012학년도 1학기부터 2013. 1학기까지의 강의평가 결과는 평균 3.89이고, 같은 기간 동안의 전임교원 평균은 4.22이어서 청구인은 비교 대상보다 −0.34점의 차이를 보였는바, 소속학과 교수들은 이 점수 차가 위 〈별표3〉의 '매우 미흡' 구간에 해당되므로 전원이 기계적으로 6점을 부여하였다.

5) 위 심사항목 중 '보직평가'는 '2012년 직무능력 평가 지표'에 따라 이루어진바, 구체적인 세부 심사 항목은 '교수학습지원센터 업무(65%), 연구실적(20%), 위원회 실적(10%), 기타(5%)'로 이루어졌다. 교학처장은 위 항목 중 '교수학습지원센터 업무(65%)'의 한 평정요소인 '직업역량인증제 운영 관리(10%)'와 관련하여, 센터가 해당 사업을 중간에 포기하였으므로 이 부분은 평정에서 배제하기로 하여 총 90점 대비로 점수를 산정하여 45점의 점수를 부여하였다. 이후 교학처장은 청구인에 대한 재임용 평가표상의 보직평가 배점이 50점임을 고려, 그 비율에 맞춰 보직평가점수를 환산하여 최종 25점으로 조정하였다.

라. 재임용 거부의 타당성 여부

1) '소속학과 교원 전원의 재임용 동의' 기준의 타당성 여부
피청구인은 청구인에 대한 재임용 거부사유 중의 하나로 '소속학과 교원 전원의 재임용 동의'가 없었다는 것을 들고 있다.

---

3) 온라인 수업과정 및 학생들 강의평가에 대한 주무부서(청구인 보직이 HRD 센터장이었음)

간호과(청구인의 최초 소속) 소속 교원 9명이 전원 청구인의 재임용을 반대하였고, 유아교육과(청구인의 변경된 소속) 소속 교원 3명 중 2명이 청구인의 재임용에 찬성을 하였으나 나머지 1명이 재임용에 반대하여, 결과적으로 청구인이 소속학과 교원 전원에게서 재임용 동의를 받지 못한 사실은 양 당사자 사이에 다툼이 없다.

그런데 교원에 대한 재임용 평가방법으로 소속학과 교원들에 의한 평가가 부당하다고는 단정할 수는 없으나, 재임용이 되기 위해서 교원 전원의 동의를 요하는 것은 그 기준이 지나치게 높다고 할 것이어서 객관적이고 공정한 재임용 심의를 저해할 여지가 있다고 보인다.

따라서 소속학과 교원 전원이 재임용에 동의하지 않았다는 것을 이유로 한 재임용 거부는 부당하다. (다만, 소속학과 교원들이 행한 〈별표3〉에 따른 각 항목별 평가 자체는 부당하다고 보이지 않는다.)

2) '항목별 보통 이상에 해당 및 전체 점수 80점 이상'에 대한 판단

가) 피청구인은 청구인에 대한 재임용 거부사유 중의 다른 하나로 '항목별 보통 이상에 해당 및 전체 점수 80점 이상'을 충족하지 못하였다는 것을 들고 있다.

나) 강의평가 관련

(1) 청구인은 2012년부터 2013년 1학기까지 센터장으로 보직을 수행하면서 일반 전임교원에 비해 강의시수가 적었으므로, 청구인에 대한 업적평가는 2012년에는 보직 및 임무 부여에 따른 수행평가를, 2013년에는 강의평가를 해야 한다고 주장한다.

그러나 청구인은 강의와 센터업무를 병행하는 것으로 채용된 교원이고, 실제 2012학년 1학기 3시수(책임시수 6), 2012학년 2학기 4시수(책임시수 6)를 강의하였으므로 청구인에 대한 평가에서 2012학년에 대한 강의평가를 배제하여야 할 이유가 없어 청구인의 주장은 이유 없다.

(2) 또한 청구인은 강의평가 시 비교대상을 전임교원들로 할 것이 아니라 교직과목 담당 교원들로 하여야 한다고 주장하나, 이에 대한 근거 규정이 없을 뿐만 아니라 특별히 청구인에게만 비교대상을 달리해야 할 합리적인 사유도 없으므로 이유 없다.

(3) 청구인은 교직과목만 담당하는 청구인에 대해 전공과목 강의를 담당하는 타 동료 교수들의 평가는 부당하다고 주장한다.

그러나 소속학과 교수들에 의해 평가된 항목은 '교수로서의 자질', '학과 발전 공헌도', '강의평가'인바, '교수로서의 자질'과 '학과 발전 공헌도'는 전공과 무관한 평가일 뿐만 아니라 '우수'로 평가되었기 때문에 청구인의 주장은 이유 없다고 보인다.

나아가 '강의평가' 항목도 이미 산출된 점수 편차를 바탕으로 소속학과 교원들이 심사표에 따라 기계적으로 6점을 부여하였으므로 자의가 개입될 여지가 없으므로 청구인의 주장은 이유 없다.

3) 기타 주장에 대한 판단

청구인은 피청구인이 직무평가기준에 대해 공지해 주지 않았다고 주장한다.

그러나 교원 재임용 시행세칙 및 〈별표3〉에 의하면, '교수로서의 자질', '학과 발전 공헌도', '강의평가'는 모든 교원에게 해당되는 필수적인 심사항목으로서 규정되어 있고, '보직평가'는 따로 규정되어 있지는 아니하나 청구인이 임용 당시 피청구인과의 합의로 평가대상으로 삼았으므로 청구인의 주장은 이유 없다.

4) 그렇다면 피청구인이 청구인에 대한 강의평가에서 '매우 미흡', 보직평가에서 '미흡'을 주는 한편, 전체 점수에서 46.2점을 부여한 것에 특별히 부당한 점은 확인되지 아니하므로, 피청구인이 재임용 기준 중 하나인 '항목별 보통 이상에 해당 및 전체 점수 80점 이상'을 충족하지 못하였다는 이유로 청구인에 대해 재임용 거부를 한

것은 재량권을 일탈하거나 남용한 것으로 보이지 아니한다.

5. 결 론

이상에서 살펴본 바와 같이, 피청구인의 재임용 거부사유 중 '소속 학과 교원 전원의 재임용 동의' 미충족은 부당하다고 할 것이나 다른 재임용 거부사유인 '항목별 보통 이상에 해당 및 전체 점수 80점 이상' 미달은 부당하다고 보이지 아니하고, 청구인이 동 기준을 충족하지 못한 것은 사실이므로, 이를 이유로 한 피청구인의 재임용 거부처분은 재량권을 일탈하거나 남용한 것으로 보이지 아니하여 주문과 같이 결정한다.

재임용 신청 의사 없음을 이유로 한 재임용 거부

처분요지 해당 교원들은 법인이 일정 기한 내에 재임용 관련 서류를 제출하도록 안내하였음에도 이에 응하지 아니하였으므로 재임용 신청의사가 없는 것으로 보아 재임용 거부함

결정요지 청구인들 중 권○○은 소청 제기 후 사망하였으므로 소청 제기가 부적법하나, 나머지 청구인들에게는 재임용 신청의사가 있었으며, 피청구인의 재임용 거부처분에는 절차상 하자가 존재하고 객관적인 재임용 거부사유가 존재하지 아니하므로 위법함

관련규정 「사립학교법」 제53조의2 제7항

청 구 인 소속   ○○대학교

　　　　　성명   김○○ 외 40명 [계약상 2013. 8. 31. 임기만료자, 별지]

　　　　　　　　　김△ 외 13명 [계약상 2014. 2. 28. 임기만료자, 별지]

　　　　　대리인 법무법인 ○○ 변호사 박○○ 외 4

피 청 구 인 학교법인 ○○학원

　　　　　대리인 법무법인 ○○ 변호사 하○○

피청구인이 2014. 1. 21. 청구인들에게 한 재임용 거부처분에 대하여 청구인들이 2014. 1. 27. 이의 취소를 구하는 소청심사청구를 하여 우리 위원회는 심사를 거쳐 다음과 같이 결정한다.

- 주　문 -

청구인 권○○의 청구는 각하하고,
피청구인이 나머지 청구인들에게 한
2014. 1. 21. 재임용 거부처분은 취소한다.

- 이   유 -

1. 사건의 개요

청구인들은 ○○대학교에서 2013. 8. 31.까지 또는 2014. 2. 28.까지를 임용기간으로 하여 근무하던 중, 청구인들이 재임용 심의를 신청할 의사가 없음을 이유로 피청구인에게서 2014. 1. 21. 재임용 거부통보를 받았다.

이에 대해 청구인들은 이미 재임용 신청서 및 관계 서류를 제출하였음에도 피청구인이 이를 다시 제출하라고 요구하는 것은 부당하다는 등의 주장을 하며 2014. 1. 27. 이의 취소를 구하는 소청심사를 청구하였다.

2. 처분 사유

2014. 1. 15.까지 기한을 정하여 법인에 직접 재임용 관련 서류를 제출토록 수차례 안내하였으나 이에 응하지 아니한바, 재임용 심의를 신청할 의사가 없다고 판단하여 재임용을 거부한다.

3. 청구인들 주장

가. 청구인 41명(계약상 2013. 8. 31. 임기 만료자)의 주장

임기만료일 2개월 전인 2013. 6.까지 재임용 여부에 대한 아무런 통지를 하지 아니하여 절차상 하자가 있다.

나. 청구인들의 공통 주장

이미 재임용 서류를 제출하였음에도 다시 제출하라는 요구는 신의칙과 상식에 반하는 처사이다.

4. 판 단

가. 사실관계

 1) ○○대학교 총장 김ㅁㅁ은 2012. 11. 형사사건으로 구속 기소되었
    고, 피청구인은 2012. 12. 13. 김◇◇을 총장 직무대행으로 임명하
    였다.

 2) 피청구인은 2013. 5. 14. 총장 김ㅁㅁ을 해임하였다.

 3) 교원인사위원회는 2013. 6. 17. 임기만료(2013. 8. 31.자) 예정인 교원
    들에 대해 연구업적에 대한 재임용 심의를 진행한 뒤, 심의 대상
    전원에 대해 재임용 제청을 동의하였다.

 4) 이사회는 2013. 6. 19. 김■■을 총장으로 임명하기로 의결하였다.
    (단, 피청구인은 바로 총장에 대해 임명행위를 하지는 아니하였고 2013.
    7. 18. 김■■ 총장을 임명하되 그 임용일자를 2013. 6. 20.로 소급하였다.)

 5) 총장 직무대행은 2013. 6. 20. 피청구인에게 인사위원회의 심의대
    로 해당 교원들에 대한 재임용을 제청하였다.

 6) 이사회는 2013. 7. 30. 해당 교원들에 대한 재임용 의결을 보류하
    고 보완사항(① 연구업적 외 실적 제출, ② 연구업적평가 시 세부연구실
    적 기준 준수 확인, ③ 교원인사위원회의 재심의 및 총장의 제청)을 지시
    하였다.

 7) 한편, 전임 총장 김ㅁㅁ은 우리 위원회에 해임처분 취소 청구를 제
    기하였는데, 우리 위원회는 2013. 10. 16. 위 해임처분을 절차상 하
    자를 이유로 취소하였다.

 8) 이에 전임 총장 김ㅁㅁ은 후임 총장 김■■을 상대로 직무집행정지
    가처분 신청을 한바, ○○지방법원 ○○지원은 2013. 11. 29. 이 신
    청을 기각하였다.

9) 교원인사위원회는 2013. 12. 6. 임기만료(2014. 2. 28.) 예정인 교원들에 대해 연구업적에 대한 재임용 심의를 진행한 뒤, 심의대상 전원을 재임용 제청하는 데 동의하였다.

10) 총장 직무대행은 2013. 12. 9. 피청구인에게 인사위원회의 심의대로 해당 교원들에 대한 재임용을 제청하였다.

11) 피청구인은 2013. 12. 20. 총장 직무대행이 재임용을 제청한 해당 교원들 전부(2013. 8. 31. 임기만료자 및 2014. 2. 28. 임기만료예정자)에게 재임용 신청서 등 관련 서류 제출을 요구하였고, 해당 교원들이 불응하자 2013. 12. 30. 최종 제출시한(2013. 1. 15.)을 정하여 다시 촉구하였다.

12) 청구인들은 2014. 1. 15.까지 피청구인에게 아무런 재임용 관련 서류도 제출하지 아니하였다.

13) 교원인사위원회는 2014. 1. 16. 청구인들을 포함하여 최종시한까지 재임용 신청서 등을 제출하지 아니한 59명은 재임용 제청에서 배제하고, 재임용 신청서 등을 제출한 25명은 연구영역 외 교육영역, 품위유지 등을 심사한 후 전원 재임용을 제청하는 것으로 심의하였다.

14) 이후 총장은 2014. 1. 16. 피청구인에게 교원인사위원회의 심의대로 제청 및 제청제외를 하였고, 피청구인은 이사회의 의결을 거쳐 2014. 1. 21. 청구인들에게 재임용 거부통보를 하였다.

나. 청구인 권○○의 청구(2014-83)에 대한 판단

1) 청구인은 2014. 1. 27. 이 사건 재임용 거부처분의 취소를 구하는 소청을 청구하였으나 2014. 2. 16.경 사망하였다.

2) 청구인의 교원으로의 지위는 일신 전속권으로서 상속의 대상이 된

다고 할 수 없으므로, 재임용 거부처분의 취소를 구하는 이 사건 소청은 청구인이 사망함으로써 중단되지 않고 종료되었다고 할 것인바, 청구인의 이 사건 소청은 부적법하다.

다. 권○○을 제외한 나머지 청구인들의 청구에 대한 판단

1) 관련 규정

피청구인 측 정관과 교원인사규정에 의하면, 청구인들에 대한 재임용은 교원인사위원회의 심의, 총장의 제청, 이사회 의결을 거쳐 이사장이 임명하도록 되어 있다.

한편, 재임용 심사항목은 ① 연구업적, ② 교육업적, ③ 교육관계 법령의 준수 및 기타 교원으로서의 품위 유지에 관한 사항, ④ 봉사업적이다.

위 심사항목 중 연구업적에 대해서는 '이전 임용기간 동안 평균 연 100점 이상, 연구논문에는 한국연구재단 등재(후보)급 이상의 논문실적 1편 이상'이 있어야 하는 것으로 규정되어 있고, 그 밖의 다른 심사 항목에 대해서는 따로 기준을 정하기로 되어 있으나 현재까지 마련되어 있지 아니하다. (정관 제39조 제2항, 제50조 제2항 및 교원인사규정 제4조, 제9조 제2항)

2) 피청구인의 재임용 관련 서류 요청의 타당성 여부

피청구인은 2013. 7. 18. 김■■을 새로운 총장으로 선임하였고, 이사회는 2013. 7. 30. 재임용 평가항목의 문제점과 제청권자를 지적하며 재임용 심사의 재검토를 요청하였다.

정관 및 교원인사규정에 따를 때 재임용 평가항목에 연구업적 외에 교육업적 등 다른 심사항목에 대한 평가가 가능하고 (구체적인 심사 기준 없이 평가가 이루어질 경우 그 심사가 적법한지는 별론으로 하더라도) 후임 총장은 피청구인이 적법하게 선임한 자로, 재임용 제청권한이 있다.

따라서 이사회가 재임용 심사항목에 대한 재심사 및 총장 직무대
행이 아닌 총장의 제청을 요구하며 재임용 의결을 보류한 것 자체
는 부당하다고 보이지 아니하며, 피청구인이 이사회의 의결에 따
라 청구인들에게 재임용 관련 서류를 요청하는 것 역시 부당하다
고 보이지는 아니한다.

3) 청구인들에게 재임용 심의 신청의사가 있는지 여부
그러나 청구인들이 재임용 심사를 위한 정당한 행정절차를 거쳤는
지는 별론으로 하더라도, 다음과 같은 사정을 고려할 때 최소한 재
임용 신청의사가 있었음은 분명하다고 할 것이고, 피청구인도 총
장 직무대행의 재임용 제청 과정에서 이미 청구인들의 재임용 신
청의사를 인지하고 있었다고 보인다.

가) 청구인들 중 2013. 8. 31.자로 임기가 만료된 지 들의 경우
청구인들은 2013. 5. 10. 총장 직무대행에게서 총장 명의로 작성
된 재임용 관련 서류와 연구실적물 제출통시를 받이 관련 서류를
교무처로 제출하였고, 2013. 6. 17. 인사위원회의 심의를 거쳐 총
장 직무대행에 의해 2013. 6. 20. 재임용 제청되었다. (관련 공문,
교원인사위원회 회의록 등)
그런데 이때는 아직 새로운 총장이 공식적으로 임명되기 전이므
로 총장 직무대행에게 재임용 제청권한이 없다고 볼 수 없다.

또한, 비록 새로운 총장이 선임된 후이기는 하지만 총장 직무대행
은 2013. 10. 30. 피청구인에게 기존 서류만으로도 재임용이 가능
하다는 취지의 회신을 보내는 등 청구인들을 대표하여 지속적으
로 재임용 신청의사를 비쳤다고 할 것이다.

나) 청구인들 중 2014. 2. 28.자로 임기가 만료된 자들의 경우
총장 직무대행은 새로운 총장이 선임된 이후인 2013. 10. 15. 피
청구인에게 총장 명의로 2014. 2. 28. 기간이 만료된 교원 26명에

대한 보고를 한 뒤, 청구인들에게 재임용 신청서 등 관련 서류 제출을 요구하였다.

청구인들은 재임용 신청서 등 관련 서류를 제출하였고 인사위원회는 2013. 12. 6. 청구인들에 대한 연구업적 심사를 진행하여 재임용 제청에 동의하였다.

이후 총장 식부대행은 인사위원회의 심의결과를 반영하여 2013. 12. 9. 피청구인에게 총장 명의로 해당 교원들에 대한 재임용 제청을 하였다. (공문, 교원인사위원회 회의록)

그렇다면 위와 같은 일련의 행위는 새로운 총장이 선임된 후이기는 하지만 청구인들에게는 최소한 재임용 신청의사가 있었다는 것을 보여준다고 할 것이다.

4) 재임용 거부절차상 하자의 유무

 가) 임기만료 2개월 전 통지 규정 위반 부분

계약상 2013. 8. 31.자로 임기가 만료된 청구인들은 피청구인이 임기만료일 2개월 전인 2013. 6.까지 재임용 여부에 대한 아무런 통지를 하지 아니하여 절차상 하자가 있다고 주장한다.

그러나 계약상 2013. 8. 31.자로 임기가 만료된 청구인들은 2013학년도 2학기 교과과정을 개설, 운영하여 학생들에 대한 수업 진행, 성적 부여 등 차질 없는 학사진행을 하였다.

피청구인도 이에 대해 이의를 제기함이 없이 청구인들에게 9월 급여를 지급[4]한바, 청구인들은 실제 2학기 말인 2014. 2. 28.까지 정상적으로 교원의 지위를 보장받았다고 보인다.

따라서 계약상 2013. 8. 31.자로 임기가 만료된 청구인들의 임기는 사실상 2014. 2. 28.까지 연장된 것으로 보이므로, 계약상 임

---

4)　○○대학교는 2012년부터 현재까지 재정 악화로 교원들에 대한 급여를 제때 지급하지 못하고 있는바, 신학기가 되어 등록금 수입이 생기면 미지급된 급여를 지급하고 있는 실정이어서 9월 급여의 일부까지만 지급했고, 추후에 등록금이 들어오면 청구인들에게 2013년 2학기 급여까지도 지급할 예정이라고 한다. (사무처장 확인서)

기만료일인 2013. 8. 31. 기준으로 2개월 전인 2013. 6.말까지 재임
용 거부처분을 하지 아니하여 절차상 하자가 있다는 청구인의 주
장은 이유 없다.

그렇다면 이 사건 청구인들의 임기는 모두 2014. 2. 28.까지라고
할 것인데, 피청구인은 2014. 1. 21. 청구인들에게 재임용 거부를
함으로써 「사립학교법」 제53조의2 제6항에 의한 임기만료 2개월 전
(2013. 12. 31.까지)에 통지해야 하는 규정을 위반하였다.

위 규정의 취지는 대학교원의 임기가 학기 단위로 진행되는 것을
고려하여 학교 측에는 학사행정을 차질 없이 진행할 시간적 여유
를 확보하게 하고 해당 교원에게는 재임용 거부처분이 지연될 경
우 예기치 못한 임기 단절을 사전에 차단하게 하고자 함으로 해
석된다.

그런데 앞에서 살펴본 바와 같이 이 사건 재임용 거부는 총장의
지위를 둘러싸고 전임 총장과 후임 총장 간에 법정 다툼이 진행
되고, 재임용 제청권을 둘러싸고 학교법인과 청구인들이 대치된
상태에서 지연되어 행해진 것으로 보이는바, 피청구인이 의도적
으로 청구인들에 대해 재임용 거부처분을 지연한 것으로는 보이
지 아니한다.

따라서 위 규정 위반만으로 재임용 거부처분을 취소할 만한 절차
상 하자가 있다고 보기는 어렵다.

나) 재임용 심의 미진행의 부분

그러나 피청구인은 청구인들에게 재임용 신청의사가 없다는 사유
만으로 더 이상의 절차를 진행하지 않고 바로 재임용 거부통보를
한바, 피청구인은 청구인들에게 더 이상의 관련 서류를 요구하지
않고 기존에 청구인들이 제출하였던 실적만으로도 이사회의 보완
요구에 따라 인사위원회의 재심사를 진행한 뒤 청구인들에 대한
재임용 여부를 결정할 수 있었다고 보인다.

가령 피청구인 측이 연구실적 외의 항목까지 재임용 심사대상으로 하고자 했으나 청구인들이 추가 자료를 제출하지 않아 평가에 어려움이 있다고 하더라도, 피청구인은 그 부분에 대해서는 실적이 없는 것으로 평가하는 방법으로라도 재임용 심의를 할 여지는 있었다고 보인다(다만, 연구실적 외 항목에 대한 구체적인 평가기준이 없는 상태에서 그 평가가 적법한지는 별론으로 한다).

그럼에도 피청구인은 아예 청구인들에 대한 재임용 심사를 진행하지 아니한바, 이는 재임용 결정 전 교원인사위원회의 심의를 필수적으로 거치도록 규정한 「사립학교법」제53조의2 제6항에 위반되어 절차상 하자가 있다고 할 것이다.

5) 이 사건 재임용 거부사유의 타당성 여부

가) 피청구인은 인사위원회의 재심사와 총장의 제청을 유도할 목적으로 청구인들에게 지정날짜까지 재임용 신청서 등을 제출하도록 하였다가, 청구인들이 이에 불응하자 결국 청구인들에게 재임용 신청의사가 없는 것으로 바로 재임용을 거부하였다.

그런데 앞에서 살핀 바와 같이 청구인들에게 재임용 신청의사가 있는 것은 분명하므로, 피청구인의 거부사유는 청구인들이 재임용 신청서 등 관련 서류를 제출하지 아니한 것이 유일하다고 할 것이다.

나) 그런데 「사립학교법」제53조의2 제7항은 재임용 심의사유로 '학생교육에 관한 사항, 학문연구에 관한 사항 등 객관적인 사유로 학칙에서 정하는 사유'를 규정하고 있고, 이미 살핀 바와 같이 피청구인은 교원인사규정에서 ①연구업적, ②교육업적, ③교육관계법령의 준수 및 기타 교원으로서의 품위 유지에 관한 사항, ④봉사업적을 재임용 심사기준으로 정하고 있다.

다) 그렇다면, 피청구인이 이 사건에서 재임용 거부사유로 삼고 있는

재임용 신청서 등의 미제출 사유는 관계규정에서 정하고 있는 재임용 거부사유가 아님이 분명하므로 피청구인의 재임용 거부처분은 위법하다.

5. 결 론

이상에서 살펴본 바와 같이, 청구인들 중 권○○의 소청은 청구인이 심사 진행 중 사망함으로써 부적법하고, 나머지 청구인들(54명)에 대한 피청구인의 재임용 거부처분은 청구인들의 재임용 신청의사에도 불구하고 교원인사위원회의 심의 없이 관련 서류 미제출의 사유만으로 이루어진 것인바, 「사립학교법」제53조의2 제6항 및 제7항을 위반한 것이어서 주문과 같이 결정한다.

[별지]

· 계약상 2013. 8. 31. 임기만료자(41명)
　(이하 표 생략)

· 계약상 2014. 2. 28. 임기만료자(14명)
　(이하 표 생략)

학부교수 간 유대관계 미흡 등을 이유로 한 재임용 거부

처분요지 소속기관 재임용 심사평정에서 종합평가 '부적격'에 해당함(부적격 사유: 가. 취업률, 재학생 충원율, 입학생 유치 기여도 미흡, 나. 학부 교수 간 유대관계 미흡)

결정요지 청구인에 대한 소속기관의 부적격 판정 사유는 청구인에 대해 재임용을 거부해야 할 합리적인 사유로 보이지 아니하여 재임용 거부는 위법함

관련규정 「사립학교법」 제53조의2

청 구 인 소속   ○○대학교

　　　　　　 성명   이○○   직위 부교수

피 청 구 인 학교법인 ○○학원

피청구인이 2013. 12. 30. 청구인에게 한 재임용 거부처분에 대하여 청구인이 2014. 1. 28. 이의 취소를 구하는 소청심사청구를 하여 우리 위원회는 심사를 거쳐 다음과 같이 결정한다.

－ 주　　문 －

피청구인이 2013. 12. 30. 청구인에게 한
재임용 거부처분을 취소한다.

－ 이　　유 －

1. 사건의 개요

청구인은 2013. 3. 1. ○○대학교에 부교수로 1년을 임용기간으로 하여 재임용되어 근무하던 중, 산학협력교원 재임용 기준 중 소속기관 재임용 심사평정에서 종합평가 '부적격'에 해당된다는 이유로 피청구인에게서 2013. 12. 30. 재임용 거부통보를 받았다.

이에 대하여 청구인은 소속학과 정년직 전임교원의 70% 동의로 재임용 거부를 결정할 수 있도록 한 규정은 정년직 교수에게는 적용되지 아니하는 차별적인 독소조항이라는 등의 주장을 하며 2014. 1. 28. 이의 취소를 구하는 소청심사를 청구하였다.

2. 처분 사유

산학협력교원 재임용 기준 중 소속기관 재임용 심사평정에서 종합평가 '부적격'에 해당한다.

(부적격 사유: 가. 취업률, 재학생 충원율, 입학생 유치 기여도 미흡, 나. 학부 교수 간 유대관계 미흡)

3. 청구인 주장

가. 학교 규정에서 요구하는 기준 점수 160점 이상을 충족하였음에도 소속학과 정년직 전임교원의 70% 동의로 재임용 거부를 결정할 수 있도록 한 규정은 정년직 교수에게는 적용되지 아니하는 차별적인 규정이다.

나. 소속학과 교수들의 동의서는 부적격에 대한 동의가 아니라 백지상태에서 먼저 작성된 것으로 보이는바, 동의 절차를 신뢰할 수 없다.

4. 판 단

가. 사실관계

1) 피청구인은 청구인을 임기 1년(2013. 3. 1. ~ 2014. 2. 28.)으로 하여

○○대학교 부교수(산학협력교원)로 재임용하였다.

2) 교무처장은 2013. 10. 21. 청구인에게 계약기간 만료 및 재계약 임
   용 신청 안내를 하였다.

3) 총장은 2013. 12. 2. 청구인에게 재임용 거부에 따른 의견진술 기
   회를 안내하였다.

4) 교원인사위원회는 2013. 12. 17. 청구인의 2013. 12. 13.자 소명의견
   서를 확인한 후, 재임용 기준 중 점수기준은 충족하였으나 산학협
   력단 재임용 심사평정에서 부적격 판단을 받은 것을 이유로 청구
   인을 재임용하지 않는 것에 동의하였다.

5) 이사회는 2013. 12. 20. 청구인에 대해 재임용 거부의결을 하였고,
   총장은 2013. 12. 30. 청구인에게 재임용 거부통보를 하였다.

나. 피청구인의 재임용 기준

○○대학교 「비정년과정 전임교원(산학협력교원) 재임용 심사기준」에 따
르면, 청구인과 같이 비정년과정 전임교원(산학협력교원)이면서 계약기
간이 1년인 교원은 재임용이 되기 위해서 ① 정량적 실적(100점 이상)
과 ② 소속기관의 종합평가(적격 판정[5])가 필요하다.

다. 청구인에 대한 재임용 평가결과

청구인은 정량평가에서 206.7점을 취득(지적재산권 6.7점, 산학협력MOU
체결 100점, 산업체 현장실습지도 20점, 가족회사 유치 80점)하였으나, 소속
기관의 종합평가에서 부적격으로 판정(8명의 교원 중 6명이 부적격에 동
의하여 70% 이상 기준 충족)되어 재임용이 거부되었다. (교수업적평가표,
소속기관 평가 및 동의서)

---

5) 부적격은 소속기관 전체 교수의 70% 이상의 동의로 판정

라. 재임용 거부의 타당성 여부

1) 청구인은 소속기관의 평가 규정이 비정년과정 교원들에게만 적용되고 정년과정 교원들에게는 적용되지 아니하는 위법한 조항이어서, 그 자체로 위법하다고 주장한다.

   그러나 학교법인이 대학교원을 정년과정과 비정년과정으로 구분하여 채용한 뒤 재임용 심사기준을 따로 정한다고 하더라도 이는 학교법인의 자율적인 영역이라 할 것이어서 그 자체만으로는 위법하다고 보이지 아니한다.

2) 또한 청구인은 소속기관 교원들이 백지상태에서 먼저 동의서를 작성하였고 그 후 부적격 판정이 나왔으므로 교원들의 부적격 동의 절차를 신뢰할 수 없다고 주장하고 있으나, 이에 대한 객관적인 증거를 제출하시 못하여 위 주장을 받아들이기는 어렵다.

3) 한편 청구인에 대한 정량평가 재임용 기준은 100점 이상인데 반해 청구인의 정량평가점수는 206.7점으로 2배 이상 초과하였으므로, 소속기관 평가에서 청구인에 대해 부적격 판정을 하기 위해서는 정량평가 결과에도 불구하고 청구인을 재임용 거부해야 할 합리적인 사유를 제시해야 할 것이다.

   가) 그런데 '취업률 등 기여도 저조'를 이유로 한 부적격 사유는 그 사유가 재임용 심사기준으로 적합한지는 별론으로 하고, 가령 적합하다고 하더라도 산학협력교원으로서 산학협력MOU체결, 산업체 현장실습지도 등 기본적인 역할에서 능력을 검증받은 자에게 이러한 사유를 핵심적인 재임용 거부사유로 삼는 것은 합리적이라고 보이지 않는다.

   나) '소속 교수들과의 유대관계 미흡'을 이유로 한 부적격 사유도 피청구인이 객관적인 사실, 증거를 제시하지 못하고 있는 이상 교수들 간에 대화와 협조로 해결해야 할 수준이라고 보여 재임용을 거부

해야 할 합리적인 사유로는 보이지 아니한다.

다) 결과적으로 청구인에 대한 소속기관의 부적격 판정 사유는 청구인에 대해 재임용을 거부해야 할 합리적인 사유로 보이지 아니하여 피청구인의 재임용 거부처분은 재량권을 일탈하거나 남용한 것으로 보인다.

5. 결 론

이상에서 살펴본 바와 같이, 피청구인의 재임용 거부처분은 합리적이지 못한 소속기관의 부적격 판정에 기인한 것으로 재량권을 일탈하거나 남용한 것으로 보여 주문과 같이 결정한다.

전공불일치 등의 문제를 이유로 한 재임용 거부

처분요지 강의전담 비정년과정 전임교원인사규정 제9조에 따라, 종합평가 부적격에 해당함(부적격 사유: 가. 보건학과와의 전공일치성 및 전문성 미흡, 나. 강의 충실성 및 성실성 미흡, 다. 학생 유치 영향력 미흡)

결정요지 피청구인의 이 사건 재임용 거부는 별도의 심사기준 없이 소속기관의 평가에 의해서만 이루어져 사립학교법 제53조의2 제7항에 위반될 뿐만 아니라, 그 부적격 사유도 합리적인 사유로 볼 수 없어 청구인에 대한 재임용 거부는 부당함

관련규정 「사립학교법」 제53조의2 제7항

청 구 인 소속 ○○대학교

성명 김○○ 직위 조교수

피 청 구 인 학교법인 ○○학원

피청구인이 2013. 12. 30. 청구인에게 한 재임용 거부처분에 대하여 청구인이 2014. 1. 28. 이의 취소를 구하는 소청심사청구를 하여 우리 위원회는 심사를 거쳐 다음과 같이 결정한다.

- 주　문 -

피청구인이 2013. 12. 30. 청구인에게 한
재임용 거부처분을 취소한다.

- 이　유 -

1. 사건의 개요

청구인은 2012. 3. 1. ○○대학교에 조교수로 2년을 기간으로 하여 재임용되어 근무하던 중, 종합평가 '부적격'에 해당된다는 이유로 피청구인에게서 2013. 12. 30. 재임용 거부통보를 받았다.

이에 대하여 청구인은 보건학 박사학위로 합법적인 절차를 거쳐 보건학과 신임교수로 채용된 자에게 재임용 시 전공과의 불일치 등의 사유로 부적격 판정을 한 것은 부당하다는 등의 주장을 하며 2014. 1. 28. 이의 취소를 구하는 소청심사를 청구하였다.

2. 처분 사유

강의전담 비정년과정 전임교원인사규정 제9조에 따라, 종합평가 부적격에 해당한다. (부적격 사유: 가. 보건학과와의 전공일치성 및 전문성 미흡, 나. 강의 충실성 및 성실성 미흡, 다. 학생 유치 영향력 미흡)

3. 청구인 주장

가. 청구인은 보건학 박사 학위를 보유하고 있어 보건학과 신임교수 채용에 응시하여 ○○대의 교원인사위원회의 심의를 거쳐 합법적인 절차에 의해 임용되었는데, 재임용 시 전공과 불일치하고 전문성이 미흡하다는 것은 신임교수 임용 당시 교원인사위원회의 심의가 부당하다는 것인지 의문이고 청구인은 정신보건, 보건커뮤니케이션, 보건과 사회복지 등의 과목을 강의하였다.

나. 청구인은 대학원생들로부터 좋은 평가를 받아왔고 많은 피드백이 있어왔으므로, 피청구인은 어떤 근거로 청구인이 강의에 충실하지 아니하다는 것인지 객관적인 근거를 제시해야 한다.

다. 학생 유치의 부진은 어느 한 교수의 책임이 아니라 해당 학과 소속 모든 교수의 책임이다.

4. 판 단

가. 사실관계

1) 피청구인은 청구인을 임기 2년(2012. 3. 1. ~ 2014. 2. 28.)으로 하여 ○○대학교 대학원 보건학과 조교수(강의전담교원)로 재임용하였다.

2) 교무처장은 2013. 10. 21. 청구인에게 계약기간 만료 및 재계약 임용 신청 안내를 하였다.

3) 총장은 2013. 12. 2. 청구인에게 재임용 거부에 따른 의견진술 기회를 안내하였다.

4) 교원인사위원회는 2013. 12. 17. 청구인이 보건대학원 운영위원들의 종합평가에서 부적격 판단을 받은 것을 이유로 청구인을 재임용하지 않는 것에 동의하였다.

5) 이사회는 2013. 12. 20. 청구인에 대해 재임용 거부의결을 하였고, 총장은 2013. 12. 30. 청구인에게 재임용 거부통보를 하였다.

나. 피청구인의 재임용 기준

강의전담 비정년과정 전임교원인사규정 제9조에 의하면 "강의전담교원의 재임용 요건은 교원업적평가시행규칙 〈별표1〉 교육영역 평가기준 및 배점의 수업관련 항목평가 충족자 및 학부(과), 운영부서, 운용기관의 심사평정 적격자로 하되, 세부사항은 내규로 정한다."라고 규정하고 있다.

이에 따라 마련된 '강의전담교원 재임용 심사기준'에 의하면, 학부(과) 및 교양교직팀 소속의 강의전담교원의 경우에는 구체적인 재임용 기준이 마련되어 있으나[6], '학부(과) 및 교양교직팀 소속이 아닌 강의전담교원'에 대해서는 별도로 재임용 기준을 정한다고 하고 있을 뿐 실제로는 별도의 기준이 존재하지 않는다.

---

6) 교원업적평가 항목에 따른 일정한 기준점수 충족과 소속기관 종합평가에 의한 적격판정

다. 청구인에 대한 재임용 심사방법

1) 청구인에 대한 이 사건 재임용 심사는 별도의 정량평가 없이 대학원 운영위원 7인의 종합평가(부적격 동의)만으로 이루어진바, 이 부분에 대해서는 양 당사자 사이에 다툼이 없다.

2) 교원인사위원회는 학부 소속이 아닌 강의전담교원에 대해서는 별도의 재임용 평가기준이 없어 보완책이 필요하다고 인정하는 한편, 청구인이 예술치료 전공임에도 보건학과 소속으로 신규임용되어 강의의 전문성이 낮다는 소속기관 교수들의 의견을 반영하여 청구인을 재임용 제청에서 제외하기로 의결하였다. (2013. 12. 2.자 교원인사위원회 회의록)

라. 재임용 거부처분의 타당성 여부

1) 피청구인이 학생의 수나 수준의 차이 때문에 학부 강의 교원과 대학원 강의 교원을 구별하여 별도의 방식으로 재임용 평가를 하는 것 자체는 부당하다고 보기는 어렵다.
   그러나 피청구인 스스로 따로 기준을 정하기로 해 놓고도 어떤 기준을 마련함이 없이 소속기관 운영위원들의 평가만으로 청구인에 대해 재임용 거부를 한 것은 재임용 심의를 학칙에 정해진 사유로 근거하도록 한 사립학교법 제53조의2 제7항에 위배된다.

2) 나아가 소속기관 운영위원들의 부적격 판정사유도 다음과 같은 이유로 합리적인 사유로 보이지 않는다.

가) '전공 불일치'를 이유로 한 부적격 사유는 애초 피청구인이 청구인을 신규임용하면서 보건학과로 배치하면서 발생한 소속 배치상의 문제이지 청구인의 임기 동안의 실적과는 무관한 사유이다.
   또한 청구인은 서양화(미술학과) 전공으로 학사 및 석사를 졸업하기는 했으나, 예술치료(보건학과) 전공으로 박사과정을 마쳤고 다시 사회복지학 전공으로 학사를 졸업하였으며, 임용기간 동안 정신보건, 보건커뮤니케이션, 보건과 사회복지, 노인상담과 기법 등의 과목을 강의하였으므로 전공과의 불일치를 단정하기도 어렵다.

나) '강의의 불충실성'을 이유로 한 부적격 사유도 학생들에 의한 강의평가 등 객관적인 자료로 이루어진 것이 아니라 소속기관 운영위원들에 의해 주관적으로 평가된 것으로 보여 그 공정성이 담보되지 않는다고 할 것이다.

다) 마지막으로 '학생유치 실적 저조'를 이유로 한 부적격 사유는 그 사유가 재임용 심사기준으로 적합한지는 별론으로 하고, 가령 적합하다고 하더라도 강의전담교원으로서 강의, 지도 등 기본적인 사항에 대한 평가 없이 이러한 사유만으로 재임용 거부를 하는 것은 합리적이라고 보이지 아니한다.

3) 결과적으로 피청구인의 이 사건 재임용 거부는 별도의 심사기준 없이 소속기관의 평가에 의해서만 이루어져 사립학교법 제53조의2 제7항에 위반될 뿐만 아니라, 그 부적격 사유도 합리적인 사유로 볼 수 없어 청구인에 대한 재임용 거부는 부당하다.

5. 결 론

이상에서 살펴본 바와 같이, 피청구인의 재임용 거부처분은 합리적이지 못한 소속기관의 부적격 판정에 기인한 것으로 재량권을 일탈하거나 남용한 것으로 보여 주문과 같이 결정한다.

소속기관장 미추천 사유로 인한 재임용 거부

처분요지 재임용 요건 중 소속기관장의 추천을 받지 못한 사유로 재임용 거부함

결정요지 이 사건 재임용 거부처분의 경우, 재임용 심사의 기준에 경영대학장의 추천이 필수적인 요소임에도 불구하고 그 추천에 대한 객관적인 기준이 사전에 마련되어 있지 아니한바, 합리적이고 객관적인 기준에 의한 공정한 재임용 심사를 받을 청구인의 권리를 침해한 위법이 있음

관련규정 「사립학교법」 제53조의2 제7항

청 구 인 소속   전) ○○대학교 직위 조교수

　　　　　 성명   장○○

피 청 구 인 ○○대학교 총장

　　　　　 대리인 법무법인 ○○ 변호사 박○○

　피청구인이 2013. 12. 4. 청구인에게 한 재임용 거부처분에 대하여 청구인이 2013. 12. 19. 이의 취소를 구하는 소청심사청구를 하여 우리 위원회는 심사를 거쳐 다음과 같이 결정한다.

- 주   문 -

피청구인이 2013. 12. 4. 청구인에게 한
재임용 거부처분을 취소한다.

- 이   유 -

1. 사건의 개요

　청구인은 ○○대학교 조교수로서, 재임용 요건 중 소속기관장의 추천을 받지 못한 사유로 2013. 12. 4. 피청구인에게서 재임용 거부처분을 받았다.

이에 대하여 청구인은 재임용 거부처분의 절차상 하자를 주장하며 2013. 12. 19. 우리 위원회에 이의 취소를 구하는 소청심사를 청구하였다.

2. 처분 사유

■ ○○대학교 안내문(2013. 12. 4. ○○대학교 총장)

본교 2013학년도 제7차 교원인사위원회(2013. 11. 28.)는 2013. 8. 31.에 계약 만료되는 귀하의 재임용에 관한 안건 등으로 심의결과 아래와 같은 사유로 귀하의 재임용은 하지 않기로 결정하였다.

경영대학장의 미추천 사유: 연구논문 실적이 타 교수에 비해 현저히 부족하고, 학교규정 변경으로 재임용 시 향후 연구업적이 반영되는 것을 고려하여 현재 상태에서 재임용을 추천하지 않기로 하다.

3. 청구인 주장

가. 청구인은 재임용 심사과정에서 경영학부의 지속적인 회유 및 협박(서류철회 강요)을 받았으며, 경영학부는 재임용 심사 전 청구인을 포함한 비정년 교원 6명 전원을 재임용하지 않기로 사전결정하였다.

나. 경영대학장의 미추천 사유로 연구실적의 부족을 주장하는 것은 교원인사규정 제12조의2(재임용 요건) 제3항 및 부칙 제7조(비정년직전임교원 중 교육중점전임교원의 임용 요건에 관한 경과조치)를 위반한 것으로 청구인의 학교규정에 대한 예측 가능한 신뢰를 과도하게 침해하는 행위이다. 또한, 「사립학교법」 제53조의2(학교의 장이 아닌 교원의 임면)는 "교원의 재임용 여부를 심의할 때에는 객관적인 사유로서

학칙이 정하는 사유에 근거하여야 한다."라고 규정하고 있는바, 이 건 재임용 거부처분은 경영대학장의 자의적이고 주관적인 평가를 근거로 한 것이어서 위법하다.

다. 설령 청구인의 재임용 심사에 연구부분이 포함된다 하더라도, 「교원 연구업적평가규정시행세칙」 제11조(평가)에 의하면 연구총점으로 평가하도록 되어 있다. 청구인의 연구총점은 213.7점(연평균 106.9점) 임에도 경영대학장이 연구업적의 일부인 '연구논문'만을 자의적으로 선별 및 기준으로 하여 청구인을 평가한 것은 재임용 심사의 투명성, 객관성, 합리성, 공정성이 심각하게 결여된 것이다.

라. 타 학과의 경우 비정년직 교원의 재임용에는 ○○대학교 교원인사규정 부칙(2012. 9. 1.)의 제7조에 따라 '종전의 규정'에 따라 연구업적을 반영하지 않고 있는바, 청구인에게만 연구부분을 심사기준으로 적용한 것은 공정성 및 형평성 측면에서 위법한 것이다.

4. 판단

가. 사실관계

1) 청구인은 2011. 9. 1. ○○대학교 조교수로 임용(임용기간: 2011. 9. 1. ~ 2013. 8. 31.)되었다.

2) 피청구인은 2013. 4. 3. 청구인에게 임용기간 만료를 통지하였고, 청구인은 2013. 4. 23. 재임용 심의신청서를 제출하였다.

3) 교무처는 2013. 4. 24. 2013학년도 2학기 비정년 신임교원(경영학부 6명 포함) 채용 공고를 하였다.

※ 경영학부는 최종적으로 신임교원을 채용하지 않음

4) 경영학부 업적평가위원회는 2013. 5. 7. 청구인의 재임용을 추천하

지 않기로 심의하였다.

5) 청구인은 2013. 6. 18. 재임용 심사과정의 절차상, 내용상 문제를 제기하는 의견진술서를 제출하였고, 피청구인은 2013. 6. 24. 청구인에 대한 재임용 거부처분을 하였다.

6) 청구인은 2013. 6. 27. 우리 위원회에 재임용 거부처분의 취소를 구하는 소청을 제기하였고, 우리 위원회는 2013. 9. 9. 위 처분을 취소하는 결정을 하였다.

7) 피청구인은 2013. 11. 8. 청구인에게 교원인사위원회 출석 및 의견진술 안내를 통지하였고, 교원인사위원회는 2013. 11. 28. 청구인에 대한 재임용을 심의하였으며, 피청구인은 2013. 12. 4. 청구인에 대한 재임용 거부처분을 하였다.

8) 청구인은 2013. 12. 19. 우리 위원회에 재임용 거부처분의 취소를 구하는 소청을 제기하였다.

나. 재임용 거부처분의 절차상 하자 여부

청구인은 재임용 심사과정에서 경영학부의 지속적인 서류철회 압력을 받았고, 경영학부에서 재임용 심사 전 청구인을 포함한 비정년 교원 전원을 재임용하지 않기로 사전 결정하는 등의 절차상 하자가 있다고 주장하여 살펴보면,

1) 임용기간 만료에 따른 재임용 거부처분 통지 절차 및 청구인에게 의견 제출 기회를 부여한 사실에 대하여는 양 당사자 간 다툼이 없다.

2) 재임용 심사과정에서 경영학부의 지속적인 서류철회 압력을 받았다는 청구인 주장에 대하여 살펴보면,
청구인은 일부 경영학부 교수가 재임용 심사서류를 철회하라며 전

화로 협박하였음을 주장하고 있고, 피청구인은 서류철회에 관하여 이야기했던 것은 사실이나, 피청구인은 청구인에게 「사립학교법」 제53조의2 및 ○○대학교 교원인사규정 제12조가 규정하는 재임용 심의신청의 기회를 부여하였고, 청구인이 재임용 심의신청을 하여 절차에 따라 재임용 심의과정이 진행되었음을 고려할 때, 청구인이 주장하는 위 사유가 취소 사유에 이르는 중대한 절차상 하자라고 보기 어렵다고 할 것이다.

3) 경영학부에서 재임용 심사 전 이미 청구인을 재임용하지 않기로 사전 결정하여 부당하다는 청구인 주장에 대하여 살펴보면,

   ○○대학교 교원인사규정 제12조에 의거하여 청구인의 재임용 여부를 결정할 권한은 임면권자인 피청구인에게 있는 것이고, 비정년 교원을 전원 채용하지 않고자 하는 경영학부 내부의 논의를 청구인에게 전달하였다 하더라도, 그와 같은 논의가 청구인의 재임용 여부를 결정한 것으로 단정할 수도 없다. 따라서 위 경영학부의 내부 방침만으로 청구인의 재임용 여부가 사전에 결정되었다고 볼 근거가 부족한바, 이 부분 청구인의 주장은 이유 없다.

4) 위에서 살펴본 바와 같이 청구인의 재임용 거부처분은 경영학부 업적평가위원회의 심의를 거쳐 '경영대학장의 미추천 사유'로 교원 인사위원회의 결정에 따라 적법한 권한을 가진 피청구인에 의해 처분된 것인바, 이 건 처분에 중대한 절차상 하자가 있다는 청구인의 주장은 이유 없다.

다. 재임용 거부처분의 실체상 하자 여부

청구인은 경영대학장의 미추천 사유로 연구실적의 부족을 드는 것은 위법하다는 등 재임용 거부사유의 부당함을 주장하여 살피건대

1) 청구인은 2011. 9. 1.자 ○○대학교 조교수(비정년 전임교원)로 임용

된 자로서, ○○대학교 교원인사규정 부칙(2012. 9. 1.) 제7조에 의하여 재임용에 필요한 업적평가점수 기준에 있어 교원인사규정 〈별표3〉의 기준이 적용되지 아니하고, 청구인 임용 당시의 종전 규정인 ○○대학교 신규교원임용세칙 제25조의 기준이 적용된다.

2) ○○대학교 신규교원임용세칙 제25조 제3항은 재임용 요건으로 ① 강의평가점수가 임용기간 평균 70점 이상일 것, ② 소속 기관장의 추천을 받을 것, ③ 총장이 정한 개인별 계약기준을 충족할 것을 규정하고 있고, 피청구인(총장)과 청구인 간 신규교원 임용계약서에는 재임용 요건으로 매학기 주당 책임시간 6시간의 강의를 담당하고 강의평가점수가 임용기간 평균 70점 이상이어야 하며, 재임용 여부를 관련 규정에 의한 총장의 결정에 의한다고 명시되어 있다. 청구인이 위 요건들 중 '소속기관장의 추천을 받을 것'을 제외한 나머지 요건들을 충족하였음에는 양 당사자 간 다툼이 없다.

3) 경영대학장의 미추천 사유가 적법·정당한 것인지를 살펴보면,

 가) 경영대학장은 청구인의 재임용 미추천 사유로 '연구논문의 실적이 타 교수에 비해 현저히 부족하고, 학교규정 변경으로 재임용 시 향후 연구업적이 반영되는 것을 고려함'을 들고 있으며, 피청구인은 위와 같은 경영대학장의 미추천 사유에 대하여 청구인의 임용기간 연구논문 실적이 '0'으로 지나치게 미흡하다는 점, 2012. 9. 1. 교원인사규정 개정으로 종전에 비해 엄격한 재임용 심사기준을 정하고 있고 특히 연구업적이 중요한 기준으로 반영된다는 점을 들어 청구인이 ○○대학교 교원으로 재임용되기에 현저히 부족한 수준이라고 주장하고 있다.

 나) 그러나 임용권자가 재임용 심사와 관련하여 상당한 재량권을 가지고 있다 하더라도 그 평정은 객관적인 근거에 의하여야 할 것이고, 해당 교원에게 사전에 심사방법의 예측가능성을 제공하고 사

후에는 재임용 거부결정이 합리적인 기준에 의하여 공정하게 이루어졌는지를 심사할 수 있도록 재임용 심사기준이 사전에 객관적인 규정으로 마련되어 있어야 한다고 할 것이다.

다) 이 사건 재임용 거부처분의 경우, 재임용 심사의 기준에 경영대학장의 추천이 필수적인 요소임에도 불구하고 그 추천에 대한 객관적인 기준이 사전에 마련되어 있지 아니한 것으로 보인다. 그렇다면, 위와 같은 경영대학장의 미추천 사유를 근거로 한 재임용 거부처분은 재임용 대상 교원의 예측가능성을 침해하는 다분히 주관적이고 자의적인 평가기준을 적용한 것으로 봄이 상당하여 「사립학교법」 제53조의2 제7항의 취지를 위반한 것으로 볼 수 있다. 따라서 피청구인의 이 건 재임용 거부처분은 객관적이고 합리적인 기준에 의하여 공정한 재임용 심사를 받을 청구인의 권리를 침해한 것으로 임면권자의 재량권을 일탈·남용한 위법이 있다.

5. 결론

이상에서 살펴본 바와 같이, 이 사건 재임용 거부처분은 청구인이 임용 당시 규정에 의한 재임용에 필요한 최소업적기준을 갖추었음에도 경영대학장이 미추천한 사유에 근거하여 재임용이 거부되었고,

위 경영대학장의 미추천 사유는 재임용 대상 교원의 예측가능성을 침해하는 주관적이고 자의적인 평가기준을 적용한 것인바, 이 건 처분은 「사립학교법」 제53조의2 제7항에 따라 합리적이고 객관적인 기준에 의한 공정한 재임용 심사를 받을 청구인의 권리를 침해한 위법이 있어 주문과 같이 결정한다.

사례 09

임용시기에 따른 심사기준의 차별

처분요지 논문 150% 이상 게재 및 연구중심 업적평가 85점(연구 54점 포함)인 계약조건에 미달하여 재임용 거부함

결정요지 피청구인은 임기가 1년에 불과한 청구인들에게 채용시기의 차이로 3년 임기를 보장받는 타 조교수보다도 더 높은 재임용 기준을 제시하는 등 그 재량권을 일탈 또는 남용한 것이므로 이 사건 재임용 거부처분은 위법함

관련규정 「사립학교법」 제53조의2

청 구 인 소속　　전) ○○대학교

　　　　　성명　손○○　　직위 조교수

　　　　　　장○○　　직위 조교수

　　　　　대리인 법무법인 ○○ 변호사 심○○,
　　　　　법무법인 ○○ 변호사 하○○, 법무법인 ○○ 변호사 이○○

피 청 구 인 학교법인 ○○학원
　　　　　대리인 변호사 이○○

　피청구인이 2013. 12. 24. 청구인들에게 한 재임용 거부처분 대하여 청구인이 2014. 1. 24. 이의 취소를 구하는 소청심사청구를 하여 우리 위원회는 심사를 거쳐 다음과 같이 결정한다.

－ 주　　문 －

피청구인이 2013. 12. 24. 청구인들에게 한
재임용 거부처분을 모두 취소한다.

- 이　　유 -

1. 사건의 개요

청구인들은 2005. 3. 1. ○○대학교 전임강사로 신규 채용된 뒤 재임용되어 근무하던 중, 교원임용약정서에 따른 재계약 업적평가 기준에 미달된다는 이유로 피청구인에서 2013. 12. 24. 재임용 거부통보를 받았다.

이에 대하여 청구인들은 계약에 따른 재임용 기준이 위법하고 ○○대학교 재임용 기준이 과도하다는 등의 주장을 하며 2014. 1. 24. 이의 취소를 구하는 소청심사를 청구하였다.

2. 처분 사유

[손○○]

2014년 2월 계약만료에 따른 면직을 통보하였다.
－재계약 거부 사유 : 교원임용약정서 제4조 3항 재계약 업적평가 기준 미달
[논문 150% 이상 게재 및 연구중심 업적평가 85점(연구 54점 포함) 계약조건 미달(업적평가점수 66.90점, 연구점수 34.90점 취득)][7]

[장○○]

2014년 2월 계약만료에 따른 면직을 통보하였다.
－재계약 거부 사유 : 교원임용약정서 제4조 3항 재계약 업적평가 기준 미달
[논문 150%이상 게재 및 연구중심 업적평가 85점(연구 54점 포함) 계약조건 미달(업적평가점수 83.78점 취득)]

---

7)　교원업적평가표상 업적평가점수가 71.15로, 연구점수가 39.15로 수정되었음에도 처분사유에는 반영되지 아니하였음(본문 4. 마. 참고)

3. 청구인 주장

가. 재임용 거부처분의 부존재 및 통보상의 절차상 하자

재약정 불가 제청이 재임용(재계약) 불가 통지라 볼 수 없고, 이를 문서로 통지하여야 함에도 전자우편으로 발송하여 제대로 통지하지 않은 절차상 위법이 있다.

나. 교원인사규정 및 교원업적평가 규정 등은 ○○대학교 홈페이지에 공시되어 있지 않아 재임용 당시에 어떠한 기준으로 준비해야 하는지 알지 못하였다.

다. 임기만료가 도래하지 아니하였으므로 재임용 대상자가 아니다.

 1) 청구인 손○○

청구인은 2012. 7. 22. 조교수로 승진하였고, 교원인사규정 제6조에 의거 2012. 9. 1. 임용계약을 정하여 재임용되었어야 함에도 피청구인은 2013. 1. 계약하면서 1년씩 재임용하였는데 이는 무효라 할 것이고, 청구인은 2012. 9. 1. 재임용 계약이 존재하지 않고 계속 근무하였으므로 위 인사규정 제20조에 기하여 조교수로서 3년의 계약기간이 경과하여야 재임용 대상이 된다 할 것이므로 청구인은 2015. 9. 1.자 재임용 대상자로 2014년 재임용 대상자에 잘못 포함되었다.

 2) 청구인 장○○

청구인은 임용기간 중인 2012. 4. 1. 전임강사에서 조교수로 승진 임용되었으므로 그때부터 다시 기간이 산정되어 조교수 임용기간 3년이 적용되므로 현재 청구인은 임용 중임에도 이 사건 재임용 거부처분은 실질적으로 면직처분이고 아무런 절차 없이 이루어진 것으로 무효이다.

라. 계약에 의한 재임용 기준이어서 위법하다.

사립학교법 제53조의2 제3항에 따르면, 업적 및 성과약정 등 계약 조건은 '정관이 정하는 바에 따라야' 함에도 ○○대학교 정관이나 인사규정에는 아무런 기준도 정하지 아니하고 총장이 임의로 정한 '계약 기준'에 의하여 재계약을 체결할 수 있도록 규정하고 있으므로 이는 위 사립학교법에 위반되어 무효이다.

마. 재임용 기준이 과도하다.

○○대학교 인사규정에 의거, 조교수의 경우 3년 또는 계약기간에 연구실적 200% 이상 또는 계약기준으로 하고, 최저 업적평가 기본점수로 70점 이상 또는 계약기준으로 한다고 되어 있는바, 청구인에게 1년 안에 연구실적 150% 이상, 85점 이상을 획득하라는 계약조건을 부여한 것은 위 인사규정을 위반한 지나치게 자의적인 기준이다.

바. 보복적 처사로 행해진 재임용 거부

이 사건 처분은 청구인들이 교수협의회 회원으로 가입하여 학교의 각종 비리에 대하여 감사원 감사요구, 정보공개 청구 등 문제 제기를 하자 이에 대한 피청구인의 보복적 처사이다.

[청구인 손○○ 개별 주장]

재임용 기준이 1년 단임 계약에 비해 연구 실적이 과다하게 책정되어 있고, 세부항목에서도 첫 번째 실적 외에 나머지는 차등적으로 산정되도록 하여 많은 연구 실적이 있어도 기준 점수를 획득하기 어렵게 되어 있어 부당하다. (모든 연구 실적은 100%까지는 기본점수로 평가하고 초과 300%까지는 기본점수의 1/2, 이후 초과 부분은 기본점수의 1/4만 인정하고 있다.)

가. 취업실적과 관련하여 '건강보험 직장가입자'라는 기준 외에 어떤 것도 제시된 적이 없었음에도 취업실적 평가에서 근거 없이 건강보험 직장가입자인 김○○, 윤○○의 취업실적을 평가받지 못하였으며, 봉사영역에서도 4점의 가산점을 부여받아야 하나 근거 없이 2점밖에 받지 못하였다.

나. ○○대는 2003년 이전에 임용된 호봉제 교수에게는 '일반형 업적평가기준(교육 50점, 연구 30점, 봉사 20점)'을, 2003년 이후에 임용된 연봉제 교수에게는 '연구형 업적평가기준(교육 20점, 연구 60점, 봉사 20점)'을 적용하고 있는바, 피청구인이 특별한 근거 없이 청구인에게 연구형 업적기준을 적용하는 것은 부당하고, 청구인과 같은 예체능계의 경우 요구되는 업적점수가 지나치게 과중하여 현실적으로 충족이 불가능한 기준으로 부당하다.

다. 교원업적평가규정에 따르면 교무처장이 업적평가위원회 위원장이 되는바, 피청구인이 제출한 을제22호증(연구업적 동일작품 판단 기준 확인서)은 2013년 당시 교무처장인 김○○가 아닌 2014년 교무처장인 임○○이 작성한 것이므로 이는 당시 제대로 된 업적평가가 진행되지 않았다는 것을 반증하고 있다.

4. 판 단

가. 사실관계

1) 청구인들은 2005. 3. 1. ○○대학교 전임강사로 신규 채용된 뒤, 청구인 손○○은 2012. 7. 22. 조교수로 명칭 변경되었고, 청구인 장○○은 2012. 4. 1. 조교수로 승진 임용되었다.

2) 청구인들은 신규 채용 이후 매년 재임용되어 왔고 마지막 재임용

기간은 2013. 3. 1. ~ 2014. 2. 28.이다.

3) 피청구인은 2013. 9. 16. 청구인들에게 재임용 대상자 통보 및 재임
용 신청 안내를 하였다.

4) 청구인 손○○은 2013. 10. 30., 청구인 장○○은 2013. 10. 31. 피청
구인에게 재임용 신청서를 제출하였다.

5) 교원인사위원회는 2013. 11. 25. 업적평가 미달자에게 소명기간을
부여하기로 심의하여, 같은 날 청구인들에게 업적평가점수를 고지
하고 소명자료의 제출을 요구하였다.

6) 청구인들은 2013. 12. 10. 교원인사위원회에 소명서를 제출하였다.

7) 교원인사위원회는 2013. 12. 11. 청구인에 대하여 재임용 거부로
심의하였다.

8) 이사회는 2013. 12. 23. 청구인들에 대한 재임용 거부를 의결하였다.

9) 피청구인은 2013. 12. 24. 청구인들에 대한 면직통보를 하였다.

나. 재임용 거부통지의 존부

1) 청구인들은 피청구인이 청구인에게 재임용 '거부'통지를 한 것이
아니라 ○○대학교와의 재약정 불가 '제청'에 대한 안내를 하였으
므로 피청구인의 재임용 거부통지가 존재하지 않는다고 주장한다.

2) 그러나 피청구인이 청구인들에게 보낸 2013. 12. 24.자 공문에 의
하면, 그 제목으로 '2014년 2월 계약만료에 따른 면직통보'라고 되
어 있고, 그 내용으로 '이사회 심의 결과 청구인들이 ○○대학교와
약정한 조건 중 재약정 조건에 미치지 못하여 재약정 불가를 제
청한다'는 내용, 계약만료기간, 재계약 거부사유, 이의가 있을 시
교원소청심사위원회에 소청심사를 청구할 수 있다는 내용이 포함
되어 있다.

3) 따라서 피청구인은 명시적으로 청구인들에 대해 재임용 거부의사
를 밝힌 것으로 보이고, 재약정 불가 제청이라는 표현은 단순 착
오나 오기로 보이는바, 청구인들의 재임용 거부처분 부존재 주장
은 이유 없다.

다. 청구인들의 임기 만료 시기 및 재임용 심사대상자 여부

1) 청구인 손○○

가) 청구인은 2005. 3. 1. ○○대학교 정보미디어학과 전임강사로 신
규임용되었고 1년 단위로 전임강사로 재임용되었는바, 2012. 7. 1.
조교수로 승진하였으므로 2012. 9. 1.자로 3년간 재임용되어야 하
고 따라서 그 임기가 2015. 8. 31.까지여서 2015. 9. 1.자 재임용 대
상자라고 주장하고 있다.

나) 그러나 청구인은 전임강사에서 승진 심사를 통해 조교수가 된 것
이 아니라 고등교육법 개정에 따라 2012. 7. 22.자로 전임강사에서
조교수로 명칭이 변경되면서 조교수로 간주된 것이므로 조교수로
승진하였다는 청구인의 주장은 이유 없다.
또한 정관 제43조 제2항 및 제3항에 따르면 2001. 12. 31.을 기준
으로 그 이전에 신규임용된 자는 조교수의 임기가 3년이지만, 그
이후에 신규임용된 자는 조교수의 임기가 "계약으로 정하는 기
간"이다.
청구인은 2001. 12. 31. 이후인 2005. 3. 1. 신규임용된 자이므로
조교수의 임기는 3년이 아니라 계약으로 정한 기간이 되는데, 청
구인은 2013. 1. 2. 교원임용 약정서에서 임용기간을 2013. 3. 1.부
터 2014. 2. 28.(12개월간)까지로 정하였는바, 청구인의 조교수로
서의 임기만료일은 2014. 2. 28.이다.

다) 그렇다면 청구인의 임기만료일이 조교수로 승진한 2012. 9. 1.부터
3년 후인 2015. 8. 31.이므로 이 사건 재임용 심사대상자가 아니라

는 청구인의 주장은 이유 없다.

2) 청구인 장○○

가) 청구인은 2005. 3. 1. ○○대학교 연극영화학부 전임강사로 신규임용되었고 1년 단위로 전임강사로 재임용되다가, 2012. 4. 1. 조교수로 승진한바, 조교수로 승진한 2012. 4. 1.부터 그 임기가 3년이 되어야 한다고 주장하고 있다.

나) 교원인사규정 제5조 제1항 단서는 "다만 임기만료 이전에 승진 임용된 때에는 그때로부터 새로이 임기가 시작되는 것으로 한다."라고 규정되어 있으므로 2012. 4. 1.부터 조교수로의 새로운 임기가 시작된다는 청구인의 주장은 이유 있다.

그런데 정관 제43조 제2항 및 제3항에 따르면 2001. 12. 31.을 기준으로 그 이전에 신규임용된 자는 조교수의 임기가 3년이지만, 그 이후에 신규임용된 자는 조교수의 임기가 "계약으로 정하는 기간"이다.

청구인은 2001. 12. 31. 이후인 2005. 3. 1. 신규임용된 자이므로 조교수의 임기는 3년이 아니라 계약으로 정한 기간이 되는데, 청구인은 2012. 3. 27. 교원임용 약정서에서 임용기간을 2012. 4. 1.부터 2013. 2. 28.(11개월간)까지로 정하였다.

나아가 청구인은 2013. 1. 2. 교원임용약정서에서 임용기간을 2013. 3. 1.부터 2014. 2. 28.(12개월간)까지로 정하였는바, 최종적으로 청구인의 조교수 임기만료일은 2014. 2. 28.이다.

다) 그렇다면 청구인의 임기만료일이 조교수로 승진한 2012. 4. 1.부터 3년 후이므로 재임용 심사대상자가 아니라는 청구인의 주장은 이유 없다.

3) 소결

따라서 청구인들은 모두 2014. 2. 28.이 임기만료일이므로 이 사건 재임용 심사대상자에 포함된다.

라. 피청구인의 재임용 기준

1) ○○대학교 교원인사규정 제25조 제1항에 의하면 청구인들과 같은 조교수가 재임용되려면 ① 연구실적이 "200% 이상 또는 계약기준"을 충족해야 하고, ② 최저 업적평가 기본점수가 "70점 이상 또는 계약기준"을 충족해야 한다.

   나아가 ○○대학교 교원업적평가 규정 제4조 제1항, 제3항에 따르면, 재임용 대상 교원은 교원업적평가보조표(별지 제2호 서식)를 작성하여 학장에게 제출하고, 학장은 해당 교원이 제출한 교원업적평가보조표와 관련 증빙자료를 근거로 교원업적평가표(별지 제1호 서식)을 작성하여 교원업적평가위원회에 제출하게 되어있다.

   한편, 청구인들과 피청구인 간의 임용약정서에 따르면 청구인들은 연구중심형과 일반형 중에서 연구중심형으로 계약을 체결하였는바, 위 교원업적평가표.(별지 제1호 서식)에 의하면 연구중심형의 경우 그 평가 영역 및 배점으로 교육 20점, 연구 60점, 봉사 20점을 두고 있으며 각 영역별로 가산점 부여가 가능하도록 하고 있다.

2) 청구인들이 피청구인과 작성한 교원임용약정서 제4조 제3항에 따르면 청구인들이 재임용하기 위해서는 1년 동안의 평가대상 기간 중 ① 국내·외 저명학술지에 자신의 논문 150% 이상을 게재하고 ② 업적평가(연구중심형)에서 연구부문 업적평가점수가 54점 이상 포함된 업적평가점수 85점 이상을 취득하여야 한다.

마. 청구인들에 대한 업적평가 결과

1) 청구인 손○○

   교원인사위원회는 2013. 11. 25. 청구인에 대해 연구점수를 34.9점으로, 업적평가점수를 66.9점으로 확인한 뒤 청구인에 대해 소명기회를 부여하였다.

이에 청구인은 2013. 12. 10.자 소명서를 통해 재임용 기준이 과도하다는 주장 등[8]을 하였는바, 교원인사위원회는 2013. 12. 11. 청구인에 대해 별다른 점수 조정 없이 소명 전과 동일하게 점수를 인정하였고, 이후 피청구인은 재임용 거부통보에서도 이를 동일하게 적시하였다.

그러나 피청구인의 답변서 및 청구인에 대한 교원업적평가표에 의하면, 교원업적평가위원회는 추가 교원업적평가 시 다음 표와 같이, 청구인에 대한 연구점수로 39.15점, 업적평가 총 점수로 71.15점을 부여하여 당초 평가보다 높은 점수로 확정한 것이 분명하고, 다만 이를 착오로 처분사유에 반영하지 못한 것으로 보인다.

교 육(20)	연 구(60)	봉 사(20)	합 계
22(기본 18.0/가산점 4)	39.15	10(기본 7/가산점 3)	71.15

2) 청구인 장○○

교원인사위원회는 2013. 11. 25. 청구인에 대한 업적평가점수를 애초대로 82.28점으로 확인한 뒤 청구인에 대해 소명기회를 부여하였다.

이에 청구인은 2013. 12. 10.자 소명서[9]를 통해 취업 실적을 추가로

---

8) 청구인 손○○의 소명내용
1. 정보미디어학과에 대학원이 없는 관계로 지속적인 학문연구에 애로 사항이 있음.
2. 예술 분야의 제한된 등재지에 논문을 발표해야 하는 어려움.
3. 개인 전시의 경우, 전시 비용 등으로 인해 요구하는 기준을 충족시키기 어려움.
4. 학생의 취업률 향상을 위해 방학 중 산업체 인턴십 수업을 진행하면서 연구에 집중적으로 매진하기 어려웠음.
5. 본교의 업적평가 기준이 불가능할 정도로 상향 평정되어 있어 이를 현실화하여 연구 및 교육에 충실할 수 있기를 바람.
9) 청구인 장○○의 소명내용
1. 동일한 공연으로 추정하여 50%로 인정한 공연은 출연자와 원작 희곡은 같으나 버전이 다른 공연으로 동일한 공연이 아니므로 평가제고 요청.

제출하였는바, 교원인사위원회는 2013. 12. 11. 청구인에 대해 취업 실적을 일부 인정하여 다음과 같은 점수를 산출하였다.

교 육(20)	연 구(60)	봉 사(20)	합 계
21.9(기본 18.4/가산점 3.5)	55.88	6(기본 2/가산점 4)	83.78

바. 재임용 거부절차의 하자 유무

1) 청구인들은 피청구인이 해당 재임용 거부통보를 문서가 아닌 전자우편(이메일)으로 발송하였으므로 절차적 하자가 있다고 주장한다.

2) 그러나 사립학교법 제53조의2에서 재임용 심사 관련 통지를 모두 문서로 하도록 한 취지는, 재임용 심사절차나 처분사유를 명확히 고지하여 해당 교원에게 소명권이나 불복권을 보장하고자 함으로 보인다.

3) 그렇다면 피청구인이 재임용 거부통보를 전자우편으로 발송하였다고 하더라도, 그 발송된 내용이 문서화 된 파일이고 청구인들은 이를 수신하여 이 사건 소청심사를 제기함으로써 불복권 행사를 방해받지 아니한바, 이에 대한 청구인들의 절차상 하자 주장은 이유 없다.

사. 재임용 거부의 위법성 여부

1) 재임용 기준의 규정 형식

가) 사립학교법 제53조의2 제7항은 재임용 심의기준을 객관적인 사유로서 학칙이 정하도록 규정하고 있다.

위 규정의 취지는 "대학교원으로서의 재임용 자격 내지 적격성의

---

2. 교내 봉사점수 20점 만점에 2점을 받았는데 다른 부분에서 만점을 받아도 85점을 받기는 어려운 상황임. 교내 봉사점수의 평가기준을 알려주면 좋은 평가를 받도록 노력하겠음.
3. 취업실적 자료 추가 제출(8명)

유무가 학생교육, 학문연구, 학생지도에 관한 사항에 대한 평가 등 객관적인 사유에 의하여 심의되어야 할 뿐만 아니라 해당 교원에게 사전에 심사방법의 예측가능성을 제공하고 사후에는 재임용 거부결정이 합리적인 기준에 의하여 공정하게 이루어졌는지를 심사할 수 있도록 재임용 심사기준이 사전에 객관적인 규정으로 마련되어 있어야 함을 요구하는 것으로 해석"된다. (대법원 2011.1.13. 선고 2010두1835판결)

나) 그런데 이 사건에서 재임용 심의기준으로 볼 수 있는 학칙인 '○○대학교 교원인사규정'은 제25조 제1항에서 연구실적으로 "200% 이상 또는 계약기준"을 요구하고 최저 업적평가 기본점수로 "70점 이상 또는 계약기준"을 요구하고 있다.
또한 그 계약기준은 ① 국내·외 저명학술지에 자신의 논문 150% 이상 게재, ② 업적평가(연구 중심형)에서 연구부문 업적평가점수가 54점 이상 포함된 업적평가점수 85점 이상이다.

다) 그렇다면 위 ○○대학교 교원인사규정은 재임용 심의사유로 연구실적 및 업적평가 결과 충족 여부를 들고 있어 대학교원에 대한 객관적인 심사 기준이라고 보인다.
비록 피청구인이 구체적인 실적 기준(일정한 비율 및 점수 요구)은 해당 규정에서 직접적으로 규정하지 않고 계약내용에 따르도록 규정하고 있기는 하나, 그 임용약정서에 의하면 청구인들은 2005. 3. 1.부터 매년 동일한 내용의 기준을 약정해 왔으며, 그 기준은 다른 교원들의 약정내용과도 동일하다.

라) 또한 청구인들과 같이 계약조건에 따라 재임용 심사를 받게 되는 자들도 그 연구실적의 인정 비율 및 구체적인 점수 산출은 ○○대학교 교원업적평가 규정 제4조 제3항의 교원업적평가표(별지 제1호 서식)에 따르는데, 해당 교원업적평가표는 매우 상세한 항목

과 점수 배점으로 두고 있고, 실제로 청구인들도 위 평가표에 의
해 평가되었다.

마) 종합해 보면, 청구인들에 대한 재임용 심사사유는 교원인사규정
에서 연구실적과 업적평가로 되어 있으며 그 구체적인 요구 비율
및 점수는 약정서에서 계약으로 정하였고, 평정자의 상세한 점수
부여 기준은 교원업적평가 규정에 자세히 규정되어 있다.

그렇다면 청구인에 대한 재임용 심사기준은 교원인사규정(학칙)에
서 전혀 규정하지 아니하였다고 보기 어렵고, 구체적인 재임용 기
준과 그 산출 방법은 약정서와 교원업적평가표에 의해 정해지는
데 이러한 내용이 교원인사규정(학칙)과 전혀 다른 내용으로 규정
되어 있다고 보기도 어렵다.

따라서 청구인들이 피청구인과 계약으로 체결한 약정서상의 계
약기준이 재임용 심사기준으로 합리적이고 적절한지 여부는 별론
으로 하더라도, 최소한 청구인들은 교원인사규정과 약정서, 교원
업적평가표에 의해 재임용 기준에 대한 사전 예측이나 심사의 공
정성 확인이 가능하고 이러한 기준이 ○○대학교 연구중심형 교
원들에게 동일하게 적용되므로, 이 사건에서 구체적인 재임용 기
준을 계약으로 정했다는 사실만으로 재임용 기준을 학칙으로 규
정하도록 한 사립학교법 제53조의2 제7항의 취지에 반하는 것으
로 볼 수는 없다.

2) '계약'상의 심사기준이 합리적인지 여부

가) 피청구인은 교원인사규정 제25조 제1항에 대한 해석을 함에 있어,
2001. 12. 31. 이전에 신규임용된 자와 2001. 12. 31. 이후에 신규
임용된 자를 구분하여, 조교수의 경우 2001. 12. 31. 이전에 임용
된 자는 임기 3년, 재임용 기준도 3년간의 연구실적 200% 이상, 3
년간(연평균)의 업적평가 70점 이상을 요구하고, 2001. 12. 31. 이
후에 임용된 자는 임기를 계약기간으로 하고 재임용 기준도 계약

기준에 따르도록 하고 있다.

청구인들은 2001. 12. 31. 이후에 신규임용된 자이므로 피청구인의 계약에 따라 계약기간 1년 동안 150% 이상의 연구실적과 업적평가점수 85점 이상(연구부문 업적평가점수 54점 이상 포함)을 취득하여야 재임용될 수 있다.

나) 그런데 이는 동일한 지위에 있는 교원들 사이에서 채용 시기에 따라 서로 다른 기준을 적용하고 있는 것이다.

구체적으로 따져보면 2001. 12. 31. 이전에 임용된 자는 임기를 1년으로 환산할 경우 연구실적 약 67% 이상, 업적평가 70점 이상을 요구하는 것이어서 청구인들과 같이 계약에 의해 기준을 정한 자보다 연구 실적은 1/2 미만 수준이고, 업적평가 실적은 15점 이하 수준으로 요구하는 것이라 할 것이다.

다) 이에 대해 피청구인은 재임용 심사는 대학의 재량사항이므로 대학의 특성에 맞게 평정항목을 정하여 평가를 하는 것은 재량권의 범위 내라고 답변하고 있다.

그러나 피청구인은 타 대학과의 비교가 아닌, 같은 대학 내에서 동일한 지위에 있는 교원들(청구인들의 경우 조교수) 사이에 서로 다른 임기 및 현격한 수준 차이를 요구하는 재임용 기준의 적용 이유에 대해 합리적인 설명을 하지 못하고 있다.

피청구인은 청구인들의 신규임용 시기가 2001. 12. 31. 이후이고 이들은 피청구인과 계약에 의해 임기와 재임용 조건을 약정했으므로 위 약정기준에 따른 재임용 심사는 당연하다는 취지로 주장하고 있으나, 그 약정 여부는 채용 시기에 따른 차이에 불과하고 특별히 이들을 다르게 취급해야 할 합리적인 이유라 보이지 아니하다. 따라서 이는 청구인들의 공정한 재임용 심의요구권을 침해하는 것으로 보여 허용되지 아니한다 할 것이다.

설령 피청구인이 교원의 채용 시기에 따라 해당 임기를 달리 정하거나 계약에 따라 정하는 것까지는 학교법인의 재량권의 범위 내에서 허용된다고 하더라도, 최소한 피청구인은 계약으로 재임용 기준을 정한 자들에 대하여 동일 지위에 있는 3년 임기의 조교수의 재임용 기준과 비슷한 수준으로 재임용 기준을 정함이 타당하다고 보이므로, 계약기간이 3년 보다 짧은 조교수에게는 그 기간에 비례하여 재임용 기준을 하향 제시함이 합리적이라 할 것이다.

라) 그럼에도 불구하고 피청구인은 임기가 1년에 불과한 청구인들에게 3년 임기의 조교수보다도 더 높은 재임용 기준을 요구하고 그 기준 미달로 재임용 거부하였으므로, 이 사건 재임용 거부처분은 재량권을 일탈하거나 남용하여 이루어진 것으로 보인다.

3) 연구실적 차등적 평가기준의 위법성 여부

가) 청구인 손○○은 연구실적 평가 시 첫 번째 실적 외에 나머지는 차등적으로 낮은 점수를 부여하도록 한 '업적물 판별 기준표 2번'의 내용이 부당하다고 주장하고 있다.

나) ○○대학교 교원업적평가 규정 〈별지1〉의 업적물 판별 기준표 2번은 "모든 연구 실적은 100%까지는 기본점수로 평가하고 초과 300%까지는 기본점수의 1/2, 이후 초과 부분은 기본점수의 1/4로 평가"하도록 규정되어 있고, 12번은 "연구실적은 인문사회계, 이공계, 예체능계 각 분야별로 연구실적을 5단계로 구분하여 적용한다."고 되어 있다.
한편 〈별지1〉의 영역별 업적등급 분류표에서 '전시 및 발표'와 관련된 인정 비율 및 그 인정점수는 다음과 같다.

	1등급/1B등급	2등급	3등급	4등급	5등급
연구중심형기본점수 (가산점)	60/50	36	24	10	3
디자인 및 공예/미술 / 전시 및 발표 / 개인전 (100%)	·국제 전시회 A	·국제 전시회 B ·국내 전시회 A	·국제 전시회 C ·국내 전시회 B	·국내 전시회 C	
/ / 기획 초대전 (40%)	–	·국제 전시회 A	·국제 전시회 B ·국내 전시회 A	·국제 전시회 C ·국내 전시회 B	·국내 전시회 C
/ / 일반 단체전 (20%)	–	·국제 전시회 A	·국제 전시회 B ·국내 전시회 A	·국제 전시회 C ·국내 전시회 B	·국내 전시회 C

다) 청구인 손○○은 피청구인에게 연구실적으로 다음과 같은 전시 실적을 제출하였는바, 피청구인은 다음의 표와 같이 평가하여 청구인에게 연구 영역에서 총 39.15점을 부여하였다. (교원업적평가 보조표, 교원업적평가표, 2013학년도 교원업적평가 개인별 점수 현황)

게재일자	논문 (전시/공연)명	유형	기본 점수	연구업적 (%)	업적누계 (%)	점수 반영 비율	인정 점수
2013.8.17.	○○○개인전	3등급 (국내B)	24	100 (개인전)	100	1	24 (=24×100%×1)
2012.11.23.	ㅁㅁㅁ개인전	4등급 (국내C)	10	100 (개인전)	초과 100	1/2	5 (=10×100%×1/2)
2012.11.16.	△△△개인전	4등급 (국내C)	10	100 (개인전)	초과 200	1/2	5 (=10×100%×1/2)
2013.9.7.	◇◇◇개인전	4등급 (국내C)	10	100 (개인전)	초과 300	1/2	5 (=10×100%×1/2)
2013.10.12	○○○단체전	5등급 (국내D)	3	20 (단체전)	초과 320	1/4	0.15 (=3×20%×1/4)
총 계							39.15

라) 그런데 피청구인의 이와 같은 연구실적 인정방식은 그 실적을 5
등급으로 차등하여 '질적' 평가하는 것까지는 그 합리성이 인정된
다고 볼 여지가 있다.

그러나 연구실적에 대한 '양적' 평가에서 연구 실적이 늘어날수
록 더 낮은 점수를 부여(기본점수의 1/2, 1/4)하도록 한 것은, 연
구의 질을 평가하지 아니한 채 추가 연구실적에 대해 기계적으로
낮은 점수를 부여하고 있어 자의적인 기준일뿐만 아니라, 해당 교
원이 재임용에 필요한 연구점수(54점)를 충족하기에 과도한 기준
이라고 보인다.

따라서 위 연구실적 인정방식이 부당하다는 청구인의 주장은 이
유 있다고 보이고 피청구인의 위와 같은 점수인정 기준은 재량권
의 일탈 또는 남용으로서 위법하다고 보인다.

4) 업적평가위원회 위원장 자격의 위법성 여부

한편 청구인 장○○은 교원업적평가규정에 따르면 2013년 당시 김
○○ 교무처장이 업적평가위원회 위원장이 되어야 하는데도 피
청구인이 제출한 을제22호증(연구업적 동일작품 판단 기준 확인서)은
2014년 교무처장인 임○○이 작성한 것이므로 이는 2013년 당시 제
대로 된 업적평가가 진행되지 않았다고 주장하고 있다.

교원업적평가규정 제3조 제1항에 따르면, 교원업적평가위원회 구
성에 대하여 "교무처장을 포함한 5인 이상 9인 이내로 구성하고 위
원장은 교무처장이 된다."라고 규정되어 있어 교무처장이 업적평가
위원회 위원장이 되는 것은 사실이다.

그런데 청구인이 주장하는 을제22호증(연구업적 동일작품 판단 기
준 확인서)은 2013년 업적평가 당시 교원업적평가위원으로 참여했
고 2014년 현재 교무처장인 임○○이, 청구인에 대한 2013년 업적
평가위원회의 결정 이유·배경에 대해 2014. 4. 1.자로 작성한 확인
서일 뿐, 임○○이 2013년 업적평가위원회 위원장의 지위에서 작

성한 것이 아니다.

오히려 피청구인이 제출한 2013. 11. 21.자 교원업적평가위원회 회의록에 따르면 교원업적평가위원회가 위원장 김○○와 위원 4명(임○○ 포함)으로 구성된 사실이 인정된다.

그렇다면 교원업적평가위원회의 위원장 자격을 문제 삼으며 평정의 공정성을 의심하는 청구인의 주장은 이유 없다.

5) 소결

이를 종합해 볼 때, 이 사건에서 구체적인 재임용 기준을 계약으로 정했다는 사실만으로는 사립학교법에 위배되지 아니하고 교원업적평가위원회의 위원장 자격에 문제가 있다는 청구인 장○○의 주장도 이유가 없다.

그러나 피청구인의 약정서상의 재임용 기준 및 ○○대학교 교원업적평가 규정 〈별지1〉의 업적물 판별 기준표 2번의 내용은 자의적이고 과도한 기준으로 합리성에 반하므로 재량권의 일탈 또는 남용으로 보인다.

위 기준이 위법한 이상 이를 기초로 한 구체적인 평정의 공정성 여부는 더 이상 살필 필요 없이 위법하므로 나아가 살피지 아니한다.

5. 결 론

이상에서 살펴본 바와 같이, 피청구인은 임기가 1년에 불과한 청구인들에게 채용시기의 차이로 3년 임기를 보장받는 타 조교수보다도 더 높은 재임용 기준을 제시하는 등 그 재량권을 일탈 또는 남용한 것이므로 이 사건 재임용 거부처분은 위법하여 주문과 같이 결정한다.

학칙이 아닌 내부적인 계획에 의한 심사기준

처분요지 해당 교원은 교원업적평가결과 평균 70점에 미달하여 재임용 거부함

결정요지 피청구인의 확장책무평가는 객관적인 규정이 아닌 내부적인 계획에 의해 이루어진 것이므로 그 실시계획의 타당성 여부는 별론으로 하더라도, 사립학교법 제53조의2 제7항에서 규정한 '학칙이 정하는 객관적인 사유'가 아니므로 위법하다고 할 것이나, 최소한 피청구인의 2013학년도 2학기에 대한 확장책무평가는 허용되는바, 청구인에 대해 2014학년도 1학기를 배제하고 2013학년도 2학기에 대해서만 확장책무평가를 하여 점수를 재산정하더라도 청구인은 재임용 기준에 미달하므로 재임용 거부는 정당함

관련규정 「사립학교법」 제53조의2

청 구 인 소속   전) ○○대학교

성명   박○○   직위 부교수

대리인 법무법인 ○○ 변호사 박○○ 외 2

피 청 구 인 학교법인 ○○

대리인 법무법인 ○○ 변호사 박△△ 외 1

피청구인이 2014. 6. 30. 청구인에게 한 재임용 거부처분에 대하여 청구인이 2014. 7. 21. 이의 취소를 구하는 소청심사청구를 하여 우리 위원회는 심사를 거쳐 다음과 같이 결정한다.

- 주 문 -

청구인의 청구를 기각한다.

- 이　　유 -

1. 처분 사유

교원인사규정 제10조의2(재임용 심의)에 의거하여 실시한 2014학년도 하반기 재임용 심사결과가 대학 교원인사규정 제10조(재임용 및 승진임용) 제1항에서 정하고 있는 재임용 조건인 임용기간 내 교원업적평가결과 평균 70점에 미달하였다.

2. 청구인 주장

가. 피청구인은 2014. 4. 30.까지 청구인에게 임용기간 만료일, 재임용 심의신청 기간, 재임용 심의 시 의견진술 기회 부여, 재임용 심의자료 제출, 재임용 심의신청 지연에 따른 불이익한 처분 등의 사항을 통지하여야 함에도, 2014. 5. 2. 청구인에게 재임용 대상이라는 사실과 재임용 심사를 위한 신청서 및 평가 자료를 제출하여 달라는 내용만 알렸는바, 이는 절차적으로 중대한 하자가 있어 취소되어야 한다.

나. 「교원업적평가규정」 제10조의2[10] 제1항에 특별업적평가에 대한 내용이 있는데, 피청구인 학칙에는 특별업적평가에 대한 심사기준이 마련되어 있지 않고, 같은 조 제4항에서 규정하는 100%에 해당하는 연구실적물이 무엇인지 알 수 없으며, 청구인은 연구실적물의 우선순위를 정한 바 없으므로 피청구인이 자의적으로 실시한 질적 평가는 다시 이루어져야 한다.

다. 「교원연구실적심사시행세칙」 제5조 제2항과 관련, 예술작품의 경우 1인 연구의 의미를 공동제작이 아닌 단독제작으로 보아야 할 것인지, 단체전에 출품하는 경우 개인 작품이 있는 경우를 의미하는 것인지 등 재임용 기준이 모호하거나 심사기준이 마련되어 있지 않아 사전에

---

10) 제5조의2에 대한 오기로 보임

심사방법 예측가능성을 제공하지 못하고 있다.

라. 2013. 8. 1.자 신설된 평가항목인 '강의결과 및 개선(수업내용 녹화), 출결 및 성적관리, 학생지도' 평가항목은 심사기준에서 제외되어서는 안 된다.

마. 2013학년도 교원업적평가내역을 보면, 청구인은 2013학년도 2학기 교육역량 항목에서 많은 점수를 인정받았는데, 이 점수가 재임용 심사에 반영되어 산출되었는지 의문이다.

바. 「교원업적평가규정」 제5조의2 제2항은 하반기에 임용된 교원에 대해 재임용 심사 시 확장책무평가를 면제하는 것으로 규정되어 있음에도, 피청구인은 1년 단기임용 교원에 대해 위 규정과 달리 확장책무평가를 진행하는 것으로 계획을 마련하여 실시하였는바 허용될 수 없다.

만일 청구인이 임용기간 전체에 대해 확장책무평가를 면제받을 경우 80점 만점을 기준으로 청구인의 점수를 재산정하면, 청구인은 재임용 기준을 충족하게 된다.

3. 판 단

가. 사실관계

1) 청구인은 1994. 8. 24. 전임강사로 신규임용되었고 2001. 4. 1. 부교수 승진 임용 후 2010. 9. 1.부터 1년 단위로 재임용되어 왔다. (재임용기간: 2013. 9. 1. ～ 2014. 8. 31.)

2) 피청구인과 총장은 2014. 5. 1. 2014학년도 하반기 재임용 심사대상 교원을 안내하였고, 청구인은 2014. 5. 12. 재임용 신청서 및 심사자료(9건의 연구·창작 실적 포함)를 제출하였다.

3) 교원업적평가위원회는 2014. 5. 19. 청구인의 연구·창작 실적 중 디
   지털 관련 논문에 대해서는 청구인의 게재예정증명서 제출을 조
   건으로 연구실적으로 인정하기로 의결하였다.

4) 교원업적평가위원회는 2014. 6. 11. 청구인에 대한 업적평가를 실
   시하였고, 교원인사위원회는 2014. 6. 12. 청구인에 대하여 재임용
   기준(70점 이상) 미충족(66.07점)으로 심의하였다.

5) 기획조정실장은 2014. 6. 12. 청구인에게 소명기회를 안내(평정기
   준 및 평가내역 포함)하였고, 교원인사위원회는 6. 26. 청구인의 출
   석 소명(청구인의 2014. 6. 25.자 소명서 포함)을 들은 뒤 66.87점으로
   재평정하였다.

6) 이사회는 2014. 6. 27. 청구인에 대해 재임용 거부로 의결하였고,
   피청구인은 6. 30. 총장을 통해 청구인에게 재임용 거부통지를 하
   였다.

나. 피청구인의 재임용 기준 규정

1) 피청구인 학내 규정에 따를 때, 교원의 재임용 조건은 교원업적평
   가결과 임용기간 내 평균 70점 이상 및 법령의 준수 등에 관한 교
   원인사위원회의 재임용 심사통과이며(「교원인사규정」 제10조 제1항),
   재임용 대상 교원은 임용기간 만료 4개월 이전에 특별업적평가를
   받게 된다. (「교원업적평가규정」 제5조의2 제1항)

2) 교원에 대한 업적평가는 핵심책무(교육, 연구·창작활동, 학생지도 등)
   와 확장책무(봉사, 산학협력, 국제교류 등)를 종합하여 행한다. (「교원
   업적평가규정」 제3조 제1항, 제6조 제1항 및 별표1)

<h2 align="center">〈별표1〉 교원업적평가 배점기준</h2>

평가구분	대분류	소분류	평점		
I. 핵심책무평가	1-1 교육역량	수업계획서, 강의결과 및 개선 보고서 제출	6	10	50
		출결 및 성적관리	4		
	1-2 학생지도	생활지도	7	10	
		학생설문평가	3		
	1-3 교육성과	절대평가	25	30	
		상대평가	5		
	2-1 연구·창작실적의 양		20	50	50
	2-2 연구·창작실적의 질		30		
평점 소계					**100**
배점 소계					**80**
II. 확장책무평가	1-1 교내봉사	행정지원활동 및 특임활동	35	45	45
	1-2 교외봉사	학회 및 협회, 공모전 활동	10		
	2-1 산학협력연구	사업비/연구비수혜		40	40
		사업체 MOU 체결			
	2-2 산학협력교육	현장실습/인턴십 지도	40		
		문화예술산업 전공활동 및 학생취업 연계			
	2-3 산학협력봉사	가족회사 유치 및 산업체 파견활동			
		산학 관련 행사개최			
	3-1 국제협력	교류 프로그램 참여		15	15
	3-2 국제교류	해외 인턴십/학생 해외전공연수 참여	15		
		해외유학생 유치			
평점 소계					**100**
배점 소계					**20**
III. 가감산	4-1 가산	총장가산		+10	
		행정가산			
	4-2 감산	총장감산		-10	
		행정감산			
배점 합계 (가감산 적용)					**100 (±10)**

3) 한편, 교원업적평가의 핵심책무 중 연구·창작 실적은 질적으로
도 평가를 받게 되는바(「교원업적평가규정」 제3조 제1항), 연간 연구·
창작 실적은 「교원업적평가시행세칙」에서 정하고 있는 인정률의
100%를 기준으로 하며, 100%에 해당하는 연구실적물을 본인이
우선순위를 정하여 질적 평가를 신청하되, 초과된 질적 심사에 한
해서는 100% 한도 내에서 점수 순위로 퍼센티지를 적용해 평가한
다. (「교원업적평가규정」 제5조의2 제4항, 제6조 제3항)

다. 청구인에 대한 평가결과

1) 교원업적평가에 대한 결과

교원인사위원회가 6. 26. 청구인의 소명을 반영하여 재평가한 교원
업적평가 결과는 다음과 같다.

구분	핵심책무(80)		확장책무(20)	가산점	평점(100)
	교육부분 (40)	연구·창작 활동(40)	봉사, 산학협력, 국제교류		
평가점수	25.22	35.25	2.60→3.40 (교외 봉사활동 3건 추가 인정)	3.00	66.07 →66.87

2) 교육 부분 평가 결과

교원업적평가규정 〈별표1〉 및 증 제13호증의 3에 따르면, 위 교원
업적평가 내용 중 '교육부분'에 대한 세부항목은 1-1 교육역량(수
업계획서, 강의결과 개선, 출결 및 성적관리), 1-2 학생지도, 1-3 교육
성과로 구분되는바, 피청구인은 청구인에 대한 이 사건에서 '강의
결과 개선', '출결 및 성적관리', ' 학생지도' 항목에 대한 부분을 평
가에서 제외하였다.

3) 연구·창작 실적에 대한 평가 결과

위 교원업적평가 내용 중 연구·창작 실적에 대한 구체적인 평가 내역은 다음과 같다. (증 제13호증의 3)

양적평가(20)					질적 평가(30)
구분	제목	발표일	저자	인정 실적(%)	
①단체전	○○○ 2014	14.2.28.	다수	20	심사위원 평가 83. 33
②단체전	○○○ 초대전	13. 10. 2	다수	20	76.33
③단체전	○○○ 작품전	13. 12. 27	다수	20	81. 67
④단체전	□□□ 작품전	14. 11. 23.	다수	20	
⑤단체전	○○○	14. 7	다수	20	
실적 100% → 20점					24.06
합계 44. 06					
40점 대비로 환산 35.25					

라. 재임용 거부처분의 절차상 하자 유무

1) 사립학교법은 제53조의2 제4항에서 "임면권자는 당해 교원의 임용기간이 만료되는 때에는 임용기간 만료일 4월 전까지 임용기간이 만료된다는 사실과 재임용 심의를 신청할 수 있음을 당해 교원에게 통지(문서에 의한 통지를 말한다. 이하 이 조에서 같다)하여야 한다."고 규정하고 있다.

한편, 피청구인이 2014. 5. 1. 청구인에게 전자공문 발송을 통해 임기만료 통보, 재임용 신청서 및 심사자료를 제출 요구한 사실, 청구인이 재임용 신청서 안내 공문을 5. 2. 수령한 사실은 양 당사자 사이에 다툼이 없다.

그런데 위 사립학교법 규정은 충분한 시간을 두고 재임용 심사대상 교원에게 임기만료 및 재임용 심의신청권을 안내하도록 하여, 재임용 심사준비에 만전을 기하고 임기 만료 2개월 전에 조속한 재임용 여부 결정을 도모하려는 취지라고 보인다.

그런 면에서 청구인이 임기만료일 4개월 전 기준보다 2일 경과한 5. 2. 임용기간 만료 등을 통보받았다고 하더라도, 청구인의 재임용 심의신청권 행사나 청구인에 대한 재임용 심사에 지장이 초래된다고 보이지는 아니하므로 이에 대한 청구인의 절차상 하자 주장은 이유 없다.

2) 또한 사립학교법 제53조의2 제4항은 재임용 대상 교원에게 임기만료와 재임용 심의신청권을 안내하도록 규정하고 있을 뿐 '의견진술 기회' 및 '신청 지연에 따른 불이익'은 규정하고 있지 아니하며, '의견진술 기회'는 제7항에서 별도로 교원인사위원회의 심의 과정에 부여하는 것으로 되어 있어, 이에 대한 청구인의 절차상 하자 주장도 이유 없다.

마. 재임용 심사기준의 위법성 여부

1) 교원업적평가

청구인은 「교원업적평가규정」 제5조의2 제1항의 특별업적평가에 대한 심사기준이 마련되어 있지 않다고 주장한다.

「교원업적평가규정」 제5조의2 제1항은 "재임용 및 승진임용 대상자에 한하여 임용 만료일 4개월 이전에 특별업적평가를 실시한다."라고 규정되어 있는바, 이 사건에서 피청구인은 청구인에 대한 재임용 심사로써 특별업적평가를 「교원업적평가규정」 및 「교원연구실적심사시행세칙」 규정에 의해 진행하였다.

한편, 「교원업적평가규정」에 의하면 교원업적평가는 대학의 전임교원을 대상으로, 그 평가대상기간을 매년 1월 1일부터 12월 31일까

지로 하여 익년 1월에 실시한다. (제2조, 제5조)

그렇다면 위 규정상 특별업적평가는 재임용 심사시기(학기말인 임기 만료일 기준으로 4개월 전에서 2개월 전 사이)와 통상적인 업적평가시기(익년 1월)가 다른 점을 고려하여, '특별'이라는 용어를 사용한 것에 불과하고, 매년 1월에 실시되는 통상적인 업적평가의 기준과 동일한 기준을 적용하고 있으므로, 특별업적평가에 대한 심사기준은 마련되어 있다고 보이는바, 청구인의 주장은 이유 없다.

2) 연구실적물에 대한 질적평가

가) 청구인은 「교원업적평가규정」 제5조의2 제4항에서 규정하는 100%에 해당하는 연구실적물이 무엇인지 알 수 없다고 주장한다.

위 제5조의2 제4항은 "연구업적에 대한 질적평가 시, 100%에 해당하는 연구실적물을 본인이 우선 순위를 정하여 신청하되, 초과된 질적심사에 한해서는 100% 한도 내에서 점수 순위로 퍼센티지를 적용해 평가한다."고 규정하고 있다.

그런데 동 규정은 제6조 제3항에서 "평가에 해당하는 연간 연구(창작)실적은 교원업적평가시행세칙에서 정하고 있는 인정률의 100%를 기준으로 한다."고 규정하고 있는바, 위 규정의 '100%에 해당하는 연구실적물'은 「교원연구실적심사시행세칙」 제4조 및 별표1(교원 연구실적 인정기준)에서의 연구실적 인정률 100%를 의미하는 것으로 보인다.

해당 조문 자체만으로는 해석이 분명하지 않더라도 다른 규정들과의 관계 등을 종합적으로 고려해 볼 때 조문의 해석이 가능하므로, 청구인의 주장은 이유 없다.

나) 청구인은 연구실적물의 우선순위를 정한 바 없으므로 피청구인이 자의적으로 실시한 질적평가는 다시 이루어져야 한다고 주장한다.

증 제16호증의 2, 제16호증의 3에 의하면, 청구인이 질적평가 대상으로 디지털 관련 논문을 1순위로, 전시작품 「○○○ 2014」를 2순위로 기재한 사실이 인정된다.

이에 대해 피청구인은 청구인이 1순위로 지정했던 논문이 2014년도 하반기에 게재될 예정이라는 이유로 게재예정증명서를 내기 어려워 심사대상기간 내에 발표된 실적물 중 3건에 대해 재지정을 하였고 그에 따라 나. 2)와 같은 질적평가를 하였다고 주장한다. 그런데 청구인이 피청구인에게 1순위로 지정한 논문에 대해 게재예정증명서를 제출하지 못한 사실과 청구인이 2순위 평가대상으로 지정했던 전시작품이 1순위로 질적 평가된 사실은 양 당사자 사이에 다툼이 없다.

한편, 피청구인은 청구인이 애초 순위를 지정하지 아니한 2건의 전시작품에 대해서도 추가적으로 질적평가를 진행하였는바, 위 모든 사정을 종합해 볼 때, 청구인이 평가대상의 우선순위에 대해 재지정을 하지 않았음에도 피청구인이 임의로 순위를 지정하여 평가하였다는 청구인의 주장은 설득력이 떨어진다고 보여 이유 없다고 할 것이다.

다) 청구인은 「교원연구실적심사시행세칙」 제5조 제2항과 관련, 예술작품의 경우 1인 연구의 의미를 공동제작이 아닌 단독제작으로 보아야 할 것인지, 단체전에 출품하는 경우 개인 작품이 있는 경우를 의미하는 것인지 등 재임용 기준이 모호하거나 심사기준이 마련되어 있지 않아 사전에 심사방법 예측가능성을 제공하지 못하고 있다고 주장한다.

위 시행세칙 제5조 제2항은 "연구실적물은 1인 연구 시 100% 인정, 2인 공동연구 시 70% 인정, 3인 공동연구 시 50% 인정, 4인 이상 공동연구 시 40% 인정, 5인 이상 공동연구 시 30%를 인정한다. 단, 학위논문은 공동 논문의 경우에도 단독 논문으로 간주한다."라고 규정하고 있다.

그런데 위 시행세칙은 "공연, 영상, 미술, 음악, 문학 등 예술창작물"도 연구실적물의 범위에 포함시키고 있어(제2조 제2항 제4호), 예술 작품의 경우에도 1인 실적은 공동이 아닌 단독제작의 의미로 보이며, 한편 단체전에 출품하는 개인 작품(디자인 전시 등)은 위 시행세칙 제4조(연구실적인정기준) 및 별표1(창작실적 중 디자인 등)에서 작품당 20% 인정으로 별도 규정하고 있으므로, 위 기준의 모호하다는 청구인의 주장은 이유 없다.

바. 평정의 위법성 여부

1) 강의결과 개선 항목에 대한 평가 누락

청구인은 2013. 8. 1.자 신설된 평가항목인 '강의결과 및 개선(수업내용 녹화)', '출결 및 성적관리', '학생지도' 평가항목은 심사기준에서 제외될 수 없고, 교원 임용 당시의 재임용 심사기준이 임용기간 도중에 변경된 경우에도 교원에게 유리하게 변경된 경우에는 당연히 소급적용 되어야 한다고 주장한다.

그러나 「교원업적평가규정」〈별표2〉 평정기준 주7은, 직전 4학기 평균을 반영하도록 되어 있다.

이에 대해 피청구인은 핵심책무평가 중 교육역량 부분의 '강의개선 결과(수업내용 녹화, 배점 2점)', '출결 및 성적관리(배점 4점)', '학생지도(배점 10점)' 평가항목은 2013. 8. 1.자로 관련 규정이 개정되면서 신설되었거나 평가기준이 변경된 항목들인바, 직전 4학기 평정 누적자료가 존재하지 아니하므로 이를 평가항목에서 제외(16점 제외)하고 나머지 항목에 대하여 34점 만점(애초 50점) 기준으로 평가하였다고 주장하는바, 부당한 심사방법으로 보이지 아니하여 심사 평가 재량의 범위 내로서 허용된다고 할 것이다.

2) 2013학년도 2학기 교육역량 항목의 반영 여부

청구인은 2013학년도 2학기 교육역량 항목에서 많은 점수를 인정

받았는데, 이 점수가 재임용 심사에 반영되어 산출되었는지 의문이라고 하고 있다.

그런데 피청구인이 제출한 증 제13호증의 3에 의하면, 청구인의 2013학년도 2학기 교육역량 평가점수가 이 사건 재임용 심사에 반영된 사실이 인정되므로 이 부분의 평가 누락도 없다.

3) 확장책무 면제 여부

가) 「교원업적평가규정」은 "과년도 포함 매년 하반기(9월 1일 기준)에 임용된 교원의 재임용 심사는 임기만료 연도의 연구업적실적의 양을 50%만 평가하고 확장책무평가는 면제한다."고 규정하고 있다. (제5조의2 제2항)

청구인의 임기는 2013. 9. 1. ~ 2014. 8. 31.이므로, 청구인은 위 규정의 '과년도 포함 하반기(9월 1일 기준) 임용자'에 해당된다.

나) 한편, 청구인은 위 규정에서 확장책무에 대한 평가가 면제되는 기간을 전(全) 임기라고 주장하고 있다.

그러나 위 규정은 재임용 심사의 기준이 되는 교원업적평가가 매년 1월에(교원업적평가규정 제5조 제1항) 실시되는 점을 고려, 하반기 임용자의 경우 상반기의 실적에 대해 아직 제대로 교원업적 평가를 받지 못한 상태에서 재임용 심사를 받게 되면서 받는 기한의 불이익을 최소화하려는 취지로 이해된다.

따라서 상반기 임용자(3월 1일 기준)가 확장책무평가를 받는 것과 균형을 맞추면서도 재임용 여부 결정 통지기한(임용기간 만료일 2개월 전, 사립학교법 제53조의2 제6항)으로 인한 실적 누락의 불이익을 최소화하려는 취지 등을 종합적으로 고려해 볼 때, 위 규정은 하반기 임용자의 '임기 전체'의 확장책무평가를 면제하는 것이 아니라, '임기만료 연도'의 확장책무평가만 면제하는 것으로 해석된다.

청구인의 경우 임기만료일이 속한 연도가 2014년이므로 2014년의

확장책무평가가 면제되는바, 결과적으로 청구인의 임기 중 2014
학년도 1학기에 해당하는 확장책무평가만 면제되므로 청구인의
전(全) 임기 동안 확장책무평가가 면제되어야 한다는 청구인의 주
장은 이유 없다.

다) 그런데 피청구인은 위 규정에도 불구하고 1년 단기임용 교원에 대
해서는 1년(두 학기)에 대한 확장책무평가가 가능하도록 재임용
심사 실시계획을 수립하고 청구인에 대해서 2013학년도 2학기,
2014학년도 1학기 전체에 대해 확장책무평가를 진행하였는바, 이
에 대해서는 양 당사자 사이에 다툼이 없다.

위와 같은 피청구인의 확장책무평가는 객관적인 규정이 아닌 내
부적인 계획에 의해 이루어진 것이므로 그 실시계획의 타당성 여
부는 별론으로 하더라도, 사립학교법 제53조의2 제7항에서 규정
한 '학칙이 정하는 객관적인 사유'가 아니므로 위법하다고 할 것
이다.

라) 그러나 위 업적평가규정에 따를 때, 청구인에 대한 평가 중 최소
한 피청구인의 2013학년도 2학기에 대한 확장책무평가는 허용되
고, 피청구인이 제출한 증 제15호증에 따를 때, 청구인에 대해
2014학년도 1학기를 배제하고 2013학년도 2학기에 대해서만 확장
책무평가를 하여 점수를 재산정하더라도 청구인은 재임용 기준
에 미달된다.

5. 결 론

이상에서 살펴본 바와 같이, 피청구인의 재임용 거부처분은 재량권
을 일탈 또는 남용하였다고 보이지 아니하여 주문과 같이 결정한다.

심사기준의 구체성 미비

처분요지 재임용 기준 미달하여 재임용 거부함

결정요지 이 사건 청구인에 대한 재임용 심사평정은, 예측가능성이 부족한 방식에 의해 평정된 것이거나 자의적인 기준에 의한 것이므로, 이 사건 재임용 거부처분은 위법함

관련규정 「사립학교법」 제53조의2 제7항

청 구 인 소속   ○○대학교 직위 조교수

성명   홍○○

대리인 법무법인 ○○ 변호사 오○○

피 청 구 인 학교법인 ○○

대리인 법무법인 ○○ 변호사 하○○ 외 1

피청구인이 2014. 12. 31. 청구인에게 한 재임용 거부처분에 대하여 청구인이 2015. 1. 8. 이의 취소를 구하는 소청심사청구를 하여 교원소청심사위원회는 심사를 거쳐 다음과 같이 결정한다.

- 주   문 -

피청구인이 2014. 12. 31. 청구인에게 한
재임용 거부처분을 취소한다.

- 이   유 -

1. 처분사유

귀하는 ○○대학교 재임용 심사에서 재임용 탈락되었습니다. 이에 이사회의 의결을 거쳐 귀하를 2015. 2. 28.자로 면직 처분함을 알려드립니다.

소속	직급	성명	현 계약기간 (2년)	평가 영역				총점 (80점 이상)	가,부
				강의 평가 (60)	교육 (10)	자질 (10)	연구 (20)		
관광과	조교수	홍○○	13. 03. 01. ~15. 02. 28.	45.92	9.60	3.63	20.00	79.15	부

※가: 총점 80점 이상, 부: 총점 80점 미만.

2. 청구인 주장

가. 강의평가점수 계산의 오류

1) 피청구인의 「강의전담전임교원 업적평가규정」 제12조 제1항은 학생에 의한 강의평가점수는 학기별 평균점을 말한다고 규정하고 있어 매 학기별 평균점을 별도로 계산함을 알 수 있고, 제3항은 강의평가 영역의 평가는 임용기간의 시작학기부터 3학기만의 평균점을 적용하여 산출한다고 규정하고 있는바, 3학기에 해당하는 학기별 평균점을 합산하여 그 평균점을 산출하는 것임을 알 수 있다. 이렇게 계산을 하면 청구인의 강의평가점수는 45.92점이 아니라 47.15점이 된다.

2) 청구인은 청구인에 대한 재임용 평가결과가 나오는 시점까지 피청구인의 강의평가 산출 방법을 전혀 알지 못하였고, 피청구인의 평가방식은 학칙으로 정한 바도 없으며 사전에 공지한 바도 없다.

나. 자질평가의 위법성

1) 피청구인은 청구인에게 자질영역 10점 만점에 3.63점을 부여하였는

데, 자질영역은 책임성 3점, 준법성 3점, 인품과 태도 2점, 협동성 2점으로 구성되어 있고, 해당 학과의 전임교원이 각자 평가하도록 되어 있다. 그러나 피청구인의 청구인에 대한 평가결과를 보면 위 4개의 영역 중 어떠한 영역에서 몇 점이 부여되어 최종적으로 3.63점이 되었는지 전혀 알 수 없고, 또 청구인은 자질영역에서 3.63점을 부여받을 하등의 이유가 없다.

2) 피청구인의 자질평가 부분 재임용 심사기준을 보면 각 분야의 전체 점수만 부여되어 있을 뿐 그 점수를 평가하는 구체적인 세부항목이 없고, 평정자가 5단계 중 한 단계의 점수를 주도록 되어 있는데 어떠한 이유에서 그러한 점수를 주는지에 대하여 단 한마디도 의견이 없음을 알 수 있다. 이러한 피청구인의 자질평가 영역의 평정기준 및 그 평가결과는 평정자의 자의에 따라 얼마든지 주관적으로 낮은 평정을 할 수 있도록 되어 있어, 교원의 재임용 심사가 객관적이고도 합리적으로 이루어질 수 있는 장치가 전혀 마련되어 있지 않으므로, 피청구인 대학의 재임용 평가기준은 위법하다.

3. 판 단

가. 사실관계

1) 청구인은 2013. 3. 1. ○○대학교 관광과 조교수로 임용되었다. (임용기간: 2013. 3. 1. ~ 2015. 2. 28.)

2) 피청구인은 2014. 9. 13. 청구인에게 임용기간 만료(2015. 2. 28.자) 사실과 재임용 심의신청에 대해 통지하였고, 청구인은 2014. 9. 26. 피청구인에게 재임용 심의신청서를 제출하였다.

3) 교원인사위원회는 2014. 11. 24. 청구인에 대한 재임용 심의를 하였고, 피청구인은 위 심의결과에 따라 2014. 12. 1. 청구인에게 재임용 심의결과(재임용 탈락)를 통지하였다.

4) 청구인은 2014. 12. 8. 교원인사위원회에 이의신청서를 제출하고
   2014. 12. 16. 교원인사위원회 회의에 출석하여 의견을 진술하였
   다. 이에 따라 교원인사위원회는 2014. 12. 17. 청구인에 대한 재임
   용 재심의를 하였는데, 피청구인은 2014. 12. 17. 청구인에게 최종
   재임용 심의결과(재임용 탈락)를 통지하였다.

5) 피청구인은 2014. 12. 17. 학교장의 제청 및 2014. 12. 30. 이사회의
   의결을 거쳐, 2014. 12. 31. 청구인에게 재임용 거부통지를 하였다.

나. 피청구인의 재임용 심사기준(관련 규정)

1) 「강의전담전임교원 업적평가규정」 제6조(평가영역 구분), 제7조(평가
   영역별 배점)에 따르면, 청구인과 같은 강의전담전임교원의 업적평
   가 영역은 강의평가 영역(60), 교육평가 영역(10), 자질평가 영역(10),
   연구업적 영역(40)의 4개 영역으로 구성되어 있고, 업적평가한 각
   영역의 합이 80점 이상(100점 만점)이 되어야 재임용이 가능하다.
   〈〈표1〉 참조)

2) 한편 강의평가 영역에 대해 살펴보면, 강의평가 영역 업적은 '교
   수가 수행한 강의, 강의준비와 성적평가 등에 있어서 이룬 업적'
   을 뜻하고 강의평가 영역의 평가는 학생에 의한 강의평가 결과에
   따르며, 강의평가에 관한 기준 및 점수는 〈표2〉와 같다. 또 학생
   에 의한 강의평가점수는 '학기별 평균점'을 말하고, 강의평가 영역
   의 평가는 임용기간의 시작학기부터 3학기만의 평균점을 적용하
   여 산출한다.

3) 또한, 자질평가에 대해 '교육자로서의 품위 및 태도 등에 대한 평
   가'라고 정의하며 총 10점을 배정하고 있고, 해당 과(전공)의 전임
   교원(기간제 및 계약제)이 각자 자질영역을 평가하고 평가기준은 다
   음 〈표4〉와 같다.

〈표1〉 강의전담 전임교원 업적평가 영역별 점수

구분영역	강의평가	교육평가	자질평가	연구업적	계
강의전담 전임교원	60	10	10	20	100

〈표2〉 강의전담 전임교원 강의평가 영역 점수

평가 항목	평가점수					
	배점	매우 그렇다	그렇다	보통	그렇지 않다	전혀 그렇지 않다
1.수업준비에 열의를 가지고 철저하게 하였다.	5	5	4	3	2	1
2. 수업을 성실하게 진행하였다 (강의시간, 결·보강).	5	5	4	3	2	1
3. 강의방법이 학습에 도움이 되었다 (전달방식, 관심유발).	5	5	4	3	2	1
4. 교재와 참고서적을 적절하게 선정 하고 활용하였다.	5	5	4	3	2	1
5. 과제물이나 시험이 적절하게 시행· 평가되었다	5	5	4	3	2	1
6. 교수와 학생들 간에 의사소통이 원 활하게 이루어졌다.	5	5	4	3	2	1
7. 강의를 다른 학생들에게도 수강하 도록 추천하고 싶다.	5	5	4	3	2	1
8. 학생들의 학습수준(학습량)을 고려 한 강의였다.	5	5	4	3	2	1
9. 강의내용이 전공(교양)지식을 넓히 는 데 크게 도움이 되었다.	10	10	8	6	4	2
10. 이 강의에 전반적으로 만족하였다.	10	10	8	6	4	2

① 학생에 의한 강의평가점수는 학기별 평균점을 말한다.

② 강의평가 영역은 강의가 진행된 정규 교과목에 대한 학생의 강의평가 결과를 반영한다.

③ 강의평가 영역의 평가는 임용기간의 시작학기부터 3학기만의 평균점을 적용하여 산출한다.

<표4> 자질영역 평가기준 항목 및 점수

항목	평가항목	배점(5단계 평가)					비고
1.책임성	1. 맡은 바 업무에 대해 책임을 갖고 수행한다.	3.0	2.5	2.0	1.5	1.0	
2.준법성	2. 학교의 제반 규칙을 준수한다.	3.0	2.5	2.0	1.5	1.0	
3.인품과 태도	3. 교육자로서의 품위를 지키며 올바른 태도를 가지고 있다.	2.0	1.5	1.0	0.5	0	
4.협동성	4. 학과에 적극적으로 협조한다.	2.0	1.5	1.0	0.5	0	

다. 이 사건 재임용 거부처분의 적법 여부

1) 강의평가 영역(60점) 평정에 관하여

가) 청구인과 피청구인이 가 주장하는, 청구인에 대한 강의평가 영역 점수는 다음과 같다.

<청구인이 주장하는 강의평가 평가점수>

	교과목명	평균점수	총점	학기 평균점수
2013학년도 1학기	서비스론	51.28	51.28	51.28
2013학년도 2학기	관광마케팅	40.31	92.14	46.07
	여가선용지도	51.83		
2014학년도 1학기	취업창업진로설계	45.00	88.20	44.10
	관광마케팅	43.20		
			3개 학기 총점 141.45	
			3개 학기 평균 47.15	

〈피청구인이 주장하는 강의평가 평가점수〉

	교과목명	평균점수	참여 학생 수	학기 평균점수
2013학년도 1학기	서비스론	51.28	160	51.28
2013학년도 2학기	관광마케팅	40.31	116	42.98
	여가선용지도	51.83	35	
2014학년도 1학기	취업창업진로설계	45.00	28	43.49
	관광마케팅	43.20	142	
			3학기 평균점수 45.92	

예) 2013–2학기 강의평가점수(관광마케팅, 여가선용지도)

(1문항): (5점×48명)+(4점×52명)+(3점×35명)+(2점×9명)+(1점×7명)

(2문항): (5점×46명)+(4점×52명)+(3점×44명)+(2점×2명)+(1점×7명)

$$\vdots$$

(9문항): (10점×36명)+(8점×44명)+(6점×49명)+(4점×11명)+(2점×11명)

(10문항): (10점×74명)+(8점×86명)+(6점×94명)+(4점×28명)+(2점×20명)

(소계) 1문항~8문항: (5점×309명)+(4점×349명)+(3점×374명)+(2점×107명)+(1점×69명)

(소계) 9문항~10문항: (10점×74명)+(8점×86명)+(6점×94명)+(4점×28명)+(2점×20명)

(합계) 64,900÷1,510=42.98

나) 청구인과 피청구인은 각 과목별 평균점수에 관해서는 다툼이 없지만, 「강의전담전임교원 업적평가규정」 제12조(강의평가 영역의 평가) 제1항[11]의 "학기별 평균점"의 해석과 그 계산방식을 달리하고 있어 강의평가 영역 점수가 달라지는 결과가 나타나고 있다.

다) 양 측의 2013학년도 2학기 강의평가 영역 평균점 계산방식을 구체적으로 살펴보면, 청구인은 관광마케팅의 평균점수 40.31과 여가선용지도 평균점수 51.83을 더하여 산술평균[(40.31+51.83)/2=46.07]하였고, 피청구인은 각 문항 배점(5단계 배점)에 해당 문항에 점

---

11) 제12조(강의평가 영역의 평가) 강의평가 영역의 평가는 학생에 의한 강의평가 결과에 따르며, 강의평가에 관한 기준 및 점수는 평가기준은 〈표2〉와 같으며, 총 60점을 배정한다.
   ① 학생에 의한 강의평가점수는 학기별 평균점을 말한다.

수를 부여한 학생의 수(관광마케팅과 여가선용지도 수강생 총 151
명)를 곱한 후 전체 문항(10문항)의 총점을 합산하여 각 문항 평가
인원의 수(151명×10문항=1,510)로 나누어 평균점을 산정하고 있
다. 그리고 청구인과 피청구인 모두 총 3학기에 대한 평가를 합산
하여 산술평균하였다.

라) 한편 「사립학교법」 제53조의2 제7항이, 재임용 심사기준을 "학칙
이 정하는 객관적인 사유"에 근거하도록 규정하고 있는 취지는,
해당 교원에게 사전에 심사방법의 예측가능성을 제공하고 사후에
는 재임용 거부결정이 합리적인 기준에 의하여 공정하게 이루어
졌는지를 심사할 수 있도록 재임용 심사기준이 사전에 객관적인
규정으로 마련되어 있어야 함을 요구하는 것으로 해석된다. (대법
원 2011. 1. 13. 선고 2010두1835판결 참조)

마) 그런데 피청구인의 「강의전담전임교원 업적평가규정」 제12조를 보
면, 강의평가 영역 평가규정은 어떠한 방법으로 학기별 평균점을
계산할 것인지 구체적인 방법에 대해 명확하게 규정하고 있지 않
은 채, 단지 "강의평가점수는 학기별 평균점을 말한다."라고만 규
정하고 있어, 피청구인이 주장하는 산정방법을 청구인이 예측하
기는 어려웠다고 보인다.

바) 따라서 위와 같은 피청구인의 규정만으로는 강의평가점수 산정방
법에 관해 사전에 구체적인 예측가능성을 제공하지 못한다고 보
이므로, 이 사건에서 피청구인이 주장하는 강의평가점수 산정방
식은 부당하다고 할 것이다.

2) 자질평가 영역(10점) 평정에 관하여

가) 피청구인은 자질영역 평가항목을 "1.책임성", "2.준법성", "3.인품
과 태도", "4.협동성"으로 나누고 "1.책임성"의 평가 항목을 "맡은
바 업무에 대해 책임을 갖고 수행한다.", "2.준법성"을 "학교의 제

반 규칙을 준수한다.", "3.인품과 태도"를 "교육자로서의 품위를 지키며 올바른 태도를 가지고 있다.", "4.협동성"을 "학과에 적극적으로 협조한다."라고 규정하였으며, 각 항목을 5단계로 나누어 배점하였다. 또 자질영역 평가는 해당과(전공)의 다른 전임교원(기간제 및 계약제)들이 평가자가 된다.

나) 청구인은 위 규정에 의해 자질평가 영역에서 총 10점 중 3.63점을 받았는데, 이는 평가자들의 점수(2.0, 3.0, 3.0, 4.0, 4.5, 10.0) 중에서 최고점과 최저점을 제외한 각 평가점수(3.0, 3.0, 4.0, 4.5)의 평균점수이다.

다) 한편 「사립학교법」 제53조의2 제7항의 취지는 교원에게 사전에 심사방법의 예측가능성을 제공하고 사후에는 재임용 거부결정이 합리적인 기준에 의하여 공정하게 이루어졌는지를 심사할 수 있도록 재임용 심사기준이 사전에 객관적인 규정으로 마련되어 있어야 하는 것인데(위 대법원 2011. 1. 13. 선고 2010두1835판결 참조), 이 사건에서 ① 피청구인의 자질평가 영역 평가기준의 평가항목은 각 평가기준을 풀어쓴 것에 지나지 아니하여 각 평가기준의 내용을 구체화하는 실질적인 기준이 되지 못하는 점, ② 또 각 평가의 구체적인 세부기준 및 방법에 관하여 달리 정하고 있지 않고 객관적 평정준거가 미약하여 평가자인 해당과의 전임교원의 주관과 자의성이 개입될 소지가 큰 점, ③ 실제로 위와 같은 기준에 따라 청구인에 대한 자질평가점수가 평가자 별로 2.0에서 10.0까지 큰 차이를 보이고 있는 점(나아가 청구인과 같은 시기에 재임용 심사를 받은 교원들에 대한 자질평가점수도 개인별로 큰 편차를 보이고 있다) 및 ④ 위 각 평가항목들은 평정자의 주관에 좌우되기 쉬운 정성평가항목이므로 더더욱 합리적이고 객관적인 세부기준이 요구되는 점 등을 고려하면, 피청구인의 이 부분 평가기준은 「사립학교법」 제53조의2 제7항에서 규정하는 객관적인 사유

에 의한 심사기준이라 볼 수 없다. (서울행정법원 2008. 3. 5. 선고 2007구합26131판결 참조)

라) 따라서 이 부분 재임용 심사기준은 각 항목별로 구체적인 평가 요소를 규정하지 못해, 평정자의 주관적이고 자의적인 평가가 개입될 여지가 크다고 보이므로, 위와 같은 심사기준에 의한 평정은 그 자체로 불공정하고 결론적으로 이 사건 재임용 거부처분은 위법하다.

4. 결 론

이상에서 살펴본 바와 같이 이 사건 청구인에 대한 재임용 심사평정은, 예측가능성이 부족한 방식에 의해 평정된 것이거나 자의적인 기준에 의한 것이므로, 이 사건 재임용 거부처분은 위법하여 주문과 같이 결정한다.

개별적 계약에 의한 재임용 기준

처분요지 재임용 심사에서 역주와 증의 실적이 기준에 미달된다는 이유로 재임용 거부함

결정요지 피청구인의 이 사건 재임용 거부처분은 청구인의 임기만료일 3일 전에 이루어져 절차상 하자가 있고, 학칙이 아닌 개별적인 계약으로 재임용 심사 기준을 정한 것이어서 위법함

관련규정 「사립학교법」 제53조의2

청 구 인 소속   전) ○○대학교 ○○○○원

성명   백○○   직위 조교수

대리인 법무법인 ○○ 변호사 김○○, 원○○

피 청 구 인 학교법인 ○○대학교

대리인 법무법인 ○○ 변호사 오○○

결 정 일 2014. 6. 25.

피청구인이 2014. 2. 25. 청구인에게 한 재임용 거부처분에 대하여 청구인이 2014. 3. 18. 이의 취소를 구하는 소청심사청구를 하여 우리 위원회는 심사를 거쳐 다음과 같이 결정한다.

– 주　문 –

피청구인이 2014. 2. 25. 청구인에게 한
재임용 거부처분을 취소한다.

– 이　　유 –

1. 사건의 개요

청구인은 2010. 3. 1. ○○대학교 교원으로 신규 채용된 후 재임용되어 근무하던 중, 재임용 심사에서 역주와 증의 실적이 기준에 미달된다는 이유로 피청구인에게서 2014. 2. 25. 재임용 거부처분을 받았다.

이에 대하여 청구인은 재임용 거부처분이 부당하다고 주장하며 2014. 3. 18. 이의 취소를 구하는 취지의 소청심사를 청구하였다.

2. 처분 사유

재임용 기준 미달에 따른 면직 통보(2014. 2. 25. 이사장 명의)

심사기준 및 실적 [평가대상기간: 2012. 3. 1. ~ 2014. 2. 28.(2년)]				인사평가 (70점)	심사결과
기준(2년)	실적(2년)	기타 기준	기타 실적		
KCI 2건	KCI 2건	불교한문문헌 번역과 증의 연간 각 100단	역주: 42단 증의: 없음	85.63	역주와 증의 기준 미달

3. 청구인 주장

가. 청구인은 피청구인의 요구에 의하여 재임용 심사기준 중 '불교한문 문헌 번역과 증의 연간 각 100단'이라는 항목을 면제받고, 위 기준보다 훨씬 학문적 성과와 투입 노력이 필요한 『○○○경소』 3권을 ○○대학교 출판부를 통하여 출간(학문적 성과는 ○○일보 기사 등 참조)하였다.

나. 교원인사위원회에서 청구인이 재임용 기준을 충족한 것으로 심의하였음에도, 이사회에서 아무런 심사자료 없이 ○○○○원장의 진술을 토대로 청구인에 대해 재임용 거부로 의결한 것은(재임용 대상자 145

명 중 유일하게 재임용 거부됨), 합리적 심사기준에 따른 것이 아니다.

다. 임용기간 만료 2일 전에 재임용 거부통보를 한 것은 사립학교법에 규
정된 재임용 통보 시한을 지키지 아니한 것으로 명백한 절차상 하자
가 있다.

4. 판 단

가. 사실관계

1) 청구인은 2010. 3. 1. ○○대학교에 신규 채용된 후 재임용되었는바,
재임용 임기는 2012. 3. 1. ~ 2014. 2. 28.(2년)이다.

2) 학사지원본부장은 2013. 10. 24. 청구인에게 임용기간 만료 통지
및 재임용 신청서 접수를 안내하였다.

3) 청구인은 2013. 11. 13. 총장에게 재임용 심사신청서를 제출하였다.

4) ○○○○원장은 2013. 11. 26. 학사지원본부장(교원인사기획팀장)에게
청구인에 대한 재임용 심사결과표(인사평가를 제외)를 제출하였다.

5) 학사지원본부장은 2013. 11. 29. 청구인에게 업적평가를 안내하고
소명방법을 안내하였다.

6) 청구인은 2013. 12. 16. 학사지원본부장에게 소명서를 제출하였고,
같은 날 ○○○○원장 최○○은 교원인사위원회에 청구인에 대한 재
임용 불가 의견서를 제출하였다.

7) 교원인사위원회는 2013. 12. 20. 청구인의 출석 진술 및 ○○○○연
구원장(김○○), ○○○○연구원 ○○○역주팀장(박○○)의 참고 진술
을 들은 뒤 청구인에 대하여 재임용 동의로 심의하였다.

8) 총장은 2014. 1. 9. 이사회에 청구인에 대하여 재임용 의견으로 제
청하였다.

9) 이사회는 2014. 2. 19. 청구인에 대해 재임용 거부로 의결하였고, 피청구인은 2014. 2. 20. 청구인에게 이를 통지하였다.

나. 피청구인의 재임용 기준

1) 「○○대학교 전임교원 인사규정 시행세칙」 제71조 제2항에 따르면, 청구인과 같은 연구전담교원은 다음의 표와 같은 방식으로 재임용 평가를 받게 된다.

구분	인사평가	심사기준
연구전담교원	70점 이상	계약에 의거 따로 정함

2) 한편, 청구인과 피청구인간의 임용계약서 '5. 계약의 만료 및 재계약'에 따르면 청구인의 재임용 기준은 다음의 표와 같다.

구 분	인사평가	논문 및 번역
연구전담교원	70점 이상 (100점 만점)	국내저명 학술지 게재논문 연간 1편 이상 불교한문문헌의 번역과 증의 연간 각 100단

다. 청구인에 대한 평가 결과

1) 교원인사위원회는 2013. 12. 20. 청구인에 대하여 재임용 동의로 심의하였는바, 이때 청구인에 대한 구체적인 평가결과는 다음과 같다.

소속 (구분)	현직급	현직급 임용기간	역주와 증의		학술지 게재		인사 평가
			심사기준	실적(2년)	심사기준	실적 (2년)	
○○○○원 (연구전담)	조교수	2012.3. 1. ~ 2014.2. 28.	불교한문문헌 번역과 증의 연간 각 100단	-역주: 42단 -○○경소 3권 출판으로 대체	국내저명 연간 1편 이상	2건	85.63

2) 이사회 의결 후 피청구인이 청구인에게 한 재임용 거부통보에는 다
음과 같은 평과결과가 기재되어 있다.

심사기준 및 실적 [평가대상기간: 2012. 3. 1. ~ 2014. 2. 28.(2년)]				인사평가 (70점)	심사결과
기준(2년)	실적(2년)	기타 기준	기타 실적		
KCI 2건	KCI 2건	불교한문문헌 번역과 증의 연간 각 100단	역주: 42단 증의: 없음	85.63	역주와 증의 기준 미달

라. 재임용 거부처분의 절차상 하자 유무

1) 청구인의 임기가 2012. 3. 1. ~ 2014. 2. 28.인 사실, 피청구인이
2014. 2. 25. 청구인에게 이 사건 재임용 거부통보를 한 사실은 양
당사자 사이에 다툼이 없다.

2) 한편, 사립학교법 제53조의2 제6항 전문은, 재임용 심의를 신청받
은 임면권자로 하여금 당해 교원에게 재임용 여부 결정사실을 임
용기간 만료일 2월 전까지 통지하도록 하고 있다.
위 규정의 취지는 교원의 경우 통상 학기 단위로 근로계약(임기)이
체결되므로 재임용 탈락 교원에게 신학기 전 2개월의 시간적 여유
를 보장하여 근로 단절의 불이익을 최소화하기 위함이다.

3) 피청구인은 청구인에 대해 최종 통보가 늦어진 것은 이사회의 일
정에 의한 것인바, 이사회가 늦어지더라도 이미 교원인사위원회에
서 재임용 여부 심의를 하였으므로 청구인에게 절차상의 불이익
이 발생하지 아니하며, 이사회 일정으로 인한 지연통지는 부득이
한 사유 또는 정당한 사유에 해당하므로 절차상의 하자로 보기 어
렵다고 답변하고 있다.
그러나 대법원은 "사립대학 교육기관의 교원에 대하여 재임용 심
사신청권을 보장한 사립학교법 제53조의2 제4항 내지 제8항은 강

행규정"이라고 판시한 바 있다. (대법원 2012. 4. 12. 선고 2011두22686 판결)

나아가 피청구인이 주장하는 이사회의 일정이라는 것은 피청구인의 주관적인 사정일 뿐, 관련 규정을 준수하지 못할 부득이한 사유라거나 정당한 사유로도 보이지 아니한다.

또한 교원에 대한 재임용 여부의 임면권은 학교법인에게 있기 때문에 이사회 의결 전에 교원인사위원회의 심의가 있었다는 사실만으로는 재임용 심사절차가 끝났다고 볼 수 없으며, 더군다나 이 사건은 교원인사위원회에서 재임용 '동의'로 심의되었다가 이사회에서 교원인사위원회의 심의 내용과 달리 재임용 '거부'로 의결한 사안이므로, 더욱더 피청구인의 지연 통지는 청구인에게 불리하게 작용하는 면이 있다.

4) 그렇다면 피청구인의 이 사건 재임용 거부처분은 청구인의 임기만료일 3일 전에 비로소 이루어진 것인바, 강행규정인 사립학교법 제53조의2 제6항 전문을 위반한 것이어서 그 절차상 하자가 중대하다고 할 것이다.

마. 이사회 의결 시 하자 유무

1) 한편, 청구인은 재임용으로 제청된 건에 대해서 이사회가 참석자격도 없는 ○○○○원장을 출석시켜 진술을 듣고 이를 토대로 청구인에 대해 재임용 거부로 의결했으므로 불합리하다고 주장하고 있다.

2) ○○○○원장이 청구인에 대한 재임용 건에 대해 2014. 2. 19. 이사회에 출석하여 재임용 거부 의견 취지로 발언한 사실은 피청구인도 소청심사 당일 출석하여 인정하였다.

그러나 이사회는 청구인에 대한 애초 임용계약서의 재임용 심사기준이 변경되지 아니하였다는 전제에서, 계약서에 따른 심사로 재임용 거부의결을 한 것으로 보이고, ○○○○원장의 발언에 영향을 받아 재임용 거부의결을 한 것으로 보이지 아니한다.

따라서 이사가 아닌 ○○○○원장이 이사회에 출석하여 발언을 하였다 하더라도, 이는 ○○○○원장이 청구인 소속의 기관장의 지위에서 참고 발언을 한 것에 불과하여 위법하다고 보이지 아니하므로 청구인의 주장은 이유 없다.

바. 재임용 심사기준의 문제

1) '계약'에 따른 재임용 심사기준의 위법성 여부

가) 사립학교법 제53조의2 제7항은 재임용 심의기준을 객관적인 사유로서 학칙이 정하도록 규정하고 있다.

위 규정의 취지는 "대학교원으로서의 재임용 자격 내지 적격성의 유무가 학생교육, 학문연구, 학생지도에 관한 사항에 대한 평가 등 객관적인 사유에 의하여 심의되어야 할 뿐만 아니라 해당 교원에게 사전에 심사방법의 예측가능성을 제공하고 사후에는 재임용 거부결정이 합리적인 기준에 의하여 공정하게 이루어졌는지를 심사할 수 있도록 재임용 심사기준이 사전에 객관적인 규정으로 마련되어 있어야 함을 요구하는 것으로 해석(대법원 2011. 1. 13. 선고 2010두1835판결)"된다.

나) 그런데 앞에서 살펴본 바와 같이 「○○대학교 전임교원 인사규정 시행세칙」 제71조는 제2항에서 "연구전담교원의 경우 인사평가 70점 이상, 심사기준은 계약에 의거 따로 정함"이라고 규정하고 있고, 청구인과 피청구인 간의 임용계약서는 5. 계약의 만료 및 재계약에서 청구인의 재임용 기준으로 '인사평가' 70점 이상, '논문 및 번역 평가(국내저명 학술지 게재논문 연간 1편 이상, 불교한문문헌의 번역과 증의 연간 각 100단)'를 정하고 있다.

다) 그런데 피청구인이 제출한 '연구전담 비정년트랙 재임용 대상자 평

가결과표'에 따르면, 같은 연구전담교원이라도 해당 소속이나 개인
에 따라 재임용 기준이 다른 사실이 인정되는바, 이에 따르면 논
문편수만으로 재임용 기준을 계약한 교원도 있고 청구인과 같이
논문 및 번역 등의 실적으로 재임용 기준을 계약한 교원도 있다.

라) 그렇다면, 이 사건 재임용 심사기준은 그 기준의 성취 여부가 해
당 교원이 약정한 개별적인 계약조건만으로 이루어지게 되는바,
개별 계약에서 정한 재임용 조건은 공정성, 합리성, 다른 교원과
의 형평성을 담보하기 어려울 뿐만 아니라, 계약의 내용이 학칙이
정한 범위에서 어긋나는지 여부 자체를 확인할 수 없으므로 사
립학교법 제53조의2 제7항에서 정한 객관적인 사유에 해당한다
고 볼 수 없어 위법하다. (서울고등법원 2010. 7. 27. 선고 2010누
2731판결 참고)

2) '번역과 증의 연간 각 100단' 기준과 재임용 거부

가) 이미 살핀 바와 같이 이 사건 재임용 기준은 학칙이 아닌 개별적
인 계약으로 심사기준을 정하고 있어 그 자체로 위법하다고 할 것
이나, 청구인이 피청구인의 요구에 의하여 재임용 심사기준 중 '불
교한문문헌 번역과 증의 연간 각 100단'이라는 항목을 면제받았
다고 주장하고 있어 추가적으로 살핀다.

나) ○○○○연구원장(김○○)의 2013. 12. 5.자 의견서에 따르면, '○○○
사업' 기획운영위원회가 2012. 10. 18. 회의를 통해『○○○경소』출
간 계획에 있어 품별로 학술적 해제를 붙여 간행하기로 하고, 청
구인의 번역과 증의 의무량을『○○○경소』출판 원고의 원문 병기
및 교감, 품별 해제로 대체하기로 결의한 사실이 인정된다.
또한 ○○○○연구원장(김○○)과 ○○○○연구원 ○○○ 역주팀장
(박○○)은 2013. 12. 20. 교원인사위원회에 출석하여 2012. 10.
기획운영위원회에서 청구인에게 새로운 번역을 하는 것보다는

『○○○경소』 7권이 나오는 것이 상징적인 효과가 있어 그것에 전념하도록 요청을 했다고 진술하였다.

다) 한편, ○○대학교는 ○○○○원을 '○○○사업'의 책임주체로 하여 2012. 1. 16. ○○○부로부터 국고보조금 지원사업을 확정받은 바 있고, 『○○○경소』 출간은 '○○○사업'의 중요 사업으로 예정되어 있었으며, 청구인은 『○○○경소』 출간에 있어 핵심적 역할을 담당하였다.

나아가 ○○○○연구원장은 이 사업의 운영을 위해 기획운영위원회의 위원장이 되었고, 이 기획위원회에서 청구인에 대한 재임용기준 중 '불교한문문헌 번역과 증의 연간 각 100단'의 항목을 면제하고 대신『○○○경소』 출간의 대체업적을 요구하였다.

그렇다면 비록 기획위원회가 청구인에 대한 재임용 기준을 변경할 권한은 없다고 하더라도, '○○○사업'이 ○○대학교에서 중요 사업의 하나였고, 청구인의 소속, 역할 등에 비추어 볼 때 청구인에게 기획위원회의 의결과 달리 행동할 것을 요구하는 것은 가혹한 면이 있다고 보인다.

또한 '불교한문문헌 번역과 증의 연간 각 100단'의 기준은 이미 살핀 바와 같이 학칙이 아닌 개별적인 계약에 의해 정해진 기준이어서 모든 교원에게 공통적, 강제적으로 요구되는 기준이 아니다. 따라서 당사자 간에 합의만 있으면 언제든지 계약의 내용은 변경될 수 있다고 보이는바, 이 사건에서 청구인이나 기획위원회가 미리 공식적으로 피청구인에게 기준의 변경을 요구했을 경우 피청구인이 이를 거절했을 것으로 보이는 특별한 사정도 확인되지 아니한다.

그리고 교원인사위원회는 청구인에 대해 기준 변경을 인정하고 재임용하기로 심의하였는데, 이는 학내에서 '○○○사업'과 『○○○경소』 출간의 중요성에 대해 어느 정도 공감대가 형성되었다는 것으로 볼 수도 있다.

이러한 사정을 종합해 볼 때, 설령 개별적인 계약으로 재임용 심사기준을 마련하는 것이 허용된다고 하더라도, 피청구인이 '불교 한문문헌 번역과 증의 연간 각 100단' 기준 위반을 이유로 청구인에게 재임용 거부처분을 한 것은 재량권을 일탈 또는 남용한 것으로 보여 역시 위법하다.

5. 결 론

이상에서 살펴본 바와 같이, 피청구인의 이 사건 재임용 거부처분은 청구인의 임기만료일 3일 전에 이루어진 것으로서 사립학교법 제53조의2 제6항 전문을 위반한 절차상 하자가 있고, 학칙이 아닌 개별적인 계약으로 재임용 심사기준을 정하는 등 위법 요소가 있어 주문과 같이 결정한다.

제2장

재임용 심사평정과정 영역

심사위원 전원의 적격판정 요건

처분요지 해당 교원은 연구연역 등의 평가항목에서 70점 미만의 점수를 취득하고, 교육관계법령의 준수 등의 평가항목에서 부적격 판정되었으므로 재임용을 거부함

결정요지 피청구인의 재임용 심사 기준 및 평가방식은 재임용 평가의 객관성과 공정성을 담보할 수 없다고 할 것이어서 위법함

관련규정 「사립학교법」 제53조의2 제7항

청 구 인 소속   전) ○○대학교

　　　　　　성명   이○○ 직위 부교수

피 청 구 인 학교법인 ○○학원

　　　　　　내리인 법무법인 ○○ 변호사 죄○○ 외 3

피청구인이 2014. 6. 30. 청구인에게 한 재임용 거부처분에 대하여 청구인이 2014. 7. 15. 이의 취소를 구하는 소청심사청구를 하여 우리 위원회는 심사를 거쳐 다음과 같이 결정한다.

- 주   문 -

피청구인이 2014. 6. 30. 청구인에게 한
재임용 거부처분을 취소한다.

- 이   유 -

1. 처분 사유

「연구영역 및 전문영역의 학회활동」, 「학생의 교수연구 및 생활지도에 대한 능력과 실적」 평가항목에서 70점 미만의 점수와 「교육관계법령의 준수 및 기타 교원으로서 품위 유지」 평가항목에서 부적격 판정되었기에 재임용을 거부한다.

2. 청구인 주장

가. 절차상 하자

이 사건 처분은 임면권자가 아닌 총장이 재임용 심의 신청안내를 통지한 위법이 있고, 피청구인과 총장은 청구인에게 재임용 탈락사유를 다르게 통지하여 청구인은 피청구인이 재임용 거부사유로 적시하고 있는 '연구영역 및 전문영역의 학회활동' 부분에 대해서는 소명기회를 박탈당했다.

총장이 보낸 1, 2차 공문에서도 재임용 탈락에 대한 구체적인 사유가 전혀 없으며, 2차 공문에 첨부된 재임용 심사평정 결과표 사본에는 항목별 합계점수만 기재되어 있어 그 내용만으로는 청구인이 각 평정항목에서 어떤 평점을 받았고 그러한 평점을 받게 된 구체적인 사유를 알 수 없다.

청구인이 받은 벌금 300만 원의 재판결과가 '교육관계법령의 준수 및 기타 교원으로서 품위유지' 평가항목에서 어떻게, 얼마나 영향을 미치는지에 대한 파악이 전혀 불가능하여, 청구인의 실질적인 의견 진술 기회가 보장되지 못하였다.

나. 평가기준 적용의 문제

○○대학에서의 부교수 재직기간 4년의 교수업적평가 평균점수는 74.2점이고, ○○대학교에서의 부교수 재직기간 2년의 교수업적평가 평균점수는 62.3점인바, 부교수 임용기간(6년) 전체 평균 점수는 69.4점으로 모두 ○○대학의 「교원인사규정」과 ○○대학교의 「교원승진 및 재임용시행세칙」에서 정한 60점을 상회한다.

그럼에도 2012. 7. 11. 「교원승진 및 재임용시행세칙」에 "이 세칙 시행일 이전의 재직교원은 2015년 9월 1일 재임용 이전까지의 교원업적평가는 교원심사평정으로 실시한다."는 경과조치를 두어, 청구인이 ○○대학에서 부교수로 재직한 4년 동안의 교원업적평가 결과를 박탈하는 것은 피청구인의 재량권 남용이다.

이 사건 재임용 심사에 피청구인이 2012. 3. 1. 제정된 「교원인사규정」, 「교원업적평가규정」, 「교원승진 및 재임용시행세칙」의 적용을 배제한 채, 2012. 7. 11. 「교원승진 및 재임용시행세칙」의 '경과조치'를 적용하여 교원업적평가 대신 심사평정표에 의한 평정은 규정 위반이다.

다. 심사항목의 문제

이 사건에 적용된 심사평정표상의 평가항목은 각 항목별 평정점 부여를 위한 구체적인 세부기준 또는 절차가 마련되어 있지 않아 평정자의 개관성을 담보할 수 없고(실제 같은 항목에서 A위원은 30점을, B위원은 78점을 부여하고 있는바, 평정자들 간에 평가점수가 상당한 편차를 보임), 다른 항목은 3~4개의 평가항목으로 구분되어 있으나 "교육관계 법령의 준수 및 교원으로서 품위유지 항목"에서는 '적격, 부적격'으로 판정토록 하여 평정항목 간 형평성의 원칙에도 어긋난다.

또한, 2010년 청구인이 받은 벌금 300만 원의 재판결과에 대하여 피청구인은 적절한 징계수위나 제재조치를 취하지도 아니한 상황에서, 재임용 거부처분의 판단근거로 삼았는바, 재량권을 남용하고 있다.

3. 판 단

가. 사실관계

1) 청구인은 1995. 3. 1. ○○대학 전임강사로 신규임용되었고, 2008. 4. 1. ○○대학 부교수로 승진 임용되었으며, 재임용기간은 2008. 4. 1. ~ 2014. 8. 31.(6년 5월)이다.

2) 청구인은 2010. 9. 2. ○○지방법원으로부터 정보통신망이용촉진

및 정보보호 등에 관한 법률위반으로 벌금 300만 원을 선고받고 2011. 6. 30. 대법원에서 확정되었다.

3) 2012. 3. 1. ○○대학과 ○○대학교가 ○○대학교로 통합되었다.

4) 교원인사위원회는 2014. 6. 5. 청구인에 대하여 재임용 제청 부결로 심의하였고, 총장은 2014. 6. 9. 청구인에게 재임용 심의결과 및 의견진술에 대한 안내를 하였다.

5) 청구인은 2014. 6. 10. 부총장에게 청구인의 재임용 심사결과 평정표 사본을 요청하였고, 총장은 2014. 6. 16. 청구인에게 위 해당자료를 송부하였다.

6) 청구인은 2014. 6. 23. 부총장에게 소명서를 제출하였다.

7) 교원인사위원회는 2014. 6. 25. 청구인이 제출한 소명서를 검토한 후, 청구인에 대하여 재임용 제청 부결로 심의하였다.

8) 이사회는 2014. 6. 27. 청구인에 대하여 재임용 거부로 의결하였고, 피청구인은 2014. 6. 30. 청구인에게 재임용 거부통보를 하였다.

나. 재임용 심사기준

1) 피청구인이 청구인에 대한 재임용 심사에 「교원승진 및 재임용시행세칙」 부칙(2012. 7. 11. 시행) 제2조를 적용하여 교원업적평가 대신 교원심사평정을 진행한 사실은 양 당사자 사이에 다툼이 없다.

2) 「교원인사규정」은 제29조 제1항에서 재임용 요건으로 '연구실적물'과 '교원업적평가'를 규정하고 있는 한편, 같은 규정 부칙(2012. 7. 11. 시행) 제2조의 경과조치에서는 2014. 9. 1.자 재임용 대상자인 부교수의 경우 연구실적은 300%로, 교원업적평가는 2015. 9. 1. 재임용부터 적용하며, 그 이전까지는 교원심사평정표 기준에 의한 평가를 규정하였다.

「교원승진 및 재임용시행세칙」 부칙(2012. 7. 11. 시행) 제2조는 2015년 9월 1일 재임용 이전까지의 교원업적평가는 교원심사평정으로 실시하는 것으로 규정하면서 그 항목 및 평점은 〈별지3〉에 의하고, 재임용 기준은 '심사위원별 평점이 항목별 70점 이상', '교육관계법령의 준수 및 기타 교원으로서 품위 유지 항목은 심사위원별 평정이 해당으로 나오면 적격'으로 하는 것으로 되어 있다.

3) 청구인은 이에 대해 구 규정(2012. 3. 1. 제정된 교원인사규정, 교원승진 및 재임용시행세칙 등)이 적용되어 교원업적평가(기준 60점)가 재임용 심사에 반영되어야 하며, '교원업적평가규정'의 경과조치가 이 사건에 적용되어야 한다고 주장한다.

   그런데 규정의 개정 시 구 규정에 의한다는 특별한 규정이 없는 한 신 규정이 적용되는 것이므로, 이 사건 재임용 심사에 구 규정에 따라 교원업적평가가 반영이 되어야 한다는 청구인의 주장은 이유 없다.

   또한, 2012. 3. 1. 제정되어 2012. 6. 20. 개정된 「교원업적평가규정」은 부칙 제3조에서 2012년도부터 교원업적평가를 시행하여 평가결과를 활용하되, 3년의 유예기간을 두어 2015년 9월 재임용부터 적용하는 것으로 규정(제1항)하는 한편, 교원업적평가의 미실시로 인해 업적평가가 반영이 안 될 경우에는 재임용에 필요한 기준을 충족하는 것으로 간주하는 규정(제2항)을 두고 있다.

   그런데 청구인은 교원업적평가규정이 제정된 이후 이 사건 재임용 심사에 이르기까지 이미 두 차례의 교원업적평가를 받았으므로, 부칙 제3조 제1항의 적용대상이지, 교원업적평가가 미실시되었을 때의 법률관계를 규정한 제2항의 적용대상이 아니다.

4) 위와 같은 사정을 종합해 볼 때, 피청구인이 청구인에게 「교원승진 및 재임용시행세칙」 부칙(2012. 7. 11. 시행) 제2조를 적용하여 교원업적평가 대신 교원심사평정을 진행하고, '심사위원별 평정에서 항목

별 70점 이상', '교육관계법령의 준수 및 기타 교원으로서 품위 유지 항목에서 적격' 기준을 적용한 것은 정당하다.

다. 청구인에 대한 평가 결과

교원인사위원회 회의록(2014. 6. 5.자)에 따르면, 인사위원들은 청구인의 연구실적물로 300%(심사필 대학논문 3편)를 인정하면서, 청구인이 연구실적물 기준은 충족하였으나, 재임용 심사평정표에 따른 심사에서 부적격된 것으로 보았다.

〈별지3〉 청구인에 대한 교원 재임용 심사평정 합산표

평정항목		인사위원들의 평정점수					
		A 위원	B 위원	C 위원	D 위원	E 위원	F 위원
연구영역 및 전문영역의 학회활동 (100점)	강의충실도(30점)	12	24	18	30	24	30
	전문영역에서의 대외활동이나 학회활동 또는 산학협력활동(20점)	4	12	18	12	12	18
	연구능력(50점)	30	42	42	30	30	30
	합계	46	78	78	72	66	78
	적격여부	부적격	적격	적격	적격	부적격	적격
학생의 교수연구 및 생활지도에 대한 능력과 실적 (100점)	교수로서의 기본적인 자질(30점)	6	24	24	24	24	24
	교내 각종 회의 및 학교관련 행사의 참여도(20점)	6	12	12	8	8	12
	학생의 교수, 연구 및 생활지도(20점)	12	12	12	12	18	18
	학과 및 대학발전의 기여도(30점)	6	24	18	18	24	24
	합계	30	72	66	62	74	78
	적격여부	부적격	적격	부적격	부적격	적격	적격
교육관계법령의 준수 및 기타 교원으로서 품위 유지		부적격	적격	부적격	적격	부적격	적격
최종 적격 여부		부적격	적격	부적격	부적격	부적격	적격

라. 이 사건 재임용 거부처분의 절차상 하자 유무

1) 총장에 의한 임기만료 등 통보

청구인은 이 사건 처분 과정 중 임면권자가 아닌 총장이 청구인에게 임기만료 통보 및 재임용 심의 신청안내를 통지한 것은 절차상 하자가 있다고 주장한다.

「정관」 제27조에 따르면 교원에 대한 임면은 이사회의 의결로 이사장이 하도록 되어 있고, 「교원인사규정」 제30조에 따르면, 재임용 절차로서 임기만료 통보는 임면권자가 하도록 되어 있다.

한편, 이 사건에서 청구인에 대한 임기만료 등의 통보를 총장이 한 사실은 양 당사자 사이에 다툼이 없다.

그러나 위 통보는 교원에 대한 최종적인 임면에 관한 통보가 아닌 재임용 심의를 위한 중간 과정의 통보일 뿐이고, 특별히 청구인에게 불리한 내용의 통보가 아니다.

따라서 이로 인한 하자는 이 사건 재임용 거부처분을 취소할 만한 중대한 하자로 보기는 어렵다.

2) 실질적인 소명기회 부여 여부

① 총장이 2014. 6. 5. 청구인에게 소명기회를 안내할 때 재임용 탈락 사유를 '학생의 교수연구 및 생활지도에 대한 능력과 실적', '교육관계법령의 준수 및 기타 교원으로서의 품위 유지'로 기재하였고, 2014. 6. 16. 청구인에게 재임용 심사평정 결과표 사본을 송부한 사실, ② 위 평정 결과표에 '연구영역 및 전문영역의 학회활동'에 관한 결과가 기재되어 있으며, 평정표 하단의 평정방법에 "재임용은 각 영역별 총점이 70점 이상이면 적격, 재임용 대상자는 각 영역별 모두 적격이어야 최종 적격자로 판정한다."라고 기재된 사실, ③ 피청구인이 이 사건 재임용 거부처분 시 재임용 거부사유로 '연구영역 및 전문영역의 학회활동' 및 '학생의 교수연구 및 생활지도에 대한 능력과 실적' 평가항목에서 70점 미만의 점수, '교육관계

법령의 준수 및 기타 교원으로서 품위 유지' 평가항목에서 부적격 판정을 기재한 사실은 양 당사자 사이에 다툼이 없다.

그렇다면 청구인이 교원인사위원회 개최일(2014. 6. 25.) 이전에 총장으로부터 구체적인 평가항목이 기재된 심사평정 결과표를 제출받았고, 피청구인의 재임용 거부사유가 위 평정표의 내용과 부합하는 이상, 청구인의 소명기회 박탈 주장은 이유 없다고 할 것이나.

마. 재임용 평가기준 및 방법의 적절성 여부

1) 「교원승진 및 재임용시행세칙」 부칙(2012. 7. 11. 시행) 제2조 및 다.의 평정표에 의하면, 재임용 심사평정은 각 심사위원별로 진행하고 각 위원들로부터 모든 항목에 대해서 적격판정('연구영역 및 전문영역의 학회 활동', '학생의 교수연구 및 생활지도에 대한 능력과 실적'에 대해서는 항목별 70점 이상, '교원으로서 품위 유지' 항목은 적격)을 받아야만 재임용이 될 수 있도록 되어 있다.

2) 그런데 이러한 평가방식은 평가위원들 간의 점수편차를 최소화할 수 있는 장치(각 위원들의 평가점수를 합산한 뒤 평균을 산출하는 등의 방식으로 70점 이상을 요구하는 등)가 없고, 최종적으로 전체 위원 중 몇 % 이상의 적격 판정이 있어야 재임용이 가능하다는 등의 가이드라인도 없어 사실상 한 명의 위원이라도 부적격 판정을 한 경우 최종적으로 재임용 거부가 가능하도록 되어 있다.

이 사건의 경우 청구인에 대해 세 항목 전부 적격으로 판정한 위원이 2명이 있음에도 불구하고, 청구인은 최종적으로는 한 항목 이상 부적격으로 판정한 4명에 의해 부적격 판정을 받게 되었고, 극단적으로는 가령 다른 위원이 모두 적격판정을 하더라도 위 평정표에서와 같이 A위원이 현저히 낮은 점수를 부여하여 부적격 판정을 하게 되면 역시 재임용 거부가 되는 부당한 결과에 이르게 된다.

3) 또한 재임용 기준으로 70점 이상의 점수를 요구하는 '연구영역 및 전문영역의 학회활동(100점 배점)' 영역의 경우 20점에서 50점에 이르는 3개의 소분류 평가항목만 존재할 뿐 그 소분류 항목에 대한 세부적인 항목과 배점이 규정되어 있지 아니하고, 역시 재임용 기준으로 70점 이상의 점수를 요구하는 '학생의 교수연구 및 생활지도에 대한 능력과 실적(100점 배점)' 영역의 경우에도 20점에서 30점에 이르는 4개의 소분류 평가항목만 존재할 뿐 그 소분류 항목에 대한 세부적인 항목과 배점이 규정되어 있지 아니하여, 피청구인의 재임용 기준에는 평가의 공정성과 객관성을 담보할 수 있는 수단이 마련되어 있지 않다고 보인다.

4. 결 론

이상에서 살펴본 바와 같이, 피청구인의 재임용 심사기준 및 평가방식은 재임용 평가의 객관성과 공정성을 담보할 수 없다고 보이므로, 이를 토대로 한 피청구인의 재임용 거부처분도 재량권의 일탈 또는 남용으로 보여 주문과 같이 결정한다.

의견진술기회 미부여

사례 02

처분요지	2012년도 업적 심사 결과 교육업적평가 등이 기준에 미달하여 재임용 거부함
결정요지	피청구인은 이 사건 재임용 거부처분 시 청구인들에게 실질적인 의견진술의 기회를 보장하지 아니하였음
관련규정	「사립학교법」 제53조의2 제7항

청 구 인 소속 　○○대학교

성명 　한○○, 권○○ 　직위 조교수

대리인 법무법인 ○○ 변호사 홍○○, 김○○

피 청 구 인 학교법인 ○○학원

피청구인이 2013. 12. 16. 청구인들에게 한 재임용 거부처분에 대하여 청구인들이 2014. 1. 16. 이의 취소를 구하는 소청심사청구를 하여 우리 위원회는 심사를 거쳐 다음과 같이 결정한다.

− 주　　문 −

피청구인이 2013. 12. 16. 청구인들에게 한
재임용 거부처분을 모두 취소한다.

− 이　　유 −

1. 사건의 개요

청구인들은 2012. 3. 1. ○○대학교에 2년을 기간으로 하여 특별 임용되어 근무하던 중, 교육업적과 강의평가가 재계약 기준에 미달한다는 이유로 피청구인에게서 2013. 12. 16. 각각 재임용 거부통보를 받았다.

이에 대하여 청구인들은 이 사건 재임용 거부처분 과정에서 실질적인 소명기회를 부여받지 못하였다는 주장을 하며 2014. 1. 16. 이의 취소를 구하는 소청심사를 각각 청구하였다.

2. 처분 사유

[한○○]

2013년도는 소청과 소송으로 출근이 불가능했음을 고려하여, 2012년도 업적만으로 심사한바, 교육업적과 강의평가가 모두 재계약 기준에 미달하여 재임용이 불가하다.

[권○○]

2013년도는 소청과 소송으로 출근이 불가능했음을 고려하여, 2012년도 업적만으로 심사한바, 교육업적과 강의평가가 기준에 미달하였고, 연구업적의 총점은 기준을 충족하나, 국내 A급 실적이 기준에 미달하여 재임용이 불가하다.

3. 청구인 주장

청구인은 피청구인으로부터 소명기회를 부여받을 당시, 어떤 사유로 재임용 기준을 충족하지 못하였는지 구체적으로 통보받은 바 없어 실질적인 소명기회를 부여받지 못하였다.

4. 판 단

가. 사실관계

1) 피청구인은 청구인들을 임기 2년(2012. 3. 1. ~ 2014. 2. 28.)으로 하여

○○대학교 교원으로 특별 채용하였다.

2) 피청구인은 교육과학기술부 감사 결과를 반영하여 2013. 2. 20. 청구인들에 대한 임용을 취소하였다.

3) 교원소청심사위원회는 피청구인이 청구인들을 임용할 때 청구인들의 경력미달 사실을 확인하지 못한 중대한 과실이 있었으므로 임용 취소는 위법하다는 내용으로 2013. 5. 27. 피청구인의 임용취소 처분을 취소하였다.

4) 피청구인은 2013. 10. 16. 청구인들에게 임용기간 만료 및 재임용 신청 안내를 하였다.

5) 피청구인은 2013. 11. 12. 청구인들에게 전자우편으로 인사위원회에 대한 소명방법 및 일정을 안내하였다.

6) 청구인 한○○은 2013. 11. 18. 피청구인에게 전자우편으로 관련 법규 및 소명서 양식을 문의하였고, 이에 피청구인은 전자우편으로 청구인에게 사립학교법 제53조의2 제7항, ○○대학교 교원인사규정 제20조를 안내하였다.

7) 청구인 한○○은 2013. 11. 27. 피청구인에게 서면을 제출하였다.

8) 교원인사위원회는 2013. 11. 29. 청구인들에 대해 재임용 기준 미달을 이유로 재임용 거부로 심의하였고 그 과정에서 청구인 권○○는 출석하여 의견 진술을 하였다.

9) 이사회는 2013. 12. 16. 청구인들에 대한 재임용 거부의결을 하였고, 피청구인은 2013. 12. 20. 청구인들에게 재임용 거부통보를 하였다.

나. 피청구인의 재임용 심사기준

1) ○○대학교 학내 규정[교원인사규정 제20조 제2항, 별표2(계약제 신

규임용 정년계열 교원의 최초 재계약 심사기준)]에 의하면, 청구인과 같은 정년계열 교원이 재임용되기 위해서는 ①교육업적 기준과 ②연구업적 기준을 충족해야 한다.

2) 교육업적평가는 다시 '강의(수업평가, 강의개발, 평가관리)' 항목과 '학생지도(생활상담지도, 진로지도, 기타지도)' 항목으로 세분화하여 평가하되, 재임용 기준은 평가 결과 연평균 B등급(60점 이상) 이상 또는 소속대학 수업평가 상위 60% 이내여야 한다.

3) 연구업적기준은 연평균 총점 75점(연평균 국내 A급 이상 50점을 포함) 이상이어야 한다.

다. 청구인들에 대한 재임용 심사과정

1) 피청구인은 청구인들이 2013. 2. 피청구인에게시 임용 취소되었다가 소청, 소송 등으로 구제되어 복직하는 과정에서 2013년에 교원으로서 실제 근무하지 못한 사정을 고려하여, 청구인들의 2012년 실적만으로 이 사건 재임용 심사를 진행하였다.

2) 계약제 교원 평정 총괄표에 의하면, 청구인 한○○은 평가 결과 교육영역에서 51.0점(강의평가 상위 76.92%), 연구영역에서 총점 119.0점(국내 A급 85점 포함)을 취득하여, 연구영역 기준은 충족하였으나 '교육영역' 기준을 충족하지 못하였다.

3) 계약제 교원 평정 총괄표에 의하면, 청구인 권○○는 평가 결과 교육영역에서 48.45점(강의평가 상위 84.62%), 연구영역에서 총점 161.12점(국내 A급 실적 44점 포함)을 취득하여, '연구 영역 기준 중 국내 A급 실적요건'과 '교육영역' 기준을 충족하지 못하였다.

4) 피청구인은 2013. 11. 12. 청구인들에게 전자우편으로 인사위원회에 대한 소명기회를 안내하였다.

5) 청구인 한○○은 2013. 11. 27. 인사위원회에 서면을 제출하였고, 청구인 권○○는 2013. 11. 29. 인사위원회에 출석하여 의견을 진술하였다.

라. 재임용 거부의 절차상 하자 유무

1) 그런데, 피청구인이 청구인들에게 소명기회를 안내한 전자우편에는 "교수님께서는 재임용(계약) 기준의 연구업적 부문, 교육업적 부분 및 강의평가 부문을 충족하지 못한다고 판단되어 법규에 근거한 소명방법 및 일정을 안내 드립니다."라는 문구와 소명방법(서면 제출 또는 출석진술에 대한 일정 안내)을 고지하였을 뿐, 구체적인 평정항목 및 항목에 따른 청구인들의 점수 결과를 공개하지 아니하였다.

2) 더구나 청구인 한○○은 연구영역 기준을 충족한 자임에도 피청구인은 청구인 한○○에게 연구업적 부문의 기준이 미충족되었다고 잘못 고지하기도 하였다.

3) 청구인 한○○이 피청구인에게 서면으로 소명한 내용을 보더라도 청구인의 소명내용은 크게 ① 신규임용 취소가 부당하다는 내용, ② 2012. 3.부터 결강 없이 수업을 진행했다는 내용, ③ 2013년에는 소청, 소송으로 학생교육 및 학생지도를 할 수 없었다는 내용인바, 청구인은 문제된 재임용 거부사유를 명확히 인지하지 못한 채 추상적으로만 소명하거나 재임용 거부와 무관한 신규임용 취소에 대해 소명한 사실이 확인된다.

4) 한편, 청구인 권○○의 출석 소명과 관련하여 인사위원회 회의록(제11차)을 살펴보면, 청구인 권○○는 인사위원회에 출석하여 "교육업적, 연구업적, 강의평가 모두 미충족인데 한 번도 강의를 하지 않은 경우가 없고 연구업적의 경우 많은 연구활동을 하였다고 생

각한다."라고 먼저 진술하였고, 이에 대해 인사위원회가 비로소 청구인에게 '국내 A급 실적 44점, 교육영역 48.45점, 학생 상담점수 0점, 강의계획서 미제출, 강의 노트 0점'을 고지하였다.

따라서 청구인 권○○는 구체적인 소명의 대상을 모른 채 인사위원회에 출석하였다가 비로소 구체적인 거부사유를 알게 되었는바, 이는 소명준비에 15일 이상의 기간을 부여하도록 한 사립학교법 제53조의2 제7항의 취지에 비추어 볼 때 충분한 소명기회를 부여한 것이라고 볼 수 없다.

5) 그렇다면, 청구인들은 이 사건 재임용 거부처분 과정에서 거부사유의 원인이 된 구체적인 항목, 평가 결과 등을 모른 채 또는 극히 짧은 시간 내 추상적, 형식적으로만 소명기회를 부여받았다고 할 것이다.

결과적으로 피청구인은 청구인들에게 실질적인 의견진술 기회를 보장하지 아니한 채 재임용 거부처분을 하였으므로 이 사건 재임용 거부처분에는 사립학교법 제53조의2 제7항의 취지를 위반한 절차상 하자가 있다고 할 것이다.

5. 결 론

이상에서 살펴본 바와 같이, 피청구인은 이 사건 재임용 거부처분 시 청구인들에게 실질적인 의견진술 기회를 보장하지 아니하여 사립학교법 제53조의2 제7항의 취지를 위반한 절차상 하자가 있다고 할 것이어서, 더 나아가 살피지 아니하고 주문과 같이 결정한다.

외국인 교원에 대한 심사기준 미적용

처분요지 교육영역, 봉사영역 심의 결과 재계약 불가함

결정요지 이 사건 재임용 거부처분은 교원인사규정에 따른 평정을 진행하지 아니하였고, 재임용 심의과정에서 청구인에게 소명기회를 부여하지 아니하여 위법함

관련규정 「사립학교법」 제53조의2 제7항

청 구 인 소속   ○○대학교

　　　　　성명   추○○ 직위 조교수

피 청 구 인 학교법인 ○○

　피청구인이 2013. 12. 26. 청구인에게 한 재임용 거부처분에 대하여 청구인이 2014. 1. 15. 이의 취소를 구하는 소청심사청구를 하여 우리 위원회는 심사를 거쳐 다음과 같이 결정한다.

－ 주　　문 －

피청구인이 2013. 12. 26. 청구인에게 한
재임용 거부처분을 취소한다.

－ 이　　유 －

1. 사건의 개요

　청구인은 2013. 3. 1. ○○대학교에 1년을 기간으로 하여 조교수로 신규임용되어 근무하던 중, 교육영역 및 봉사영역(학생지도 및 전공업무 비협조 등)의 심의 결과 그 점수가 미흡하다는 이유로 피청구인에게서 2013.

12. 26. 재임용 거부통보를 받았다.

이에 대하여 청구인은 이 사건 재임용 심사가 공정하지 못하고 인사위원회에서 소명기회도 부여받지 못하였다는 등의 주장을 하며 2014. 1. 15. 이의 취소를 구하는 소청심사를 청구하였다.

2. 처분 사유

종전 근무기간 만료일(2014. 2. 28.) 이후 재계약·재임용을 하지 않기로 의결되었다. [교육영역 및 봉사영역(학생지도 및 전공업무 비협조 등) 심의 결과 재계약 불가]

3. 청구인 주장

가. 재임용 절차의 위법·부당성

이 사건 재임용 심사는 원어민 교원에 대한 학과 차원에서의 협의 없이 학과장의 독단적인 부당한 평가로 이루어져 공정한 심사가 아니었으며, 인사위원회에서도 소명기회를 부여받지 못하였다.

나. 실체상의 위법·부당성

허위의 평가가 이루어진바, 청구인은 강좌운영과 학생지도, 연구실적 등에 있어 재임용 거부사유가 존재하지 않는다.

4. 판 단

가. 사실관계

1) 피청구인은 청구인을 1년(2013. 3. 1. ~ 2014. 2. 28.)의 기간으로 하여 ○○대학교 조교수로 신규임용하였다.

2) 총장은 2013. 10. 31. 청구인에게 계약기간 만료 및 재계약 임용 신

청 안내를 하였다.

3) 청구인은 2013. 11. 11. 재임용 심의신청을 하였다.

4) 교원인사위원회는 2013. 12. 2. 청구인에 대해 재계약 불가 의결을
한바, 그 불가 사유는 '학내 원어민 교원 간 불화 야기 및 학교 업
무 비협조, 비교육적 언행'이었다.

5) 총장은 2013. 12. 4. 피청구인에게 청구인에 대한 재임용 불가 제
청을 하였다.

6) 이사회는 2013. 12. 6. 청구인에 대한 재계약 불가 의결을 하였고,
피청구인은 2013. 12. 26. 청구인에게 재계약 불가 통보를 하였다.

나. 피청구인의 재임용 심사기준 및 방법

1) 관련 규정은 다음과 같다.

■ 원어민 채용 규정

제8조(규정 준용) 이 규정에 명시되지 않은 사항은 이 대학교 교원
인사 규정을 준용한다.

■ 교원인사규정

제23조(재임용) ① 임용기간이 만료되는 전임교원에 대하여는 교
육, 연구 및 봉사(학생지도 포함) 등에 관한 사항을 심사하여 재임
용 여부를 결정한다. (별표1)

② 신규임용된 전임교원은 제25조, 재임용된 전임교원은 제26조의
결과에 따라 임용한다.

제25조(신규임용 전임교원의 재임용 심사) ① 신규임용된 전임교원
의 최초 재임용 심사는 학부(과)에서 한다.

② 재임용 심사에 필요한 자료는 다음과 같다.

  1. 교육 및 연구업적 조서

2. 신임교원 재임용 심사평정표

3. 신임교원 재임용 심사결과보고서

③ 전공주임은 제2항 각 호의 자료와 재임용 평정결과를 총장에게
제출하여야 하며, 총장은 평정결과 제2항 제2호 "신임교원 재임용
심사평정표(별표7)"의 강의 시수와 연구실적량 평정항목의 평정점
수 합계가 44점 이상이고 전체 평정항목의 평정점수 합계가 80점
이상인 자에 대하여 교원인사위원회에 심의를 요청한다.

④ 총장은 전항의 심사결과 임용기준을 충족하지 못한다고 판단되
는 경우에는 15일 이상의 기간을 정하여 지정된 기일에 당해 교원
이 교원인사위원회에 출석하여 의견을 진술하거나 서면에 의한 의
견 제출의 기회를 주어야 한다.

■ 사립학교법

제53조의2(학교의 장이 아닌 교원의 임면)

⑦ 교원인사위원회가 제6항의 규정에 의하여 당해 교원에 대한 재
임용 여부를 심의함에 있어서는 다음 각 호의 사항에 관한 평가 등
객관적인 사유로서 학칙이 정하는 사유에 근거하여야 한다. 이 경
우 심의과정에서 15일 이상의 기간을 정하여 당해 교원에게 지정된
기일에 교원인사위원회에 출석하여 의견을 진술하거나 서면에 의한
의견 제출의 기회를 주어야 한다.

1. 학생교육에 관한 사항

2. 학문연구에 관한 사항

3. 학생지도에 관한 사항

2) 청구인에 대한 재임용 심사방법

가) 교원인사규정 제25조 제3항에 따르면, 청구인과 같이 신규임용되
어 재임용 심사를 받는 원어민 교원에 대한 평정은 ① 전공주임이
총장에게 해당 교원에 대한 재임용 자료 및 평정결과를 제출하면
② 총장이 '신임교원 재계약 임용 심사평정표(교원인사규정 별표
7)'의 점수를 확인하는 방식으로 이루어지게 된다.

나) 이와 관련하여 전공주임 박○○는 청구인에 대해 '재임용 교원 심
　　사평정 방법 및 기준표'(별표1)와 '교육 및 연구업적 조서'(별표6)
　　를 작성하여 총장에게 제출하였다.

다) 한편, 피청구인 측은 '신임교원 재임용 심사평정표(별표7)'에 의한
　　평정은 진행하지 않은 채 전공주임이 작성한 〈별표1〉, 〈별표6〉만
　　을 참고하여 이 사건 재임용 거부처분을 하였다.

라) 나아가 피청구인은 이 사건 재임용 거부처분 과정에서 청구인에게
　　별도로 의견진술기회를 부여하지는 아니하였다.

다. 재임용 심사방법의 타당성 여부

그런데 전공주임이 작성한 〈별표1〉 및 〈별표6〉은 주관적 심사항목
이 포함되어 있어 최종적인 종합점수 산정이 불가능하고, 몇 점 이상
이면 재임용이 가능하다는 식의 가이드라인이 정해져 있지 아니하므
로, 이는 재임용 여부의 결정적인 기준이라기보다는 재임용 심사의
참고자료에 불과하다고 보인다.

오히려 교원인사규정 제25조 제3항에 따르면 총장은 " '신임교원 재임
용 심사평정표(별표7)'의 강의 시수와 연구실적량 평정항목의 평정점
수 합계가 44점 이상이고 전체 평정항목의 평정점수 합계가 80점 이
상인 자"에 대하여 교원인사위원회에 심의를 요청하도록 되어 있으
므로 '신임교원 재계약 임용 심사평정표'(별표7)가 재임용 여부의 결정
적인 기준이라고 할 것이다.

그럼에도 불구하고 피청구인은 교원인사규정의 내용과 달리 '신임교
원 재임용 심사평정표(별표7)'에 의한 평정은 진행하지 않은 채 전공
주임이 작성한 〈별표1〉, 〈별표6〉만을 참고하여 이 사건 재임용 거부
처분을 한바, 학칙이 정하는 사유에 근거하여 재임용 심의를 하도록
규정한 사립학교법 제53조의2 제7항 전문에 위배된다.

라. 재임용 거부절차의 하자 유무

한편 피청구인은 이 사건 재임용 심의과정에서 청구인에게 교원인사위원회에 출석하도록 요청하거나 서면진술을 안내하는 등의 절차를 진행하지 아니하였다.

이는 재임용 심의과정에서 소명기회를 의무적으로 부여하도록 규정한 사립학교법 제53조의2 제7항 후문에도 위배된다.

5. 결 론

이상에서 살펴본 바와 같이, 피청구인의 이 사건 재임용 거부처분은 교원인사규정에 따른 '신임교원 재임용 심사평정표(별표7)'에 의한 평정을 진행하지 아니하였고, 재임용 심의과정에서 청구인에게 소명기회를 부여하지 아니하여 사립학교법 제53조의2 제7항을 위반한 하자가 있다고 할 것이어서, 더 나아가 살피지 아니하고 주문과 같이 결정한다.

부족 점수 통보시기

처분요지 실적평가 취득점수가 재임용 기준 점수에 미달하여 재임용 거부함

결정요지 청구인이 주장하는 절차상 하자는 이유 없고 청구인의 실적 점수는 2년 평균 100.32점으로서 재임용 기준인 '120점 이상'을 충족하지 못하므로 피청구인의 이 사건 재임용 거부처분은 재량권을 일탈하거나 남용한 것으로 보이지 아니함

관련규정 「사립학교법」 제53조의2

청 구 인 소속 　　○○대학교

　　　　　　 성명 　　조○○ 　직위 부교수

피 청 구 인 　학교법인 ○○대학

피청구인이 2013. 12. 31. 청구인에게 한 재임용 거부처분에 대하여 청구인이 2014. 1. 2. 이의 취소를 구하는 소청심사청구를 하여 우리 위원회는 심사를 거쳐 다음과 같이 결정한다.

- 주　문 -

청구인의 청구를 기각한다.

- 이　유 -

1. 사건의 개요

청구인은 2012. 3. 1. ○○대학교에 부교수로 2년을 기간으로 하여 재임용되어 근무하던 중, 교원인사규정시행세칙 제5조 제4항에 의한 실적평가 취득점수가 재임용 기준 점수에 미달한다는 이유로 피청구인에게서 2013. 12. 31. 재임용 거부통보를 받았다.

이에 대하여 청구인은 재임용 거부절차 과정에 하자가 있고 재임용 기준 변경에 따른 배점이 부당하다고 주장하며 2014. 1. 2. 이의 취소를 구하는 소청심사를 청구하였다.

2. 처분 사유

○○대학교 교원인사규정시행세칙 제5조 제4항에 의한 실적평가 취득점수가 재임용 기준 점수에 미달하여 재임용을 거부한다.

3. 청구인 주장

가. 재임용 절차이 위법·부당선

피청구인이 재임용탈락 결정 1~2달 전에 청구인에게 부족점수(120점 대비 116.64점 취득)를 통보해 주었으면 청구인은 남은 기간 동안 부족한 점수를 채울 수 있었는바, 이를 미리 예고해주지 않은 것은 부당하다.

한편, 청구인은 2013. 12. 20. 교원인사위원회에 출석하여 재임용 평가항목 점수에 대한 소명을 하였으나, 피청구인은 소명내용을 반영해 주지 아니하였으므로 부당하다.

나. 실체상의 위법·부당성

재임용 기준이 구 기준 60점 이상(100점 만점)에서 신 기준 120점 이상(200점 만점)으로 2배로 변경된 점을 고려할 때, 구 기준에 의한 재임용 평가항목 중 '야간 산업체반 학생 모집' 부분에서 학생모집 1인당 2점이 부여되었던 것은 신 기준에서 학생모집 1인당 4점 부여로 개정되었어야 함에도 신 기준이 학생모집 1인당 점수를 3점만 인정한 것은 부당하다.

4. 판 단

가. 사실관계

1) 피청구인은 청구인을 임기 2년(2012. 3. 1. ~ 2014. 2. 28.)으로 하여 ○○대학교 부교수(산학협력교원)로 재임용하였다.

2) 산학협력중점교원 실적평가위원회는 2012. 12. 13. 청구인에 대한 2012년도 실적을 42점(100점 만점)으로 평가하였다.

3) 피청구인은 2013. 6. 11. 교원(산학협력중점)인사규정시행세칙을 개정한바, 개정된 내용에 따르면 재임용 기준은 종전 60점 이상(100점 만점)에서 120점 이상(200점 만점)으로 변경되었다.

4) 산학협력중점교원 실적평가위원회는 2013. 11. 27. 청구인에 대한 2013년도 실적을 86.64점(200점 만점)으로 평가하였다.

5) 교원인사위원회는 2013. 12. 4. 청구인의 실적 중 2012년 실적 42점(100점 만점)을 신 기준으로 환산하여 84점(200점 만점)으로 산정한 후, 2년 평균 85.32점(2012년 84.0점, 2013년 86.64점)을 청구인의 실적 점수로 인정하여 청구인을 재임용 기준 미충족자로 파악하였다.

6) 피청구인은 2013. 12. 4. 청구인에게 재임용불가예정자 통보 및 의견서 또는 출석진술 기회를 안내하였다.

7) 산학협력중점교원 실적평가위원회는 2013. 12. 20. 청구인의 2013년 실적에 미반영되었던 신입생 유치 30점을 추가 반영하였고 같은 날 청구인은 교원인사위원회에 출석하여 소명을 했다.
   이후 교원인사위원회는 청구인의 실적을 최종적으로 2년 평균 100.32점(2012년 84.0점, 2013년 116.64점)으로 확정하였다. [2012년, 2013년 산학협력중점교원(조○○) 실적평가 기준 대비 취득점수표, 인사위원회 회의록]

8) 이사회는 2013. 12. 31. 청구인에 대해 재임용 거부의결을 하였고,

피청구인은 같은 날 청구인에게 재임용 거부통보를 하였다.

나. 피청구인의 재임용 기준 및 청구인에 대한 평가 결과

1) ○○대학교 교원인사규정시행세칙 제5조 제4항 및 별지 제3호 서식에 따르면, 청구인이 재임용이 되기 위해서는 연간 200점 합계(강의평가 20점, 산학협력 130점, 산학협력기여도 50점) 중 120점 이상이어야 한다.

2) 그런데 청구인의 2년간 임용기간에 대한 평균 실적이 100.32점인 것은 이미 앞에서 살핀 바와 같다.

다. 재임용 거부의 타당성 여부

1) 청구인은 재임용탈락 결정 1~2달 전에 부족 점수(120점 대비 116.64점 취득)를 통보해 주었으면 채울 수 있었음에도 피청구인이 이를 미리 예고해주지 않은 것은 부당하다고 주장하고 있다.

그런데 일단 청구인의 실적 점수는 2년 평균 100.32점으로서 116.64점이 아니므로, 청구인은 부족 점수의 정도에 대해 오인하고 있다. 한편, 청구인의 위 부족 점수 통보에 대한 주장은 청구인이 이 사건 재임용 심사과정에서 누락되거나 반영되지 아니한 실적 등을 교원인사위원회에서 소명하기 위한 목적이라기보다는, 청구인이 실적 제출 기간 내에 부족한 점수를 채울 수 있도록 피청구인이 사전에 부족 점수를 통보함으로써 청구인에게 시간적 여유를 제공해야 한다는 의미의 주장이라고 보인다.

그런데 사립학교법 제53조의2 제4항, 제6항은 임면권자로 하여금 교원의 재임용 심사절차를 임기만료일 4개월 전부터 진행하도록 하고, 교원의 임기만료일 2개월 전까지 재임용 여부에 대한 결정 통지를 하도록 규정하고 있는바, 재임용 심사대상 교원으로서는 자신의 임기만료일에 비추어 재임용 심사시기를 충분히 예측할 수 있었다고 보인다.

나아가 청구인의 2012년도 실적은 이미 1년 전에 공개가 되어 청구인은 재임용 기준에 부족한 실적을 쌓기에 충분한 시간을 확보하고 있었다고 할 것이다.

또한 청구인에 대한 2013년도 실적 평가는 2013. 11. 27에 이루어졌는데, 심사기준에 맞춘 평가를 하기 전에는 부족 점수라는 개념 자체가 나올 수 없으므로 평가 결과 통보는 당연히 그 이후에나 가능한 것이지 청구인의 주장대로 평가 한두 달 전에 할 수 있는 것이 아니어서 이유 없다.

2) 청구인은 2013. 12. 20. 교원인사위원회에 출석하여 재임용 평가항목 점수에 대한 의견을 진술하였음에도 피청구인 측이 이를 반영하지 않아 부당하다는 취지로 주장한다.

그러나 청구인이 2013. 12. 20. 교원인사위원회에 출석하여 재임용 평가항목 점수에 대해 의견을 진술한 것이 사실인 이상, 피청구인은 사립학교법 제53조의2 제7항에 따라 적법하게 의견 진술 기회를 부여하였다고 보이고, 청구인 자신이 원하는 바를 피청구인이 수용하지 아니하였다고 하여 이를 절차상 하자로 볼 수는 없으므로 이에 대한 청구인의 주장은 이유 없다.

3) 한편, 청구인은 재임용 심사항목 중 '산학협력'의 세부 평가내역인 '신입생유치 항목(2-8)'과 관련하여, 재임용 기준이 산술적으로 2배 증가되었으므로 이에 대한 세부 배점도 2배로 증가되어야 한다는 전제에서 학생모집 1인당 배점이 2점에서 4점으로 증가되지 않고 3점으로 배정된 것은 부당하다고 주장을 한다.

그러나 구체적인 재임용 평가항목 및 배점 설정은 피청구인의 고유재량영역이고 특별히 비합리적이라고 보이지 아니하므로 청구인의 주장은 이유 없다.

4) 그 밖에 이 사건 재임용 거부처분의 평가, 심의 과정에 특별히 부당한 점이 있었다고 보이지 아니하고, 청구인의 실적 점수가 2년 평균 100.32점으로서 재임용 기준인 '120점 이상'을 충족하지 못하는 것은 사실이므로, 피청구인의 이 사건 재임용 거부처분은 재량권을 일탈하거나 남용한 것으로 보이지 아니한다.

5. 결 론

이상에서 살펴본 바와 같이, 청구인이 주장하는 절차상 하자는 이유 없고 청구인의 실적 점수는 2년 평균 100.32점으로서 재임용 기준인 '120점 이상'을 충족하지 못하므로 피청구인의 이 사건 재임용 거부처분은 재량권을 일탈하거나 남용한 것으로 보이지 아니하여 주문과 같이 결정한나.

평가항목에 대한 점수 산출

처분요지 교원업적평가 평균 평점이 56.5점으로 재임용 불가함

결정요지 청구인의 주장은 모두 이유 없고 청구인이 교원업적평가에서 3년 평균 56.5점을 취득하여 재임용 기준인 60점에 미달한 것은 사실인바, 피청구인이 이 사건 재임용 거부처분을 함에 있어 재량권을 일탈하거나 남용한 것이라고 볼 수 없음

관련규정 「사립학교법」 제53조의2 제7항

청 구 인 소속   ○○대학교

　　　　　 성명   황○○   직위 조교수

피 청 구 인 학교법인 ○○학원

피청구인이 2013. 12. 30. 청구인에게 한 재임용 거부처분에 대하여 청구인이 2014. 1. 6. 이의 취소를 구하는 소청심사청구를 하여 우리 위원회는 심사를 거쳐 다음과 같이 결정한다.

- 주　　문 -

청구인의 청구를 기각한다.

- 이　　유 -

1. 사건의 개요

청구인은 2011. 3. 1. ○○대학교에 조교수로 3년을 임용기간으로 하여 재임용되어 근무하던 중, 교원업적평가 평균 평점이 재임용 기준에 미달된다는 이유로 피청구인에게서 2013. 12. 31. 재임용 거부통보를 받았다.

이에 대하여 청구인은 교원업적평가 세부항목에 대한 점수 산출 기준이 높거나 점수 산출에 문제가 있다는 등의 주장을 하며 2014. 1. 6. 이의 취소를 구하는 소청심사를 청구하였다.

2. 처분 사유

교원업적평가 평균 평점이 56.5점으로 재임용이 불가한 것으로 결정되어 2014. 2. 28.자로 임기가 만료됨을 통보한다.

3. 청구인 주장

가. '학생지도' 항목 중 세부항목인 '진로 및 취업 지도'의 점수 산출에 문제가 있고, '학교발전기여도' 항목 중 '학생모집 및 입시활동'의 점수 산출표의 기준이 높게 책정되어 불합리하다.

나. 2013년도 ○○○과 폐지와 관련한 교육부 민원 등으로 경고처리 받아 벌점 3점을 받았는바 이는 부당하다.

다. 같은 교원업적평가 60점 미달자인 김○○ 조교수의 경우(57.9점), 이미 소속학과가 폐과되었음에도 이사회에서 2년간 재임용하여 전공 전환의 기회를 부여한 것처럼 청구인에게도 동일한 기회를 주어야 한다.

4. 판 단

가. 사실관계

1) 피청구인은 청구인을 임기 3년(2011. 3. 1. ~ 2014. 2. 28.)으로 하여 ○○대학교 조교수로 재임용하였다.

2) 교원인사위원회는 2013. 12. 10. 청구인에 대한 재임용에 부동의
하였고 이후 청구인에게 교원업적평가결과 통보 및 의견진술 기회
를 안내하였다.

3) 청구인은 2013. 12. 26. 교원인사위원회에 출석하여 소명기회를 가
졌으며 교원인사위원회는 청구인의 언론활동에 대한 추가 제출서
류를 평가에 반영하기로 심의하였다.

4) 이사회는 2013. 12. 30. 청구인에 대한 재임용 거부를 의결하였고
피청구인은 같은 날 청구인에게 이를 통보하였다.

나. 피청구인의 재임용 기준

피청구인의 재임용 평가기준은 교원업적평가 결과가 평균 평점 60점
이상이고, 그 평가범위는 교육활동(25점), 연구활동(20점), 교육자 품
위유지(15점), 학생지도(20점), 학교발전기여(20점) 총 100점으로 구성
하되, 상벌에 따른 가감이 가능하며, 위 항목에 따른 세부적인 평가
항목이 존재한다. (○○대학교 교원인사규정 제32조, 교원업적평가시행규칙
제6조 및 별표1)

다. 청구인에 대한 재임용 심사결과

청구인은 2011학년도부터 2013학년도까지 교원업적평가에서 다음과
같은 평가를 받아, 3년 평균 56.5점을 취득하였다.

구분	계 (100)	교육 활동 (25)	연구 활동(20)	품위 유지(15)	학생지도(20)	학교발전 기여도(20)	상벌
2011년	66.0	21	15	13	12 ['진로 및 취업지도 (10)'는 5점]	5 ['학생모집 및 입시활동(10)'은 1점]	
2012년	46.6	17	15	12	5.6 ['진로 및 취업지도 (10)'는 1.6점]	2 ['학생모집 및 입시활동(10)'은 1점]	-5
2013년	57	16	15	14	9 ['진로 및 취업지도 (10)'는 1점]	6 ['학생모집 및 입시활동(10)'은 4점]	-3

라. 재임용 거부의 타당성 여부

1) 청구인은 '학생지도' 항목 중 '진로 및 취업지도'(10점 배점)에 대한 점수산출이 불합리하다고 주장한다.

이 항목에 대한 점수 부여는 졸업인원 및 취업률에 근거하여 다음과 같이 점수를 부여하기로 되어 있다. (교원업적평가시행규칙 별표1-2)

취업률 졸업인원	60% 미만	60% 이상 ~65% 미만	65% 이상 ~70% 미만	70% 이상 ~75% 미만	75% 이상 ~80% 미만
40 이하	1	2	3	4	5

한편, 청구인이 소속한 ○○연출과는 2011년에는 23명이 졸업하여 취업률 26.1%, 2012년에는 18명이 졸업하여 취업률 20%, 2013년에는 11명이 졸업하여 취업률 36.36.%를 취득하였다. [교원업적평가자료(2012, 2013년) 및 교원업적평점총괄표(2011년)]

그렇다면 청구인은 2011년부터 2013년까지 모두 해당부분에서 1점

을 취득하였어야 하나, 피청구인은 청구인에게 2011년 5점[12], 2012
년 1.6점, 2013년 1점을 부여하여 오히려 청구인에게 유리한 점수
가 부여된바, 이 항목에 대한 청구인의 주장은 이유 없다.

2) 청구인은 '학교발전 기여도' 항목 중 '학생모집 및 입시활동'(10점 배
점)의 산출기준이 높게 책정되어 불합리하다고 주장한다.
이 항목에 대한 점수 부여는 입학정원 및 입학률에 근거하여 다
음과 같이 점수를 부여하기로 되어 있다. (교원업적평가시행규칙 별
표1–3)

입학률 입학정원	68% 미만	68% 이상 ~74% 미만	74% 이상 ~80% 미만	80% 이상 ~86% 미만	86% 이상 ~92% 미만
40 이하	1	2	3	4	5

그런데 재임용평가항목 및 배점은 피청구인의 고유재량 영역에 해
당하는바, 위 점수 산정표에 따른 입학률 구간 및 구간에 따른 배
점이 특별히 부당하다고 보이지 않는다.
한편 청구인이 소속한 ○○연출과는 2011년, 2012년은 40명의 입
학정원에 각 23명, 20명이 입학하여 입학률 57.5%, 50%를 보이
고, 2013년은 35명의 입학정원에 29명이 입학하여 입학률 82.86%
를 보인다. [교원업적평가자료(2012, 2013년) 및 교원업적평점총괄표
(2011년)]
이를 근거로 할 때, 청구인이 해당 항목에서 2011, 2012년에 각 1
점, 2013년에 4점을 부여받은 것은 그 산출 방법에도 하자가 없는
바, 해당 항목에 대한 청구인의 주장은 이유 없다.

---

12) 피청구인은 2011년 전체학과의 취업률이 낮아 취업률 최고치와 최저치의 편차를 10등급으로 균
등분할하여 등급별 점수를 부여하고 취업률을 적용하여 다시 평정점을 구한바, 청구인 소속의
○○연출과는 취업률 '27.25.미만~21.8.' 구간에 속하여 5점을 부여받음. (2011년 교원업적평점
총괄표, 별도 내부규정에 의한 적용)

3) 청구인은 2013년도 교육부 민원을 이유로 경고조치 및 이에 근거
   한 감점 3점이 부당하다고 주장한다.

   그러나 경고장에 따를 때, 피청구인은 청구인이 교육부에 민원을
   제기한 것 때문에 경고를 하였다기보다는 복무자세 등을 이유로
   경고를 한 것으로 보여 경고가 부당하다고 보이지 않는다.

   가령 위 경고가 부당하다고 하여 이를 전제로 3점의 감점 없이 청
   구인의 교원업적점수를 재산정해 보더라도, 청구인의 2013년도 점
   수는 60점, 3년 평균 교원업적평가는 57.5점이 되어 여전히 재임용
   기준 점수에 미달한다.

4) 청구인은 피청구인이 재임용 기준 미달자인 김○○ 조교수를 재임
   용하여 청구인과 형평성에 문제가 있다고 주장한다.

   그러나 이사회는 김○○이 소속학과(○○애니메이션학과)의 폐과로
   2012. 3. 1. ○○예술치료과 및 2013. 3. 1. ○○복지상담과로 재배
   치되었으나, 해당학과 입시활동 및 교과배당을 전혀 받지 못하여
   평가점수가 낮은 점을 고려하여 2년의 재임용을 의결한바(이사회
   회의록, 2013. 12. 20.), 그 의결에 합리적인 사유가 있다고 할 것이어
   서 청구인의 주장은 이유 없다.

5) 그렇다면 청구인의 주장은 모두 이유 없고, 피청구인의 이 사건 재
   임용 거부처분은 특별히 재량권을 일탈하거나 남용한 것이라고 보
   이지 아니한다.

5. 결 론

이상에서 살펴본 바와 같이, 청구인의 주장은 모두 이유 없고 청구인
이 교원업적평가에서 3년 평균 56.5점을 취득하여 재임용 기준인 60점
에 미달한 것은 사실인바, 피청구인이 이 사건 재임용 거부처분을 함에
있어 재량권을 일탈하거나 남용한 것이라고 볼 수 없어 주문과 같이 결
정한다.

제출기간 미준수

사례 06

처분요지	해당교원은 연구업적이 100% 미만이므로 0점에 해당하여 재임용 기준에 부적합함
결정요지	피청구인의 이 사건 재임용 거부처분은 청구인이 임기 내에 생산, 제출한 저서를 제출기한 미준수만을 이유로 별도의 평가 없이 실적으로 인정하지 아니한 것이어서 위법함
관련규정	「사립학교법」 제53조의2

청 구 인　소속　　○○대학교

　　　　　　성명　　임○○　직위 조교수

　　　　　　대리인 법무법인 ○○ 변호사 김○○ 외 4

피 청 구 인　학교법인 ○○학원

　　　　　　대리인 변호사 이○○

　피청구인이 2013. 12. 30. 청구인에게 한 재임용 거부처분에 대하여 청구인이 2014. 1. 16. 이의 취소를 구하는 소청심사청구를 하여 우리 위원회는 심사를 거쳐 다음과 같이 결정한다.

－ 주　　문 －

피청구인이 2013. 12. 30. 청구인에게 한
재임용 거부처분을 취소한다.

- 이   유 -

1. 사건의 개요

청구인은 2010. 3. 1. ○○대학교에 4년을 기간으로 하여 조교수로 임용되어 근무하던 중, 연구업적 100% 미만으로 0점을 취득하였다는 이유로 피청구인에게서 2013. 12. 30. 재임용 거부통보를 받았다.

이에 대하여 청구인은 연구실적 100%에 해당하는 저서를 피청구인에게 제출하였으므로 재임용 거부가 부당하다는 주장을 하며 2014. 1. 16. 이의 취소를 구하는 소청심사를 청구하였다.

2. 처분 사유

가. 연구업적 100% 미만으로 0점을 취득한바, 교원업적평가규정 제14조 제2항에 의거 재임용 기준에 부적합하다.

나. 귀하는 교원업적평가 결과 이의신청 시 누락된 연구실적물의 도서발간증명서를 제출하였으나 출판예정일이 11. 4.로 교원업적평가규정 제6조 제1항에 명시된 임용기간 만료일 4개월 이전(10. 31.)의 실적물에 해당되지 않아 인정하지 아니한다.

3. 청구인 주장

가. 청구인은 재임용 최소 업적평가기준인 65점을 상회하는 66점의 평가결과를 받았음에도 연구영역 점수 0점으로 인해 재임용 탈락되었는바, 청구인은 2013. 11. 4. 출판예정의 전공 관련 저서(연구실적 100%에 해당)를 피청구인에게 실적으로 제출하였으므로 '조교수 재임용 평가점수'에 의해 연구업적으로 16점을 부여받아야 한다.

나. 교원업적평가규정의 재임용 기준에는 연구영역의 점수를 취득하지

못한 교원에게 재임용 거부를 할 수 있다고 되어 있지 반드시 재임용 거부를 해야 하는 것이 아닌바, 위 해당 조항이 신설되어 익숙하지 아니한 점, ○○대학교가 실무위주의 대학인 점, 청구인이 정년이 보장되는 조교수인 점 등에 비추어 볼 때 피청구인의 재임용 거부결정은 재량권을 일탈·남용한 행위이다.

4. 판 단

가. 사실관계

1) 피청구인은 청구인을 임기 4년(2010. 3. 1. ～ 2014. 2. 28.)으로 하여 ○○대학교 조교수로 임용하였다.

2) 평가인사팀은 2013. 9. 1. 청구인에게 계약기간 만료 및 재임용 신청을 안내하였다.

3) 청구인은 2013. 9. 30. 재임용 신청서를, 2013. 10. 8. 업적평가실적을 기획처 평가인사팀으로 제출하였다.

4) 기획처장은 2013. 10. 23. 청구인에게 임용기준 미충족(교원업적평정결과 총점 66점, 연구영역 0점)을 통보하였고 아울러 이의신청에 대한 안내를 하였다.

5) 청구인은 2013. 10. 28. 이의신청을 하면서 2013. 11. 4.자 발간예정 저서를 연구실적물로 제출하였다.

6) 기획처장은 2013. 11. 5. 청구인에 대한 업적 재평가 결과가 종전과 동일함(총점 66점, 연구영역 0점)을 통보하고 인사위원회에 의견 진술할 수 있음을 안내하였다.

7) 청구인은 2013. 11. 7. 저서(○○○)를 연구실적물로 학교 측에 제출하였다.

8) 교원인사위원회는 2013. 11. 20. 청구인의 출석 진술을 들은 뒤 청
구인에 대해 재임용 미제청으로 심의하였다.

9) 총장은 2013. 11. 28. 피청구인에게 청구인에 대한 재임용 불가로
제청을 하였다.

10) 이사회는 2013. 12. 26. 청구인에 대한 재임용 거부의결을 하였고,
피청구인은 2013. 12. 30. 청구인에게 재임용 거부통보를 하였다.

나. 피청구인의 재임용 심사기준

○○대학교 교원업적평가규정 제6조 제1항, 제14조에 따르면, 재임용
대상 교원은 임용기간 만료일 4개월 전까지 교원업적평가실적을 교무
처장에게 제출하고 다만, 잔여기간에 발생한 실적이나 증거물의 인쇄
가 늦어지는 경우에는 익년도 실적으로 제출할 수 있도록 하고 있다.
또한, 위 규정에 따르면 재임용에 필요한 최소업적평가 점수는 100
점 만점 중 65점 이상이되, 연구영역의 점수를 취득하지 못한 교원(0
점 취득자)에 대해서는 최소업적평가 점수를 초과하더라도 재임용하지
않을 수 있도록 하고 있다.

다. 재임용 거부의 타당성 여부

1) 피청구인은 청구인이 제출한 저서(○○○)가 학내 규정에 따른 실적
물 제출기한(2013. 10. 31.)을 넘어서 생산, 제출된 것이어서 연구실
적으로 인정할 수 없다는 입장을 취하고 있다.

그러나 사립학교법 제53조의2 제4항, 제6항에 따르면 재임용에 관
한 교원인사위원회의 심의는 임기만료일 4개월 전부터 임기만료일
2개월 전까지 최소한 1개월 반 동안에 이루어지게 되고, 그 1개월
반 동안에 재임용 대상자의 소명을 포함하여 제반 자료를 바탕으
로 학칙이 정하는 사유에 근거하여 재임용 심사항목을 평가하는
것이므로, 최소한 재임용 여부를 통보하게 되는 임용기간 만료일

로부터 2월 전까지의 실적은 평가가 가능하다고 할 것이다. (서울행
정법원 2008. 6. 12. 선고 2008구합2705판결 참고)

나아가 임기만료 4개월 전부터 재임용 심의절차를 개시하도록 규
정한 사립학교법 제53조의2 제4항은 재임용에 관한 교원의 지위를
절차적으로 보장하기 위한 취지일 뿐, 임용기간 내의 연구업적을
배제시키려는 취지는 아니라 할 것이다.

이 사건에서 청구인은 해당 저서를 학내 규정에 따른 제출기한인
2013. 10. 31.보다 7일 늦은 2013. 11. 7. 제출하였는바, 이 저서는
임용기간 만료일(2014. 2. 28.)로부터 3개월 이상 전에 생산, 제출된
연구업적이어서 임기 만료일로부터 2개월 전에 재임용 여부를 결
정하는 데 아무런 지장이 없다고 보인다.

그렇다면 피청구인이 제출기한의 준수 여부로 임용기간 내에 생산
된 청구인의 저서를 평가에서 배제하여 재임용을 거부한 것은, 재
량권을 일탈하거나 남용한 것으로 위법하다.

2) 한편, 피청구인은 청구인이 3년 이상 연구실적을 내지 못하다가 이
사건 재임용 심사시기에 즈음하여 급하게 연구실적을 생산, 제출
하였다는 점에서 표절의혹을 제기하고 있다.

그러나 피청구인은 교원인사위원회, 이사회의 의결 등 이 사건 재
임용거부처분 과정에서 청구인의 저서에 대해 표절 여부를 심리
한 사실이 없다.

결과적으로 피청구인은 청구인이 제출기한 내 연구 실적물을 제
출하지 아니하였다는 사유로 해당 저서에 대한 구체적인 평가 없
이 바로 재임용 거부를 한 것으로 보이고, 청구인 저서가 표절에
해당하여 연구 실적물로 인정할 수 없다는 취지에서 재임용 거부
를 한 것은 아니라고 보인다.

따라서 해당 저서가 표절에 해당하는지 및 연구실적물로 인정이
될 수 있는지는 별론으로 하더라도, 피청구인이 제출기한의 미준

수만으로 재임용 거부를 한 것은 재량권을 일탈 또는 남용하여 위법하다고 할 것이다.

또한, 청구인은 해당 저서가 평가에서 배제되면서 피청구인이 주장하는 표절에 대한 소명기회도 부여받지 못하였으므로, 이 사건에서는 표절을 이유로 한 가정적인 판단도 현재로써는 부적절하다고 보인다.

5. 결 론

이상에서 살펴본 바와 같이, 피청구인의 이 사건 재임용 거부처분은 청구인이 임기 내에 생산, 제출한 저서에 대해 별도의 평가를 진행함이 없이 제출기한 미준수만을 이유로 위법하게 행해진 것이어서 주문과 같이 결정한다.

변경된 기준의 적용시점

처분요지 연구실적 기준(200%) 미충족으로 재임용 거부함

결정요지 피청구인의 재임용 거부처분은 사전에 청구인에게 소명기회를 부여하지
아니하여 사립학교법 규정을 위배하였고, 구 교원인사규정 및 구 시행세
칙에 의해 청구인의 박사학위 논문을 연구 실적으로 평가할 수 있음에도
이를 배제한 것이어서 부당함

관련규정 「사립학교법」 제53조의2 제7항

청 구 인　소속　　○○대학교

　　　　　성명　　조○○　　직위 조교수

　　　　　대리인 법무법인 ○○ 변호사 정○○ 외 2

피 청 구 인　학교법인 ○○학원

　　　　　대리인 법무법인 ○○ 변호사 윤○○

　피청구인이 2013. 12. 27. 청구인에게 한 재임용 거부처분에 대하여
청구인이 2014. 1. 27. 이의 취소를 구하는 소청심사청구를 하여 우리
위원회는 심사를 거쳐 다음과 같이 결정한다.

- 주　문 -

피청구인이 2013. 12. 27. 청구인에게 한
재임용 거부처분을 취소한다.

- 이　　유 -

1. 사건의 개요

청구인은 2012. 3. 1. ○○대학교에 전임강사로 2년을 임용기간으로 하여 재임용되어 근무하던 중, 연구실적 기준(200%) 미충족을 이유로 피청구인에게서 2013. 12. 27. 재임용 거부통보를 받았다.

이에 청구인은 교원인사위원회에 재심청구를 제기하는 한편, 2014. 1. 27. 우리 위원회에 위 재임용 거부에 대해 취소를 구하는 소청심사를 청구하였다.

2. 처분 사유

연구실직 기준(200%) 미충족으로 재임용을 거부한다.

3. 청구인 주장

가. 피청구인은 재임용 탈락 통지를 하기 전까지 청구인에게 소명기회를 부여하지 아니하였는바, 절차상 하자가 있다.

나. 청구인은 2012. 2. 박사논문을 발표한 연구 실적이 있으나, 피청구인은 위 실적이 청구인의 재임용기간(2012. 3. 1. ~ 2014. 2. 28.) 중 발표된 실적이 아니라는 이유로 재임용을 거부하였다.

그런데 제정(2012. 1. 1.)된 교원재임용시행세칙은 그 부칙에서 현재 임용 중인 교원에게 2년간 그 시행을 유예하도록 되어 있어 청구인과 같이 임용 중인 교원은 그 세칙이 2014. 3. 1.부터 시행되는바, 이 사건 재임용 여부 결정은 2013. 12.에 이루어졌으므로 구 규정이 적용되어야 한다.

구 규정에 따르면 학위논문은 임용기간과 상관없이 연구실적으로 인정하도록 되어 있고 박사학위 논문은 200%의 실적을 인정하므로 재임용 거부는 부당하다.

다. 교원인사규정의 개정과 관련하여

1) 교원인사규정도 학칙이므로 그 개정을 위해 사립학교법 제26조의 2항에 따른 대학평의원회의의 심의를 거쳐야 하나 이를 거치지 아니하였다.

2) 구 교원인사규정에 있던 "학위논문은 기간과 관계없이 평가한다."가 신 규정에서 삭제된 것은 인사위원회의 확인 부족에 따른 실수일 뿐 인사위원회에서 따로 논의되어 의도적으로 삭제한 사항이 아니다.

3) 개정된 교원인사규정을 적용하면, 청구인은 학위논문을 연구실적물로 인정받을 수 있는 기회를 완전히 박탈당하게 된다.

4. 판 단

가. 사실관계

1) 피청구인은 2010. 3. 1. 청구인을 전임강사로 재임용(2년)하였고, 2012. 1. 1. 피청구인 측의 「교원인사규정」 및 「교원재임용시행세칙」이 개정되었다.

2) 청구인은 2012. 2. 박사논문을 발표하였고, 청구인은 임기 2년(2012. 3. 1. ~ 2014. 2. 28.)의 전임강사로 재임용되었다.

3) 교원인사위원회는 2013. 11. 말 청구인의 박사논문을 연구실적으로 인정하고 청구인에 대한 재임용에 동의하였다.

4) 이사회는 2013. 12. 26. 청구인의 박사논문을 연구실적으로 인정하지 아니하면서 재임용을 거부하는 것으로 의결하였다.

5) 피청구인은 2013. 12. 27. 청구인에게 재임용 탈락 통지를 하였고, 교원인사위원회에 재심을 청구할 수 있음을 고지하였다.

6) 한편, 교원인사위원회는 청구인에 대한 재심을 진행하였고 2014. 1. 14. 청구인의 소명서 확인 및 출석 진술을 들은 뒤 청구인을 재임용 기준 미충족자로 보되, 피청구인에게 청구인에 대한 연구실적 평가를 유예하도록 건의하기로 심의하였다.

7) 청구인은 2014. 1. 27. 피청구인의 2013. 12. 27.자 재임용 거부처분의 취소를 구하는 소청심사를 청구하였다.

8) 이사회는 2014. 1. 27. 청구인에 대해 재임용 거부의결을 하였고, 피청구인은 2014. 1. 29. 청구인에게 재임용 거부통보를 하였다.

나. 이 사건 재임용 거부처분의 특정

이미 살핀 바와 같이 피청구인은 2013. 12. 27. 청구인에게 재임용 거부를 통보한 후 재심의 과정을 거쳐 2014. 1. 29. 다시 청구인에게 재임용 거부통보를 하였다.

그런데 2013. 12. 27.자 재임용 거부통보를 보면, 피청구인은 청구인에 대해 연구실적 기준 미충족을 이유로 재임용 탈락을 통보하면서 일주일 이내에 교원인사위원회에 재심을 청구할 수 있다는 것을 안내하고, 아울러 "본 통지서를 받은 날로부터 30일 이내에 교원소청심사위원회 심사청구가 가능합니다."라고 적시하고 있다.

한편, 사립학교법 제53조의2 제6항에 따르면 "재임용 심의를 신청받은 임면권자는 제53조의3의 규정에 의한 교원인사위원회의 재임용 심의를 거쳐 당해 교원에 대한 재임용 여부를 결정하고 그 사실을 임용기간 만료일 2월 전까지 당해 교원에게 통지하여야 한다."라고 규정하고 있다.

그런데 이미 살펴본 바와 같이 교원인사위원회는 이미 2013. 11. 말

청구인에 대한 재임용 심의를 진행한 바 있고, 이후 이사회가 2013. 12. 26. 청구인에 대해 재임용을 거부하는 것으로 의결하고 피청구인이 청구인의 임기 만료일 2월 전인 2013. 12. 27. 청구인에게 재임용 탈락 통지를 하였다.

그렇다면 사립학교법 규정에 따른 재임용 여부 결정의 통보시한, 2013. 12. 27.자 재임용 거부통보의 경위, 통보 내용에 적시된 사후 구제수단 안내 등을 종합적으로 비추어 볼 때, 청구인에 대한 재임용 거부처분은 2013. 12. 27.에 있었다고 보인다.

다. 피청구인의 재임용 기준

1) 교원인사 규정의 개정

현 교원인사관리규정 제15조 제2항은 재임용 심사기준 및 시행절차는 세칙으로 정하도록 하고 있으며, 같은 규정 별지 제1호 서식의 '연구실적물 심사지침'에 의하면, 재임용 시 연구실적물은 현 직급 임용기간 내 발표한 것을 평가대상으로 하고, 박사학위 취득논문의 연구실적물 인정환산율은 200%이다.

구 「교원인사규정」 별지 제1호 서식의 '연구실적물 심사지침'에 따르면 "연구실적물은 기간제 임용 시에는 현 직급 임용기간 내 발표한 연구실적을 평가대상으로 한다.(단, 학위논문은 기간과 관계없이 평가한다.)"고 되어 있는바, 이는 2012. 1. 1. 전면 개정되면서 이 내용 중 괄호의 단서 부분이 삭제되어 나머지 부분만으로 「교원인사관리규정」 별지 제1호 서식에 규정되었다.

한편, 교원인사관리규정은 제15조 제3항에서 "재임용 기준의 변경이 있을 경우 변경된 기준은 유예기간을 두고 시행한다. 변경된 날로부터 2년 후에 적용한다."고 규정하고 있는 한편, 2012. 1. 1.자 전면개정과 관련하여 부칙은 그 시행일을 2012. 1. 1.로 규정하였다.

2) 교원재임용시행세칙의 개정

교원재임용시행세칙 제6조 제3항 및 별지 제7호 서식, 제7조에 따를 때, 청구인과 같은 일반 전임교원 재임용 대상자가 재임용이 되려면 필수 항목[① 연구 논문실적 200% 이상(교원인사규정 별지 제1호 서식), ② 자기개발연수, ③ 위원회 활동 요건]을 충족하고, 아울러 다른 항목까지 종합평가한 결과가 매년 평균 18점(20점 배점) 이상 또는 임용기간 내 평균 18점(20점 배점) 이상이어야 한다. 한편 이 시행세칙은 2012. 1. 1. 개정되면서 부칙에서 "본 세칙은 2012. 3. 1.부터 시행한다. 단, 현재 임용 중인 교원의 경우에 대해서는 그 시행을 2년간 유예한다."라고 규정하고 있다.

라. 청구인에 대한 재임용 심사결과

청구인의 임용기간은 2012. 3. 1. ~ 2014. 2. 28.이고, 청구인은 임용기간 전인 2012. 2. 박사학위 논문을 취득하였을 뿐, 임기 동안 다른 연구실적물은 생산하지 못하였다.

청구인은 관련 규정에 따른 재임용 심사결과, 평균 20.3점을 취득하였으나 필수항목인 연구실적기준을 충족하지 못하여 피청구인에게서 재임용 거부되었다.

마. 재임용 거부의 절차상 하자 유무

피청구인은 2013. 12. 27. 청구인에게 재임용 거부통보를 하기까지 재임용 평가와 관련하여 별도로 소명기회를 부여하지 아니하였고 이는 양 당사자 사이에 다툼이 없다.

그렇다면 피청구인의 이 사건 재임용 거부에는 사립학교법 제53조의2 제7항을 위배한, 절차상 하자가 있다.

피청구인은 재임용 거부에 대한 재심의 과정에서 2014. 1. 14. 청구인에게 의견진술기회를 부여하였으나, 이미 살펴본 바와 같이 이 사건 재임용 거부처분일은 2013. 12. 27.이므로, 2014. 1. 14.자 의견진술기

회는 재임용 거부처분 이후에 행해진 것일 뿐 재임용 거부처분 이전
에 사전 절차로서 진행된 소명기회라고 보기 어렵다.

바. 재임용 거부의 타당성 여부

1) 청구인은 교원인사규정도 학칙이므로 그 개정을 위해 사립학교법
   제26조의 2항에 따른 대학평의원회의의 심의를 거쳐야 한다고 주
   장하나, 법원은 대학평의원회의의 심의를 거쳐야 하는 학칙은 고
   등교육법 제6조의 학교규칙에 한정하는 것으로 해석(대법원 2011. 1.
   13. 선고 2010두4995판결)하고 있으므로 청구인의 주장은 이유 없다.

2) 청구인은 구 교원인사규정에 있던 "학위논문은 기간과 관계없이
   평가한다."가 신 규정에서 삭제된 것은 인사위원회의 확인 부족에
   따른 실수라고 주장하나, 객관적인 증거가 부족하여 이를 인정하
   기는 어렵다.

3) 청구인에게 적용되는 재임용 심사 관련 규정

가) 청구인은 개정된 교원인사관리규정 및 교원재임용시행세칙의 부
    칙을 들어, 청구인과 같이 임용 중인 교원에 대해서는 '학위논문
    의 무기한 인정'이 2014. 3. 1.부터 배제되는바, 이 사건 재임용 여
    부 결정은 2013. 12.에 이루어졌으므로 이 사건에서는 구 교원인사
    규정 및 구 시행세칙이 적용되어야 한다고 주장한다.

나) 이에 대해 피청구인은 개정된 규정은 2012. 3. 1.자 신규임용 교원
    에게는 바로 적용하는 반면, 개정 당시 임용 중인 교원에 대해서
    는 2014. 3. 1.자 재임용 대상 교원부터 적용하고자 한 것이므로
    2014. 2. 28.자 임기만료 교원인 청구인에게 해당 규정이 적용된다
    고 답변하고 있다.

다) 그러나 위 부칙의 문언 자체는 "본 세칙은 2012. 3. 1.부터 시행한
    다. 단, 현재 임용 중인 교원의 경우에 대해서는 그 시행을 2년간

유예한다.”라고만 규정하고 있을 뿐, 재임용 대상자의 차기 임용
시작일을 적용 시점으로 규정하고 있지 아니하다.

오히려 변경된 재임용 기준이 2014. 3. 1. 이후 재임용 심사를 하
게 되는 시기부터 적용되는 것으로 해석하는 것이 자연스럽다고
할 것이고, 만일 피청구인 주장대로 2014. 3. 1.자 재임용 대상자
부터 해당 규정을 적용하는 것으로 본다면 통상 재임용 심사시기
는 임기 만료일보다 2개월 이상 전인 2013. 12.경이 되므로 사실상
유예기간이 2년보다 단축되는 셈이라 할 것이어서 해당 교원에게
불리한 면도 있다고 보인다.

그렇다면, 이 사건 재임용 심사가 2013. 12.에 이루어진 점을 들
어 구 규정이 적용되어야 한다는 청구인의 주장은 이유 있다고
할 것이다.

4) 청구인의 박사논문이 연구실적에 해당되는지 여부

따라서 청구인의 박사논문은 구 규정에 의해 연구실적으로 평가
되어야 할 것으로 보인다.

가령 피청구인의 답변대로 해당 부칙 규정을 2014. 3. 1.자 재임용
대상자부터 적용함이 타당하다고 하더라도, 피청구인이 청구인의
박사논문을 연구실적으로 평가하지 아니한 것은 다음과 같은 이
유로 부당하다.

교원재임용시행세칙 제6조 제1항에 의하면, 재임용 심사 시 교원
인사위원회는 재임용 예정 4개월 전까지의 실적만을 평가하게 되
므로 임기만료 4개월 전부터 임기만료 시까지의 실적은 평가에서
제외되는바, 재임용 대상자의 실제 임기와 평가대상기간 사이에는
차이가 발생하게 된다.

이는 사립학교법 제53조의2 제4항, 제6항이 임면권자로 하여금 기
간제 대학교원에게 임기만료일 4월 전까지 임기만료의 사실과 재
임용 심의를 신청할 수 있음을 통보하고, 재임용 심의를 거쳐 임용

기간 만료일 2개월 전까지 재임용 여부 결정을 통보하도록 규정함으로써, 기간제 교원의 임기와 평가대상기간의 불일치를 예정하고 있는 것에 비추어 볼 때 부당하다고 보기는 어렵다.

다만 이렇게 되면 임기 내의 실적임에도 평가에서 누락되는 불이익이 발생할 수 있으므로, 이미 과거에 재임용되었다가 다시 임기가 만료되어 재임용 심사를 받게 되는 교원은, 과거 재임용기간 중 평가대상에서 제외된 4개월 동안 발생한 실적을 다음 회 재임용 평가기간의 실적으로 반영함이 타당하다.

청구인은 이미 2010. 3. 1. ~ 2012. 2. 28. 한 차례 재임용되었던 자로서 재임용 평가 당시 재임용 예정 4개월 전인 2011. 10. 31.까지의 실적만으로 평가를 받았으므로, 평가에서 누락된 2011. 11. 1. ~ 2012. 2. 28.의 실적은 다음 회 재임용 심사 시 평가기간의 실적으로 산입되어야 할 것이다.

그렇다면 청구인의 임기는 2012. 3. 1. ~ 2014. 2. 28.이나, 그 평가대상기간은 2011. 11. 1. ~ 2013. 10. 31.이고, 청구인이 2012. 2. 취득한 박사학위 논문은 위 평가대상 기간 내의 실적에 해당하므로 연구 실적으로 평가되어야 한다.

5. 결 론

이상에서 살펴본 바와 같이, 피청구인의 2013. 12. 27.자 재임용 거부처분은 사전에 청구인에게 소명기회를 부여하지 아니하여 사립학교법 제53조의2 제7항 후문을 위배하였고, 나아가 구 교원인사규정 및 구 시행세칙에 의해 청구인의 박사학위 논문을 연구 실적으로 평가할 수 있음에도 이를 배제한 것이어서 부당하여 주문과 같이 결정한다.

온라인게재예정증명서에 의한 연구실적

사례 08

처분요지	재계약 요건(연구실적) 미충족으로 재계약 불가함
결정요지	총장이 청구인의 임기만료일인 하루 전에야 재계약 불가의 처분을 한 것은 절차상 하자가 있고, 청구인 제출의 'Mag○○○ 논문'과 'Mic○○○ 논문'은 SCIE급 국제규모학술지인 Geoscience Journel에 게재예정 증명되어 연구실적으로 인정됨이 타당하므로 재임용 거부처분은 위법함
관련규정	「교육공무원법」 제11조의3 제4항

청 구 인 소속   전) ○○대학교

성명   신○○   직위 조교수

대리인 법무법인 ○○○종합법률사무소 변호사 서○○외 2

피 청 구 인   ○○대학교 총장

피청구인이 청구인에게 한 재임용 거부처분에 대하여 청구인이 2014. 3. 5. 이의 취소를 구하는 소청심사청구[13]를 하여 우리 위원회는 심사를 거쳐 다음과 같이 결정한다.

– 주 문 –

청구인의 주위적 청구를 각하하고,
피청구인이 2014. 2. 27. 청구인에게 한
재임용 거부처분을 취소한다.

---

13) 청구인은 애초 피청구인의 2014. 12. 23.자 재임용 거부처분의 취소를 구하다가, 2014. 6. 20. 청구취지를 변경하여 주위적으로는 피청구인의 2013. 12. 23.자 재임용 거부처분의 취소를 구하고, 예비적으로 피청구인의 2014. 2. 27.자 재임용 거부처분의 취소를 구하였다.

1. 사건의 개요

청구인은 2010. 3. 1. ○○대학교 교원으로 신규 채용되어 근무하던 중, 재임용 심사에서 연구업적 중 'SCI급 학술지 또는 국제지 논문 점수'가 기준 점수에 미달한다는 이유로 피청구인에게서 2014. 2. 27. 재임용 거부처분을 받았다.

이에 대하여 청구인은 이 재임용 거부처분이 부당하다고 주장하며, 2014. 3. 5. 이의 취소를 구하는 취지의 소청심사를 청구하였다.

2. 처분 사유

신○○ 교수의 재계약 불가 이의신청 건에 대하여 인사위원회에서 심의한 결과, 재계약 요건(연구실적) 미충족으로 "재계약 불가"로 결정되었기에 이를 알려드리니, 해당 교원에게 통지하여 주시기 바랍니다. (총장의 자연과학대학장에 대한 2014. 2. 27.자 전달 요청 통보)

3. 청구인 주장

피청구인은 연구논문 실적에 대해 '2013. 12. 31. 이전 원본 미발간 시는 논문게재예정 증명 및 별쇄본'을 제출하면 된다고 공시하고 있다.

이에 청구인은 SCIE급 국제규모학술지인 Geoscience Journel(온라인 학술지)에 게재 승인되어 게재예정증명서를 발급받은 두 편의 논문을 피청구인에게 연구실적으로 제출하였는바, 위 두 논문이 연구실적으로 인정되면 청구인의 전체 실적은 818점, SCI급 연구실적은 420점이 되어 재임용 기준을 충족하게 됨에도 피청구인은 위 두 논문을 연구실적으로 인정하지 아니하였다.

위 게재예정증명논문도 교원인사규정 및 임용계획에 의할 때 '현 직급 재직기간 중의 업적'으로 당연히 연구실적 심사 대상으로 포함되어야 하며, ○○대학교 교원인사에 관한 관련규정상 온라인 출판물을 제외한다는 규정이 없으므로 위 게재예정증명논문도 연구실적물로 당연히 인정되어야 한다.

4. 판 단

가. 사실관계

1) 청구인은 2010. 3. 1. ○○대학교 조교수로 신규임용되었는바, 그 임기는 4년(2010. 3. 1. ~ 2014. 2. 28.)이다.

2) 총장은 2013. 10. 25. 단과대학상 등에게 재계약 기회을 안내하였다.

3) 청구인은 연구실적으로 2편의 논문게재예정증명서 (Mag○○○논문, Mic○○○ 논문)과 7편의 게재논문을 피청구인에게 제출하였다.

4) 교원인사위원회는 청구인에게 별도의 소명기회를 부여하지 아니한 채 2013. 12. 19. 청구인에 대해 재계약 불가로 심의하되, 청구인이 이의신청을 할 경우 재심의하기로 심의하였다.

5) 총장은 2013. 12. 23. 자연과학대학장을 통해 청구인에게 2014. 3. 1.자 재계약 불가 통보를 하였다.

6) 청구인은 2013. 12. 31. 총장에게 재계약 불가에 대한 이의신청을 제기하였다.

7) 총장은 2014. 1. 3. 산학연구처장(연구진흥과장)에게 청구인의 'Mag○○○ 논문'이 연구업적으로 인정될 수 있는지에 대한 심사의뢰를 하였다.

8) 산학연구처장은 2014. 1. 8. 교무처장에게 심사의뢰 내용에 대한

회신을 하였다.

9) 총장은 2014. 2. 17. 청구인에게 인사위원회 개최일 통보 및 소명
기회를 안내하였다.

10) 교원인사위원회는 2014. 2. 20. 청구인의 출석 소명을 들은 뒤
2014. 2. 24. 청구인에 대해 재임용 부동의로 심의하였다.

11) 총장은 2014. 2. 27. 자연과학대학장을 통해 청구인에게 이의신청
에 대한 결과 및 재계약 불가를 통보하였다.

12) 청구인은 2014. 3. 5. 교원소청심사위원회에 재임용 거부의 취소
를 구하는 소청심사를 청구하였다.

나. 주위적 청구에 대한 판단

1) 청구인은 애초 피청구인의 2014. 12. 23.자 재임용 거부처분의 취
소를 구하다가, 2014. 6. 20. 청구취지를 변경하여 주위적으로는
피청구인의 2013. 12. 23.자 재임용 거부처분의 취소를 구하고, 예
비적으로 피청구인의 2014. 2. 27.자 재임용 거부처분의 취소를 구
하였다.

2) 이 사건 재임용 거부처분의 특정

가) 총장이 2013. 12. 23. 자연과학대학장을 통해 청구인에게 2014.
3. 1.자 재계약 불가 통보를 한 사실, 이에 청구인이 2013. 12. 31.
총장에게 이의신청을 한 사실, 인사위원회가 2014. 2. 20. 청구인
의 출석 소명을 들은 뒤 2014. 2. 24. 청구인에 대해 재임용 부동
의로 재심의한 사실, 총장이 2014. 2. 27. 자연과학대학장을 통해
청구인에게 재계약 불가로 통지한 사실은 이미 살펴본 바와 같다.

나) 한편, 「○○대학교 교원인사에 관한 규정」은 제30조에서 재계약
절차를 규정하고 있는바, 같은 조 제3항 내지 제6항에 따르면 총

장은 교원인사위원회의 심의를 거쳐 해당 교원에게 재임용 여부를 통보하도록 되어 있고, 해당 교원이 이의신청을 하면 비로소 인사위원회의 재심의에서 해당 교원에게 의견진술기회를 부여하며, 인사위원회의 재심의 결과는 이의신청자에게 통보하도록 규정되어 있다.

따라서 「○○대학교 교원인사에 관한 규정」 제30조는 규정 자체에서 해당 교원의 이의신청 여부에 따라 해당 교원에 대한 소명기회 여부가 결정되고 임명권자의 재차 재임용 여부 결정 통보 의무가 발생할 여지가 있다고 할 것이다.

다) 그렇다면 이러한 ○○대학교 규정이 교육공무원법 제11조의3 제4항, 제5항에 위배되는지 여부는 별론으로 하더라도, 피청구인은 적어도 이의신청을 한 자에 대해서는 두 번째 통보로써 재임용 여부에 대한 최종적인 의사표시를 하고자 한 것으로 보인다.

실제 피청구인은 2014. 2. 27. 청구인에게 이의신청에 대한 결과로서 재계약 불가 통보를 하면서 "재계약이 최종 거부된 교원이 거부처분에 대하여 불복하고자 하는 경우에는" 라는 용어를 사용하면서 교원소청심사위원회에 심사 청구를 할 수 있다는 내용을 안내하기도 하였다.

라) 이를 종합해 볼 때, 이 사건에서 청구인의 이의신청 전에 행한 총장의 2013. 12. 23.자 재계약 불가 통보는 청구인에 대한 잠정적인 의사표시일 뿐 종국적인 의사표시로 보기 어렵고, 오히려 청구인의 이의신청 후에 행해진 총장의 2014. 2. 27.자 재계약 불가 통보가 이 사건 소청심사의 대상이 되는 종국적인 의사표시로서 재임용 거부처분이라 할 것이다.

3) 그렇다면 청구인이 교원소청심사위원회에 주위적으로 구하고 있는 피청구인의 2013. 12. 23.자 재임용 거부처분의 취소 청구는 소

청심사의 대상이 아니어서 부적법하다.

또한, 가령 피청구인의 2013. 12. 23.자 재임용 거부처분을 종국처분으로 볼 수 있다고 하더라도, 청구인은 이에 대한 취소 소청을 2014. 3. 5. 제기하였는바, 「교원지위향상을 위한 특별법」 제9조가 정하는 청구기간(처분이 있었던 것을 안 날로부터 30일 이내)을 도과하였으므로 이에 대한 취소 소청은 역시 부적법하다.

다. 예비적 청구에 대한 판단

1) 피청구인의 재임용 기준

「○○대학교 교원인사에 관한 규정」 제28조 및 별표2(재계약·정년보장 심사기준)에 따르면, 5년 이내 임기인 자연계열의 조교수는 다음과 같은 기준을 충족하여야 재임용이 될 수 있다.

직급	교육 및 봉사업적	연구업적[자연계]	비고
5년 이내 조교수	400점 이상	400점 이상 [SCI급 학술지 또는 국제지 논문 200점 이상 (제1저자 또는 교신저자 1편 이상 포함)]	연구업적은 학술논문 및 학술서적만을 인정하되, 교수업적평가 규정에 정하는 〈별표4〉 산학협력업적평가 항목 중 국제특허 및 국내특허에 한하여 최대 50%까지 대체할 수 있다.

한편 「○○대학교 교수업적평가규정」 제6조 및 별표2(연구업적평가), 대학교원승진(상위직급 재계약) 임용계획의 연구실적물 심사기준에 따를 때 '학술논문'에 대한 평가항목 및 인정 점수는 다음과 같다. [학술논문에 대한 공동 저자 수에 따른 인정률은 2인 공동 70%, 3인 공동 60%, 4인 이상 공동은 50%를 인정하여 계산하고, 주 필자(교신저자 및 제1저자, 중복되는 경우에는 하나만 인정)의 경우 계산된 점수에 20%를 가산한다.]

구 분	단독/공동	평 가 항 목		인정점수 (주필)	인정점수 (비주필)
1. 학술논문	단독	국제규모 우수 학술지		200	
		기타 국제규모 학술지		150	
		전국규모 우수 학술지		120	
		기타 전국규모 학술지		70	
		교내 및 기타 학술지		50	
	공동	국제규모	2인 공동	168	140
			3인 공동	144	120
			4인 이상	120	100
		기타 국제규모	2인 공동	126	105
			3인 공동	108	90
			4인 이상	90	75
		전국규모	2인 공동	100.8	84
			3인 공동	86.4	72
			4인 이상	72	60
		기타 전국규모	2인 공동	58.8	49
			3인 공동	50.4	42
			4인 이상	42	35
		교내 및 기타 학술지	2인 공동	42	35
			3인 공동	36	30
			4인 이상	30	25

나아가 이때 '학술논문' 중 '국제규모 우수 학술지'는 국제규모 학술지 중 SCI, SCIE, SSCI, A&HCI의 학술지에 게재된 논문을 의미한다.

2) 청구인에 대한 평가 결과

'2014. 3. 1.자 재계약 대상자 심의 자료'에 의하면, 피청구인은 청구인에게 '교육 및 봉사업적'은 919점을, '연구업적' 중 '총 점수'는 498.4점을 부여하여 청구인이 해당 각 기준점수(400점)를 충족하였다고 보았으나, '연구업적' 중 'SCI급 학술지 또는 국제지 논문 점수'는 100점만 인정하여 기준점수(200점)에 미달하는 것으로 평가하였다.

청구인이 제출한 총 9편의 논문(논문예정증명서 포함)에 대해, 교원 인사위원회가 평가한 구체적인 연구점수 평가결과는 다음과 같다.

연번	논문제목	학술지	출판 시기	저자	규모 등급	평가 결과	평가 점수
1	ㅇㅇ전략	지구물리와 물리 탐사	2010. 8. 31.	공동 (8)	전국규모 우수학술지	합격	60
2	△△비표	지구물리와 물리 탐사	2010. 8. 31.	공동 (8)	전국규모 우수학술지	합격	60
3	ㅁㅁ station	BULLETIN THE SEISMOLOGICAL SOCIETY OF AMERICA	2011. 6. 1.	공동 (4)	국제규모 우수학술지	합격	100
4	◇◇결정	지질학회지	2012. 2. 29.	1st& 책임 (4)	전국규모 우수학술지	합격	72
5	ㅇㅇ분석	지질학회지	2012. 6. 30	공동 (4)	전국규모 우수학술지	합격	60
6	△△관측	지구물리와 물리 탐사	2013.2. 28.	1st& 책임 (3)	전국규모 우수학술지	합격	86.4
7	ㅁㅁ분석	한국지진공학회 논문집	2013. 3. 1.	공동 (4)	전국규모 우수 학술	합격	60
8	Magㅇㅇㅇ	Geosciences Journal	2013.12.16. (게재승인) 2013.12.23. (온라인게재) 2014.3.1. (출판)	1st& 책임 (4)	국제규모 우수학술지	불합격 (온라인 게재내용 으로평가)	0
9	Micㅇㅇㅇ	Geosciences Journal	2013.12.18. (게재승인)	단독	국제규모 우수학술지	평가대상 으로 삼지 아니함 (게재사실 없음)	0
총점							498.4
SCI급 학술지 또는 국제지 논문 점수							100

3) 재임용 거부처분의 절차상 하자 유무

가) 교육공무원법 제11조의3 제4항 전문은, 재임용 심의를 신청받은 임면권자로 하여금 재임용 여부 결정 사실을 임용기간 만료일 2월

전까지 당해 교원에게 통지하도록 하고 있다.

위 규정의 취지는 교원의 경우 학기 단위로 근로계약(임기)이 체결되므로 재임용 탈락 교원에게는 새 학기 전 2개월의 시간적 여유를 보장하여 근로 단절의 불이익을 최소화하고, 학교 당국에게는 다음 학기 학사행정에 차질이 없도록 시간적 여유를 주고자 함이라고 보인다.

나) 그런데 이 사건은 교육공무원 인사위원회가 2014. 2. 24. 청구인에 대해 재임용 부동의로 심의한 후, 총장이 청구인의 임기만료일인 2014. 2. 28. 하루 전인 2014. 2. 27.에야 비로소 재계약 불가의 처분을 하였다.

그렇다면 피청구인의 위와 같은 행위는 강행규정인 교육공무원법 제11조의3 제4항 전문 위반에 해당하는바, 중대한 절차상 하자라 할 것이다.

비록 피청구인이 임기만료일 2개월 전인 2013. 12. 23. 이미 청구인에게 한 차례 재계약 불가 통보를 한 사실이 있다 하더라도, 이는 앞서 살펴본 바와 같이 청구인에 대한 종국처분이 아니어서 이 통보 시점을 기준으로 하여 통지 기한의 준수 여부를 판단하는 것은 부당하며, 가령 이를 종국처분이라고 보더라도 이는 피청구인이 청구인에게 의견진술기회를 부여하지 아니한 채 재계약 불가 통보를 한 것이어서 교육공무원법 제11조의3 제5항 후단 위반에 해당되어 여전히 위법하다고 할 것이다.

4) 온라인 게재예정증명서에 대한 연구실적 인정 여부

가) 피청구인은 청구인이 2013. 12. 18. 게재 승인받은 'Mic○○○논문'은 게재 승인만 있을 뿐 임기만료일까지 온라인이든 오프라인이든 실제로 전혀 게재된 바 없고, 2013. 12. 16. 게재 승인받은 'Mag○○○ 논문'은 청구인의 임기 내인 2013. 12. 23. 게재되기는 하였으나, 오프라인이 아닌 온라인으로 게재되었고 오프라인상으

로는 임기 후인 2014. 3월호에 게재되었으므로 연구실적으로 인정
할 수 없다고 주장하고 있다.

나) 게재예정논문 자체의 실적 인정 여부

「○○대학교 교원인사에 관한 규정」 제28조 제3항은 "재계약·정년
보장 심사기준의 업적산출 기간은 현 직급 재직기간 중의 업적으
로 한다."고 규정되어 있고, '2014. 3. 1.자 승진임용계획' '7. 승진
임용 구비서류'에 의하면 연구실적물에 대해 "2013. 12. 31. 이전
발표된 연구실적물을 원칙으로 하되, 원본 미발간 시는 논문게재
예정증명 및 별쇄본 제출(단, 본교 인사위원회 심의 이전까지 원
본 제출)"이라고 규정되어 있다.

한편, 학술지 게재 논문은 해당 교원이 게재하고자 하는 학술기
관의 심사를 통과한 후 학회지 발간 사정에 비추어 실제 게재까지
장시간이 소요된다고 할 것인바, 해당 교원이 임기 내에 상당한 시
간과 노력을 투입하여 논문의 원고를 작성하고 학술기관으로부터
해당 교원의 논문 게재를 약속받은 경우라면, 연구실적으로 볼
만한 실체가 존재하고 향후 해당 논문의 게재가 충분히 예상되므
로 연구실적으로 인정되어야 할 것이며, 그렇지 아니하면 해당 교
원이 학술기관의 학술지 발간 계획 등의 사정에 따라 게재 지연의
불이익을 감수해야 하는 불합리함이 생기게 된다.

따라서 재임용을 위한 임기 내의 연구실적은 반드시 임기 내에 실
제 논문 게재까지 이루어져야 하는 것은 아니며, 학술기관의 심
사를 통과하여 학술기관으로부터 장래 학술지에 논문을 게재하
겠다는 내용의 논문게재예정증명서를 발급받은 경우에도 연구실
적으로 인정되어야 할 것이고, 당해 재임용 심사에서 연구실적으
로 인정받은 게재예정논문이 차기 재임용 임기 중 학술지에 게재
되면, 임용권자는 차기 재임용 심의 때 이를 연구실적에서 배제
하는 방법으로 동일 실적에 대한 이중 평가를 방지하면 족하다

고 할 것이다.

결과적으로 청구인의 'Mag○○○ 논문'과 'Mic○○○ 논문'은 청구
인의 임기(2014. 2. 28.) 이내인 2013. 12. 16., 2013. 12. 18. SCIE
급 국제규모학술지인 Geoscience Journel에게서 각 게재 승인되
어 게재예정증명서를 발급받았으므로, 실제 임기 내에 게재되었
는지 여부에 상관없이 그 자체로 연구실적으로 인정받을 수 있
다 할 것이다.

그럼에도 불구하고 피청구인은 청구인의 'Mic○○○ 논문'에 대해
서는 임기만료일까지 실제 게재된 사실이 없다는 사정만으로 아
예 연구업적의 심사대상으로 삼지도 아니하였고, 'Mag○○○ 논
문'에 대해서는 청구인의 임기 내인 2013. 12. 23. 온라인 게재되었
다는 이유로 심사 대상으로 삼았으나 오프라인상의 게재가 아니
라는 이유로 연구실적으로 인정하지 아니하였는바, 그 재량권을
일탈 또는 남용하였다고 할 것이다.

다) 게재 방법에 따른 논문의 실적 인정 여부

덧붙여 피청구인은 ○○대학교 관행상 온라인 게재는 연구실적물
로 인정하지 아니한다는 입장을 고수하고 있으나, ○○대학교 학
내 규정 어디에서도 논문 게재 방법에 대한 별도의 규정은 확인
되지 아니한다.

또한, 총장은 산학연구처장(연구진흥과장)에게 청구인의 'Mag
○○○ 논문'을 연구업적으로 인정할 수 있는지에 대한 심사를 의
뢰하였는바, 산학연구처장은 2014. 1. 8. 교무처장에게 "지금까지
는 온라인 게재 논문을 연구업적으로 인정하지 않고 있음. 하지
만 「○○대학교 교수업적평가규정」상 연구실적을 "학술지에 게재
된 논문"으로 표기하고 있어 이를 출판(인쇄)된 논문으로만 한정
할 경우 너무 협의적인 해석으로 인해 당사자가 재계약에 탈락하
여 소송을 제기할 경우 패소가 우려됨. 현재 많은 SCI급 논문들

은 온라인 출판을 확대하고 있는 추세이며, 타 사립대들도 온라인 게재 논문을 승진·재계약 등에 연구실적으로 인정하고 있음.” 이라고 회신한 바 있다.

아울러 온라인 학술지에 게재된 논문과 추후 학술기관에 의해 출판물로 출간된 논문 사이에 내용상 차이가 없고, 일정한 학술지 게재 논문을 연구실적으로 인정하는 이유는 그 학술기관의 공신력을 바탕으로 객관적인 질적 평가가 가능하기 때문인 것으로 보이는데 이는 온라인 학술지라 하여 다르게 볼 이유가 없다고 할 것인바, 결과적으로 온라인 게재물과 오프라인 게재물 사이에 평가상 차등을 두어야 할 합리적인 이유도 없다고 보인다.

라) 소결

청구인 제출의 ‘Mag○○○논문’과 ‘Mic○○○논문’은 SCIE급 국제규모학술지인 Geoscience Journel에 게재예정 증명되어 연구실적으로 인정됨이 타당하다.

따라서 피청구인으로서는 청구인에게 ‘Mag○○○논문’에 대해서는 청구인이 주필자이고 국제규모 논문으로서 4인의 공동실적이므로 120점을, ‘Mic○○○ 논문’에 대해서는 국제규모 논문으로서 단독 연구실적이었으므로 200점을 추가로 인정하였어야 할 것이다.

그렇다면 청구인은 재임용 기준 중 ‘SCI급 학술지 또는 국제지 논문’ 기준에서 총 420점을 취득할 수 있었는바, 이는 기준 점수(200점)를 초과하므로 피청구인의 이 사건 재임용 거부처분은 그 재량권을 일탈 또는 남용하였다고 할 것이다.

5. 결 론

　이상에서 살펴본 바와 같이, 총장의 2013. 12. 23.자 재임용 거부처분의 취소를 구하는 청구인의 주위적 청구는 부적법하나, 총장의 2014. 2. 27.자 재임용 거부처분의 취소를 구하는 청구인의 예비적 청구는 이유 있어 주문과 같이 결정한다.

휴직기간에 대한 미평가

처분요지 업적평가 심의 결과 재임용 거부함

결정요지 피청구인이 청구인의 임기 중 질병휴직기간을 재임용 평가대상기간에서
배제한 것은 정당하고, 그 평가결과 청구인의 연구실적은 재임용 기준에
미달하므로 재임용 거부는 정당함

관련규정 「사립학교법」 제53조의2, 「○○대학교 교원인사규정」 제8조 제4항은 「정
관」 제44조

청 구 인 소속   전) ○○대학교

성명   김○○   직위 조교수

대리인 법무법인 ○○ 변호사 양○○, 김○○

피 청 구 인 학교법인 ○○대학교

대리인 법무법인 ○○ 변호사 오○○

피청구인이 2014. 7. 28. 청구인에게 한 재임용 거부처분에 대하여 청
구인이 2014. 7. 11. 이의 취소를 구하는 소청심사청구를 하여 우리 위
원회는 심사를 거쳐 다음과 같이 결정한다.

- 주   문 -

청구인의 청구를 기각한다.

- 이   유 -

1. 처분 사유

재임용 기준 미달에 따른 면직을 알려드린다.

가. 통보 내용

소속	직급	성명	발령내용	발령일자	비고
○○○대학 ○○○과학과	조교수	김○○	면직	2014. 8. 31.	재임용 거부

나. 대상자 업적평가 심의 결과: 재임용 거부

논문(편)/5.5.년		교육(점)/1년		연구/창작 (점)/1년		봉사/기타 (점)/1년		인사평가 (점)/1년	
기준(편)	실적(편)	기준	실적	기준	실적	기준	실적	기준	실적
국제저명B 1.815	국제저명B 10	50	66.10	120	89.34	10	56.67	70	79.42

2. 청구인 주장

가. 청구인은 피청구인 측의 이메일 답변(소갑제7호증)을 통해, 1년의 휴직기간이 종료되더라도 6개월의 임기가 연장되는 것으로 이해하여, 2015. 2. 말이 되어야 임용기간이 종료되는 것으로 알고 휴직을 한 것이다.

피청구인은 청구인이 정관 등의 모든 규정을 숙지하고 있어야 한다고 주장하나, 각 규정에 대한 설명의 의무는 대학의 운영주체이자 청구인의 고용인인 피청구인에게 있다고 보는 것이 타당하다.

나. 피청구인은 청구인에 대해 임용기간 5.5년을 기준으로 재임용 심사를 하여, 결과적으로 청구인의 6년의 임기 중 6개월이 평가에서 제외되었는바, 피청구인은 이러한 내용을 청구인에게 사전 고지도 하지 아니하였고 기준 또한 명확하지 않다.

전임교원인사규정 제34조는 휴직기간 중의 업적은 평가에서 배제된다고 규정하고 있는데, 그렇다면 청구인이 휴직신청을 하고 피청구인이 이를 결정할 당시 피청구인은 청구인에 대한 재임용 거부를 예정

하고 있었으므로, 적어도 청구인에게 이에 대한 불이익을 고지하였
어야 한다.

피청구인의 평가기간(5.5년)을 받아들인다고 하더라도, 피청구인은
휴직기간 동안의 청구인의 논문, 연구 등을 재임용 심사를 위한 업적
에 포함시키지 아니하였으므로 부당하다.

다. 교육공무원법 제45조 제2항은 휴직기간이 임용기간 중의 남은 기간
을 초과할 수 없다고 규정하고 있으나, 이는 사립학교 교원인 청구인
에게는 적용되지 아니하므로 휴직기간이 임용기간 이내이어야 한다
는 피청구인의 주장은 받아들이기 어렵다.

3. 판 단

가. 사실관계

1) 청구인은 2008. 3. 1. ○○대학교 조교수로 신규 채용되었고(2008. 3.
1. ~2011. 2. 28.), 2011. 3. 1. 재임용(2011. 3. 1. ~ 2014. 2. 28.)되었다.

2) 청구인은 2013. 8. 26. 질병을 이유로 1년간(2013. 9. 1. ~ 2014. 8. 31.)
휴직신청을 하였고, 피청구인은 이를 승인하였다.

3) 총장은 2014. 4. 24. 청구인에게 임용기간 만료 통지 및 재임용 신
청 안내를 하였다.

4) 청구인은 2014. 5. 12. 총장에게 재임용 심의신청을 하였다.

5) 대학인사위원회는 2014. 5. 28. 청구인이 재임용 및 승진 심사 기
준을 미충족한 것으로 심의하였고, 2014. 5. 30. 피청구인에게 청
구인의 질병으로 인한 특수한 상황을 고려하여 심사기간 6개월의
유예를 요청하였다.

6) 교원인사위원회는 2014. 6. 23. 청구인의 출석 소명을 들었고, 다음

날 청구인을 연구실적 미달로 인한 재임용 탈락자로 심의하였다.

7) 총장은 2014. 6. 26. 청구인에게 평가기간을 5.5년(2008. 3. 1. ～ 2013. 8. 31.)으로 한 재임용 심의결과를 안내하였다.

8) 이사회는 2014. 7. 15. 청구인에 대해 재임용 거부(발령일자 2014. 8. 31.)로 의결하였고, 피청구인은 2014. 7. 28. 청구인에게 재임용 기준 미달에 따른 면직통보를 하였다.

나. 피청구인의 재임용 기준

1) ○○대학교 교원인사규정 제14조(재임용)와 전임교원 인사규정 시행세칙 제3장(재임용), 제6장(업적 및 인사평가)에 따르면, 청구인에 대한 재임용 심사기준은 ① 논문발표기준, ② 업적평가기준(교육업적, 연구 및 창작 업적, 봉사 및 기타 입직), ③ 인사펑짐기준으로 그게 분류된다.

2) '논문발표기준'은 청구인과 같이 2008. 3. 1. 이후 공학 분야의 신규임용자인 경우에는 현 직위 임용기간 중 '국제저명B 학술지 게재논문 0.33편 이상'이어야 한다. (전임교원 인사규정 시행세칙 별표1) 한편 '업적평가기준'과 관련하여 영역별 최저평점(1년 기준)은 교육업적은 50점, 연구 및 창작 업적은 120점, 봉사 및 기타업적은 10점이며, 이 중 연구 및 창작 활동의 평가항목은 논문, 저서, 학술발표, 산학협력연구활동 등으로 구분한다. (전임교원 인사규정 시행세칙 제15조, 교원인사 및 업적평가내규 제2조 및 제5조) '인사평점기준'은 현 직위 임용기간 중 직전 학기를 제외한 기간의 인사평가 평균평점이 70점 이상이어야 한다. (전임교원 인사규정 시행세칙 16조)

다. 청구인에 대한 평가 결과

재임용 심사 관련 규정 및 총장의 2014. 6. 26.자 재임용 심의결과 안내에 따르면, 청구인에 대한 피청구인의 구체적인 재임용 기준 및 청구인에 대한 평가 결과는 다음의 표와 같다.

논문(편)/5.5년		업적평가						인사평가 (점)/1년	
		교육 (점)/1년		연구/창작 (점)/ 1년		봉사/기타 (점)/1년			
기준(편)	실적(편)	기준	실적	기준	실적	기준	실적	기준	실적
국제저명B 1.815	국제저명B 1. 10	50	66.10	120	89.34	10	56.67	70	79.42

라. 청구인의 임기만료 시기

1) 청구인은 잔여 임기가 6개월인 상태에서 1년간 휴직이 되었으므로, 복직 후 6개월의 잔여임기가 있다는 취지로 2015. 2. 말이 되어야 임용기간이 종료된다고 주장한다.

2) ① 청구인이 피청구인과 임용계약을 체결하면서 2014. 2. 28.을 임기만료일로 약정한 사실, ② 피청구인이 청구인의 질병휴직 신청에 따라 청구인에 대해 계약서상의 잔여 임기(2013. 9. 1. ~ 2014. 2. 28.)를 초과한 2014. 8. 31.까지를 휴직기간으로 승인한 사실, ③ 피청구인이 학교법인 ○○대학교 정관 제47조에 따라 위 질병휴직기간 동안 청구인에게 봉급액의 7할을 지급한 사실은 양 당사자 사이에 다툼이 없다.

3) 그런데 학교법인 ○○대학교 정관 제44조는 제1호에서 질병휴직을 규정하고 있으며, 제46조는 휴직 중의 교원은 그 신분을 보유한다고 명시하고 있다.

   또한, 교육공무원법 제45조 제2항은 휴직기간이 임용기간 중의 남은 기간을 초과할 수 없다고 규정하고 있으나, 피청구인은 위와 같이 휴직기간을 임기 내로 제한하는 별도의 규정을 두고 있지 아니하다.

그렇다면 피청구인은 휴직기간을 반드시 잔여 임용기간 내로 한정 해석하여 승인하는 것으로는 보이지 아니하는바, 피청구인은 묵시적으로 청구인의 임기를 휴직기간 종료일인 2014. 8. 31.까지로 연장하는 데 동의하였다고 보인다.

4) 한편, ○○대학교 교원인사규정 제8조 제4항은 정관 제44조의 휴직의 종류 중 일정한 경우는 그 휴직기간을 근무기간에 미산입하는 것으로 규정하였는데, 질병휴직의 경우에는 미산입 대상의 휴직으로 규정되어 있지 아니하다.

따라서 반대해석상 질병휴직기간은 근무기간으로 산입되므로 휴직 전의 잔여임기는 휴직기간 동안 그대로 진행되며, 휴직 전의 잔여임기가 휴직기간과 같거나 또는 휴직기간보다 더 짧아 임기가 휴직기간만큼 연장된 경우에는 휴직 기간의 종료로 임기도 종료된다고 할 것이다.

5) 이를 종합해 보면, 청구인의 임기는 피청구인이 잔여 임기를 초과하여 휴직을 승인함으로써 질병휴직기간 만료일까지 묵시적으로 연장되었다고 할 것이며, 질병휴직기간은 근무기간으로 산입되므로, 휴직 전 잔여임기 6개월이 복직 후에도 남아있음을 전제로 한 청구인의 주장은 이유 없다.

마. 평가대상 기간의 적정성 여부

1) 청구인은 피청구인이 청구인에 대한 휴직 승인 당시 청구인에 대한 재임용 거부를 예정하였으므로 적어도 청구인에게 이에 대한 불이익을 고지하였어야 하며, 휴직기간 동안의 실적을 평가에서 배제하는 것은 부당하다는 취지로 주장한다.

2) 그러나 피청구인이 청구인에 대해 재임용 심사를 진행하여 기준 미달로 심의한 시기는 2014. 5.경이고, 이는 휴직을 승인한 지 약 9개월이 지난 시기인바, 피청구인이 청구인에 대한 휴직 승인 당시부터 재임용 거부를 예정하였다는 청구인의 주장은 이유 없다. 나아가 피청구인 학내 규정상 인사 담당자로 하여금 휴직 대상 교원에게 휴식으로 발생할 수 있는 구체적인 불이익을 고지하도록 하는 규정이 확인되지 아니하므로, 이에 대한 청구인의 주장도 이유 없다.

3) 한편, 전임교원 인사규정 시행세칙 제34조는 휴직기간 중의 모든 업적은 평가에서 제외하도록 규정하고 있는바, 이는 휴직 본래의 제도적 취지를 살리기 위한 것으로 부당하다고 보이지 아니한다. 또한, 교원의 휴직기간을 근무기간에 산입할지 여부와 재임용 평가대상기간에 포함시킬지 여부는 그 규율목적이 다르기 때문에 동일선상에서 논의될 성질은 아니라고 보이므로, 휴직기간이 근무기간으로 산입된다고 하여 당연히 재임용 평가대상기간에 포함시켜야 한다고 판단되지도 아니한다.
그렇다면 피청구인이 청구인의 현 직위임기 6.5년(2008. 3. 1. ~ 2014. 8. 31.) 중 휴직기간 1년을 세외한 5.5년만(2008. 3. 1. ~ 2013. 8. 31.)을 재임용 심사 평가에 포함시킨 것은 관련 규정에 따라 적법하게 이루어진 것으로 보인다.

5. 결 론

이상에서 살펴본 바와 같이, 피청구인이 청구인의 임기 중 질병휴직기간을 재임용 평가대상기간에서 배제한 것은 정당하고, 그 평가결과 청구인의 연구실적은 재임용 기준에 미달하므로 주문과 같이 결정한다.

임기와 평가기간의 불일치,
기준 적용시점

처분요지 심사기준 미충족하여 재임용 거부함

결정요지 피청구인의 이 사건 재임용 거부처분에는 절차상 하자가 있고, 임기 중 한 학기가 합리적인 이유 없이 평가에서 배제되는 등의 위법이 있음

관련규정 「사립학교법」 제53조의2 제6항, 제7항

청 구 인 소속　　전) ○○대학교

　　　　　　성명　　장○○　직위 부교수

피 청 구 인 학교법인 ○○학원

　피청구인이 2014. 6. 27. 청구인에게 한 재임용 거부처분에 대하여 청구인이 2014. 7. 25. 이의 취소를 구하는 소청심사청구를 하여 우리 위원회는 심사를 거쳐 다음과 같이 결정한다.

－ 주　　문 －

피청구인이 2014. 6. 27. 청구인에게 한
재임용 거부처분을 취소한다.

－ 이　　유 －

1. 처분 사유

　○○대학교 교원인사규정 제14조(재임용 평가기준) 제1항의 교원업적평가 및 관리에 관한 규정에 정한 심사기준 미충족

2. 청구인 주장

가. 청구인의 재임용 평가기간 6년(2008년~2013년) 중 2011년에 재임용 기준이 개정되었는바, 청구인은 구 기준이 적용되는 2008년~2011년 의 업적평가점수는 960점으로 기준(600점)을 충족함에도 신 기준이 적용되는 2011년~2013년의 업적평가점수(170. 27)가 기준(195점)에 미달되었다는 이유로 재임용 거부되었다.

평가기간 6년 전체가 재임용 심사에 반영되어야 함에도, 신 기준이 적용되는 2011년~2013년의 실적이 기준점수를 충족하지 못했다고 재임용 거부처분을 한 것은 자의적인 판단으로 부당하다.

구 교원업적평가 규정은 6년(2008년~2013년) 동안 연구영역에서 60점을 충족하여야 한다고만 규정되어 있을 뿐, 매년 10점 이상을 충 족해야 한다는 규정이 없고, 연구영역의 점수는 매년 실적을 이루는 것이 이상적이지만 한꺼번에 달성할 수도 있다.

나. 청구인의 임기는 2014. 8. 31.까지임에도 피청구인은 2008. 3. 1.부터 2014. 2. 28.까지의 업적만을 재임용 평가에 반영하였는바, 이는 학 교 측의 행정편의적인 행위이다.

다. 교원의 임면은 이사장이 할 수 있음에도 총장 명의로 재임용 거부통 지를 한 하자가 있다.

3. 판 단

가. 사실관계

1) 청구인은 1996. 3. 1. 부교수로 신규임용되었고, 재임용기간은 6년 (2008. 9. 1. ~ 2014. 8. 31.)이다.

2) 총장은 2014. 4. 24. 청구인에게 임기만료일을 통보하면서, 재임 용 심의 시 교원인사위원회 의견진술기간(2014. 5. 9. ~ 2014. 5. 26.)

을 고지하였다.

3) 교원심사평정회의는 2014. 5. 15. 청구인에 대한 교원심사평정을 진행하였다.

4) 청구인은 2014. 5. 20., 5. 21. 기획처 직원에게 추가 연구 업적[2013년도 저서 2권(『○○공학』, 『△△공학』)]을 제출하였다.

5) 교원인사위원회는 2014. 5. 22. 청구인을 재임용 거부로 심의하였고, 기획처는 2014. 5. 23. 청구인에게 전자우편으로 재임용 소명 출석(2014. 5. 26.) 안내를 하였다.

6) 교원인사위원회는 2014. 5. 26. 청구인의 출석 진술[2013년도 저서 2권과 위촉장 3건 추가 제출에 대한 심의 요청]을 들었고, 2014. 6. 10. 추가적인 업적물을 반영하여 재임용 거부로 심의하였다.

7) 이사회는 2014. 6. 25. 청구인에 대하여 재임용 거부를 의결하였다.

8) 총장은 2014. 6. 27. 청구인에게 재임용 거부통보를 하였다.

나. 피청구인의 재임용 기준 규정

1) 2011. 3. 23. 개정 전 「교수업적평가규정 시행세칙」에 따르면, 교수는 가형부터 라형까지 교수유형신청서를 제출하여야 하는바(제3조의2 제1항), 피청구인이 제출한 중 제1호증(교수업적평가 종합평가서)에 의하면, 청구인은 2008년, 2009년에는 나형(봉사중심)으로, 2010년에는 가형(산학협력중심)으로 교수유형신청서를 제출한 사실이 인정된다.

한편 위 「교수업적평가규정 시행세칙」은, 1년간의 영역별, 총점 기준을 명문으로 규정(제3조의2 제2항)하고 있는바[14], 이에 따르면 가형, 나형 교수유형 모두 '연구영역' 부분에서 연간 10점(상한은 300점)을, '총점'에서 연간 150점을 취득해야 한다.

또한 '부교수'에 대한 재임용은 가형, 나형 교수유형 모두 '연구영역' 부분에서 6년산 60점을, '총점기준'으로는 6년간 900점을 충족해야 한다. (제4조 제1항)

2) 2011. 3. 23. 개정 이후 「교원인사규정」은 제14조에서 재임용에 필요한 업적으로 '교원업적평가 및 관리에 관한 규정'의 심사기준을 제시하는 한편, 〈별표1〉 교원심사평정표의 점수가 평균 80점 이상에 해당하는 자를 재임용하도록 규정하고 있다.

또한 「교원업적평가 및 관리에 관한 규정(2011. 3. 23.)」에 따르면 교원업적평가는 영역별 점수 반영비율(학과 소속 교원의 경우 교육영역 60%, 연구영역 20%, 봉사영역 20%)에 따라 산정하며(제6조 제2항, 별표7[15]), 재임용 심사기준은 '65점×직급별 최소 소요연수'이다. (제11조 및 별표8)

다. 청구인에 대한 평가 결과

피청구인이 제출한 증1(2008년~2010학년도 교수업적평가 종합평가서) 및 '2014년 9월 1일자 재임용 대상 교원 중 미충족 교원 추가 업적물'에 따르면, 청구인이 2008. 3. 1. ~ 2011. 2. 29. '연구영역' 항목에서 매

---

14)

유형별	영역별 기준점수				
	교육영역 (200점)	연구영역 (300점)	산학협력영역 (300점)	봉사영역 (200점)	합계
가형(산학협력중심)	70(40%)	10(10%)	60(40%)	10(10%)	150
나형(봉사중심)	70(40%)	10(10%)	10(10%)	60(40%)	

15) 「교원업적평가 및 관리에 관한 규정(2011. 3. 23.)」 제6조 제2항에는 별표8로 기재되어 있으나, 내용상 별표7이 맞는 것으로 보이며 별표8은 오기로 보임.

년 0점을 받은 사실과 2011. 3. 1. ~ 2013. 2. 28.의 교원업적평가에서
총 170.27점을 취득한 사실이 인정되며 한편, 청구인이 교원심사평정
에서 85점을 취득한 사실은 양 당사자 사이에 다툼이 없다.

재임용 기준 및 그 구체적인 평가결과는 다음의 표와 같다.

2008. 3. 1. ~ 2011. 2. 29. (교원업적평가)			2011. 3. 1. ~ 2013. 2. 28. (교원업적평가)			교원심사 평정 (기준: 80점)
연구영역 기준	평점	총점기준	평점	총점기준	평점	
30[16]	0	450[17]	960	195[18]	170.27[19]	85

라. 재임용 거부처분의 위법성 여부

1) 권한 있는 자에 의한 처분인지 여부

이 사건 재임용 거부처분이 이사장이 아닌 총장에 의해 이루어진
사실은 양 당사자 사이에 다툼이 없다.

그런데 정관 제46조 제2항에 의하면, 대학교원에 대한 임면권은
이사장에게 있고, 제46조의3 제4항은 임면권자로 하여금 임기계
약 교원에 대해 근무기간 종료일 2월 전까지 재임용 여부를 통보
하도록 하고 있다.

이에 대해 피청구인은 정관 제46조의3 제2항에서, 근무기간이 종
료되는 교원의 심사에 관한 기준과 세부적인 절차는 따로 규칙으

---

16) 6년간 60점이므로, 3년간 30점

17) 6년간 900점 기준이므로, 3년간 450점

18) 65점×3년

19)

	교육영역 (60%환산 점수)	연구영역 (20%환산 점수)	봉사영역 (20%환산 점수)	평가점수	재임용 평가점수
2011년	64.6 (38.76)	0 (0)	73.5 (14.7)	53.46	
2012년	67.33 (40.4)	0 (0)	40.5 (8.1)	48.5	170.27
2013년	67.52 (40.51)	100 (20)	39 (7.8)	68.31	

로 정하도록 되어 있는데, 이에 따른 교원인사규정은 제15조 제6항에서 총장이 해당 교원에게 재임용 여부 통보를 하도록 규정하고 있으므로 이 사건 거부처분이 위법하지 않다고 주장한다.

그러나 정관 제46조의3 제2항에서 재임용 절차에 관한 규정을 따로 정한다는 것에 이사장의 임면권을 총장에게 위임한다는 의미가 내포되어 있다고는 보기 어려우므로 이를 위임의 근거규정으로 볼 수는 없다.

다만 2014. 6. 25.자 이사회 회의록에 의하면, 이 사건 총장의 통보는 이미 이사회 의결 및 이사장의 결재를 거쳐 이루어졌음이 인정되므로, 정당한 임면권자에 의해 승인된 사항을 단지 총장이 사후에 전달만 한 것으로 보여 무권한자에 의한 처분행위로는 보기 어렵다.

2) 이 사건 재임용 거부처분의 절차상 하자 유무

사립학교법 제53조의2 제7항에 따르면 교원인사위원회는 재임용 심사대상 교원에게 15일 이상의 기간을 부여하여 의견진술 기회를 부여하여야 한다.

그런데 피청구인은 교원인사위원회 개최일(2014. 5. 26.) 3일 전인 2014. 5. 23. 청구인에게 출석 기회를 안내하였다.

또한, 이때 출석 안내 시 피청구인은 청구인이 재임용 기준에 미달한다는 내용만 고지하였을 뿐, 구체적으로 청구인이 어떤 평가결과를 받았는지는 고지한 바가 없다.

그렇다면 청구인은 이 사건 재임용 거부처분 과정에서 자신에 대한 구체적인 평가결과를 알지 못한 채 형식적인 소명기회를 가졌을 뿐인바, 실질적인 소명기회를 부여받지 못하였고 그로 인해 15일간의 소명기간도 보장받지 못하였다 할 것이다.

아울러 이 사건 재임용 거부통보 시(2014. 6. 27.), 총장은 청구인에게 재임용 심사기준이 미충족되었다는 내용만 안내하였을 뿐 구체적인 재임용 거부사유를 명시하지 아니하였다.

따라서 이 사건 재임용 거부처분에는 사립학교법 제53조의2 제6항, 제7항에 위배된 절차상 하자가 있다.

3) 임기와 평가기간의 불일치 문제

한편, 피청구인은 「교원업적평가 및 관리에 관한 규정(2011. 3. 23.)」에 따라 교원업적평가 중 '교육영역평가(매학기 말에 실시)' 항목을 제외하고는 매년 학년 말에 연구영역과 봉사영역을 평가(제3조 제1항, 제8조)한 뒤, 이를 이 사건 재임용 심사에 반영한 것으로 보인다.

그 결과 피청구인은 청구인의 임용기간이 2008. 9. 1.부터 2014. 8. 31.까지임에도 2014학년도 1학기(2014. 3. 1. ~ 2014. 8. 31.)를 재임용 심사평가에서 배제하였고, 반면에 임기 전(前)의 기간인 2008학년도 1학기(2008. 3. 1. ~ 2008. 8. 31.)는 평가에 반영하였다.

그러나 재임용 심사는 임기 내의 실적에 대한 평가를 토대로 향후 재임용 여부를 결정하는 것이므로, 특별히 임기와 평가기간을 달리 보아야 할 합리적인 사유가 없는 한, 평가기간은 임기와 동일해야 할 것이다.

교원업적평가는 재임용 심사와 그 제도적 취지, 평가 시기 등에 차이가 있으므로 그 평가기간도 각각 그 제도의 취지에 부합하게 산정되어야 할 것인바, 피청구인이 청구인의 재임용 평가대상기간을 임기와 다르게 누적된 교원업적평가 기간으로 본 것은 부당하다 할 것이다.

4) 기준 적용의 문제

나아가 답변서에 따르면 피청구인은 「교원업적평가 및 관리에 관한 규정」의 개정시기인 2011. 3. 23.를 기준으로, 청구인의 2011. 3. 23. 이전의 실적에 대해서는 구 규정에 따른 재임용 심사기준을, 2011. 3. 23. 이후의 실적에 대해서는 신 규정에 따른 평가기준을 적용하여, 청구인이 구 규정과 신 규정의 각각 기준에 모두 미달하였다고 답변하고 있다.

그런데 「교원업적평가 및 관리에 관한 규정」은 2011. 3. 23. 재임용 기준에 대한 내용을 개정하면서, 개정 이전의 실적을 어떠한 방식으로 평가할 것인지에 대해 별도로 경과조치를 두지 아니하였다. 그렇다면 피청구인은 원칙적으로 재임용 심사 당시 기준인 신 규정에 의해 2008. 9. 1. ~ 2014. 8. 31. 전체의 실적에 대해 재임용 심사를 진행하여야 할 것으로 보이는바, 피청구인이 구 기준에 따른 영역별(연구영역) 평가를 이 사건 재임용 심사에 반영한 것은 부당하다고 할 것이다.

나아가 가령 규정 개정 전의 실적에 대해 구 기준이 적용되는 것이 타당하다고 보더라도, 구 규정을 재임용 기준으로 삼아 1년간의 영역별 기준을 적용하면, 극단적으로는 임기 중 1년만이라도 어느 한 영역별 평가기준에서 미달된 경우 해당 교원은 임용기간 전체에 대한 평가를 받을 필요도 없이 바로 재임용 심사기준에 미달하게 되는 결과가 되는바, 이는 임기 전체에 대한 평가를 재임용 심사에 반영하도록 한 제도의 취지에 부합하지 않으므로 기준 자체의 위법 여지도 있다고 할 것이다.

4. 결 론

이상에서 살펴본 바와 같이, 피청구인의 이 사건 재임용 거부처분에는 사립학교법 제53조의2 제6항, 제7항에 위배된 절차상 하자가 있고, 임기 중 한 학기가 합리적인 이유 없이 평가에서 배제되는 등 피청구인이 그 재량권을 일탈 또는 남용하였다고 보여 주문과 같이 결정한다.

제**3**장

기타 쟁점 영역

처분권자의 적법성

처분요지 해당 교원은 ○○문화연구소 HK교원 인사에 관한 세칙 제7조 및 제9조 HK교원 업적평가 결과, 요건을 충족하지 못하였으므로 재임용 거부함

결정요지 이 사건 재임용 거부처분은 권한 없는 자에 의해 이루어졌고, 절차상 하자 및 평가기준의 위법성이 있음

관련규정 「사립학교법」 제53조의2 제6항 내지 제7항

청 구 인　소속　　전) ○○대학교

　　　　　　성명　　이○○　직위 조교수

　　　　　　대리인 법무법인 ○○　변호사 오○○

피 청 구 인　학교법인 ○○학원

　○○대학교 총장이 2014. 8. 20. 청구인에게 한 재임용 거부처분에 대하여 청구인이 2014. 9. 18. 이의 취소를 구하는 소청심사청구를 하여 우리 위원회는 심사를 거쳐 다음과 같이 결정한다.

- 주　문 -

총장이 2014. 8. 20. 청구인에게 한
재임용 거부처분을 취소한다.

- 이　유 -

1. 처분 사유

　귀하께서는 ○○대학교 HK전임교원으로 임용된 후 임용기간이 만료되어 재임용 심의를 신청하였으나, ○○문화연구소 HK교원 인사에 관한 세칙 제7조 및 제9조 HK교원 업적평가 결과, 요건을 충족하지 못하였으므로 재임용하지 아니하기로 결정하였음을 통보한다.

2. 청구인 주장

가. 피청구인은 임용기간 만료 2개월 전 통지 규정을 위반하였고, HK인사위원회 심의 과정은 물론 교원인사위원회에서조차 청구인에게 구체적인 재임용 기준 미충족의 사유에 대하여 통지를 하지 않았고, 소명의 기회를 부여하지 않은 절차상 하자가 있다.
한편 피청구인은 절차상 하자를 모면하기 위해 2014. 8. 25. 청구인의 임용기간을 청구인의 동의 없이 일방적으로 2014. 10. 31.까지로 2개월 연장하였는바, 교원과의 임용계약은 사법상의 고용계약의 성격을 가지고 있으므로 피청구인의 일방적인 임용기간 연장은 그 효력이 발생할 수도 없고, 위 절차상의 하자를 치유할 수도 없다.

나. 재임용 심사기준은 학칙으로 정하는 객관적인 사유이어야 하고, 정성평가의 항목은 평정자의 주관을 배제할 수 있을 정도의 세부기준이 마련되어 있어야 하며, 교원의 역할과 전혀 무관한 사유를 재임용 심사기준으로 삼아서는 안 된다. 그럼에도 피청구인의 재임용 심사기준은 각 분야의 전체 점수만 부여되어 있을 뿐 그 점수를 평가하는 구체적인 세부항목은 전혀 없는바, 이는 평정자의 자의에 따라 얼마든지 주관적으로 낮은 평정을 할 수 있도록 되어 있어 위법하다.

다. 업적평가 중 '연구영역' 관련
청구인은 '정량'평가 기준을 충족하였고, '정성'평가와 관련하여 평가기준은 '트랜스내셔널 인문학 아젠다와의 정합성으로 평가'한다고 되어 있을 뿐 그 구체적인 평가의 방법이나 점수를 부여하는 기준이 없다.

한편, 청구인의 논문제목들을 보면, "○○○글쓰기", "○○○이미지" 등 제목만으로도 내셔널한, 경계를 넘는 문학, 공동체, 이미지 등 트랜스내셔널 아젠다에 부합하는 주제이며, 연구소 심사위원들도 청구인의 연구실적이 아젠다에 잘 부합한다는 평가를 한 것으로 전했으므로 이 부분에서 청구인은 최소한 80점 이하로 평가될 하등의 이유가 없다.

라. 업적평가 중 '연구소 발전기여도' 관련

1) 평가기준을 보면 '트랜스내셔널 인문학 아젠다 사업수행 능력, 재단연구기준 충족 및 연구계획 이행정도로 평가'한다고 되어 있을 뿐, 구체적인 평가의 방법이나 점수를 부여하는 기준이 없다.
   '아젠다 사업수행능력'은 세미나 및 학술회의 개최, 총서제작이나 저널 발간, 프로젝트 유치, 국제교류, 연구재단 단계평가, 연차 평가 등에 기여한 정도를 통해서 판단할 수 있는 부분이라 보이는데, 청구인은 세미나와 학술회의를 주최했고, 국제교류를 추진했으며, 총서를 만들었고, HK협의회 간사로 활동했고, 매회 연차평가에서 주도적인 역할을 했다. 청구인이 부당하게 업무를 중단한 1년 기간을 제외한다면 청구인이 이 부분에서 낮은 점수를 받을 이유가 없다.

2) 청구인은 연구영역에서 기준을 충족하였고, 해당 논문의 질을 정성평가하더라도 최소 80점 이하(100점 만점)를 받을 이유가 없어, 발전기여도 항목에서 60점을 넘으면 재임용에서 탈락할 이유가 없다.
   청구인은 2013. 6.경 행정직원들과 소장이 연구비 오버헤드(간접비)를 요구한 데 대해 불가의견을 제시하였고, 같은 해 7월경 산학협력단의 연구소 운영개선에 관한 의견요청에 대해 여러 가지 문제점을 지적하였는데, 위 이메일을 보낸 후 연구소장은 청구인에

게 개인연구 이외에 일체의 연구소 활동 중지를 일방적으로 통보
하였고, 재임용심사 즈음에 예고도 없이 동료평가를 실시하였다.
소장의 업무중단 조치가 연구소 기여도 평가에서 상당히 부정적
으로 작용했다고 보이며, 이 사건 재임용 거부처분은 연구소 소
장의 개인적인 감정과 청구인이 학내 연구관련 주무기관인 산학
협력단에 연구소 내 부당한 사실을 시사한 데 대한 보복성 조치
이다.

3. 판 단

가. 사실관계

1) 청구인은 2010. 11. 1. HK연구교수로 임용되었고, '계약'상의 HK전
임 조교수의 재임용기간은 2011. 9. 1. ～ 2014. 8. 31.이다.

2) 청구인은 2013. 7. 24. 연구진흥팀에 연구소 운영비, 행정지원 등에
대한 의견을 전달하였다.

3) ○○문화연구소장은 2013. 7. 29. 청구인에게 개인 자격의 학술 활
동 외에 연구소의 이름을 담은 모든 활동을 정지하는 명령을 하
였다.

4) 교무처장은 2014. 6. 26. ○○문화연구소에 2014학년도 후반기 교
원업적평가 및 인사심사실시를 안내하였다.

5) ○○문화연구소장은 2014. 7. 초 청구인의 동료들에게 청구인에 대
한 동료평가(peer review)를 진행하였다.

6) ○○문화연구소 HK인사심의위원회는 2014. 7. 8. 청구인에 대하여
재임용 평가를 하고, 심사위원 전원일치로 청구인에 대하여 재임
용 불가로 심의하였다.

7) 청구인은 2014. 7. 9. 연구소장에게 재임용 심사결과에 대한 재심

의를 요청한 뒤, 2014. 7. 15. HK인사위원회에 소명서(목요세미나 관련, 팀워크 등에 대한 내용)를 제출하였다.

8) HK인사심의위원회는 2014. 7. 15. ∼ 2014. 7. 31. 청구인에 대한 재심의 결과(기각 의견)를 교원인사위원회 위원장에게 서면으로 제출하였다.

9) 청구인은 2014. 8. 1. 교원인사위원회에 의견서('동료평가'의 형평성 제고 요청)를 제출하였다.

10) 교원인사위원회는 2014. 8. 4., 2014. 8. 14. HK인사심의위원회의 결정을 존중하여 청구인에 대해 재임용 거부하되, 청구인의 임용기간을 2014. 10. 31.까지로 연장하는 심의를 하였다.

11) 총장은 2014. 8. 20. 청구인에 대한 재임용 거부통지(최종 임용기간: 2011. 9. 1. ∼ 2014. 10. 31.)를 하였다.

12) 이사회는 2014. 10. 30. 청구인에 대하여 재임용거부로 의결하였다.

나. 재임용 기준

HK교원이 재임용이 되기 위해서는 ① 연구영역에서 연구재단 등재학술지 1편 100% 기준 연평균 200%를 충족하여야 하고, ② 업적평가의 총 배점인 300점[연구영역 200점(정량평가와 정성평가), 연구소 발전기여도 100점(정성평가)] 가운데 240점 이상을 충족하여야 한다. (「○○대학교 HK교원 인사지침」 제5조 제2항 및 「○○대학교 HK교원 인사에 관한 세칙」 제7조, 제9조)

이때 업적평가의 '연구영역' 중 정량평가는 본교의 규정을 준용하며, 연구영역 중 정성평가는 HK인사심의위원회에서 '트랜스내셔널 인문학 아젠다와의 정합성'으로 평가한다.

업적평가의 '연구소 발전기여도' 부분의 정성평가는 '트랜스내셔널 인문학 아젠다 사업수행 능력, 재단연구기준 충족 및 연구계획 이행정도'로 평가한다(「○○대학교 HK교원 인사에 관한 세칙」 제7조).

다. 청구인에 대한 평가결과

피청구인이 제출한 증제12-2호의 'HK전임교원 재임용 개별심사 종합집계표'에 따르면 청구인에 대한 평가결과는 다음과 같다.

영역	구 분			평균점수
	평가방법	평가항목	배점	
연구영역	정량평가	논문, 저서 (등재학술지 1편 100% 기준 연평균 200%)	80	80.0
		학술 활동 참여도	20	15.6
		소 계	100	95.6
	정성평가	학문적 우수성(학계 기여도 등)	50	42.0
		전공 적합도(아젠다 일치 정도)	50	37.0
		소 계	100	79.0
발전기여도	정성평가	연구소 내 임무수행 기여도	80	20.0
		연구공동체 윤리 준수도	20	15.6
		소 계	100	35.6
총 점			300	210.2
평가총평	양적인 측면에서 기본연구점수를 충족시켰으나, 전공 적합도에서 평균을, 그리고 연구기여도에서 매우 낮은 점수를 받음. HK교수의 경우, 공동연구 기여도가 강의를 대체하기 때문에 재임용 결격사유로 판단되어 심사위원 전원일치로 재임용 불합격을 의결함			
평가결과	불합격(총점 240점 이상인 경우 합격)			

라. 권한 있는 자에 의한 처분인지 여부

학교법인 ○○학원 정관 제43조 제3항에 따르면, 교수, 부교수, 조교수에 대한 임면권은 이사장에게 있다.

한편, 청구인이 조교수에 해당하고, 청구인에 대한 재임용 거부통보가 2014. 8. 20. 총장에 의해 이루어진 사실은 양 당사자 사이에 다툼이 없다.

그렇다면 청구인에 대한 이 사건 재임용 거부통보는 임면 권한 없는 자에 의한 통보로 그 자체로 위법하다고 할 것이다.

마. 재임용 거부처분의 절차상 하자 유무

1) 재임용 통지기한 미준수 여부

사립학교법 제53조의2 제6항에 따르면 임면권자는 교원인사위원회의 심의를 거쳐 당해 교원에 대한 재임용 여부를 결정하고, 그 사실을 임용기간 만료일 2월 전까지 당해 교원에게 통지하도록 하고 있다.

피청구인은 이 사건에서 청구인의 애초 계약상의 임기를 2개월간 연장(임기만료일 2014. 10. 31.)한 후, 청구인에게 2014. 8. 20. 재임용 거부통보를 하였다.

그런데 위 임기에 대한 2개월 연장이 법률적으로 유효한지 여부는 별론으로 하더라도, 이미 살펴본 바와 같이 총장의 재임용 거부통보는 임면 권한 없는 자에 의한 통보로서 위법하다.

나아가 연장된 임기를 기준으로 하더라도 피청구인 측은 임기만료일 하루 전인 2014. 10. 30.에야 비로소 이사회 의결을 거쳤을 뿐 그 이후 이사장의 재임용 거부통보도 없었다.

그렇다면 피청구인 측은 청구인의 계약상의 임기만료일(2014. 8. 31.)을 기준으로 할 때는 물론이고, 가령 연장된 임기만료일(2014. 10. 31.)을 기준으로 하더라도 임용기간 만료일 2개월 전까지 정당한 임면권자에 의한 재임용 거부처분을 하지 않았다.

따라서 피청구인의 이 사건 재임용 거부처분에는 사립학교법 제53조의2 제6항 위배의 절차상 하자가 있다고 할 것이다.

2) 소명기회 미부여 여부

사립학교법 제53조의2 제7항에 따르면 교원인사위원회는 재임용 심사대상 교원에게 15일 이상의 기간을 부여하여 의견을 진술하거나 서면에 의한 의견 제출의 기회를 부여하도록 하고 있다.

나아가 동 조는 제4항 이하의 재임용 심사 관련 통지는 모두 '문서'로 하도록 규정하고 있는바, 이는 그 통지의 내용을 상대방에게 분명히 전달하여 청구인의 방어권 행사를 보장하고자 함으로 보인다.

한편, 청구인은 2014. 7. 15. HK인사심의위원회에, 2014. 8. 1. 교원인사위원회에 각 소명서를 제출하였는바, HK인사위원회에 제출한 소명서(2014. 7. 15.)에는 '목요세미나, 팀워크' 등에 대한 내용이 기재되어 있고, 교원인사위원회에 제출한 의견서(2014. 8. 1.)에는 '동료평가'의 형평성 제고 요청에 대한 내용이 기재되어 있다.

그런데 피청구인은 사전에 '문서'로써 청구인에게 의견진술의 기회를 부여한 사실이 없어, 청구인에 대한 구체적인 재임용 평정결과는 물론이고 출석을 할 수 있는 교원인사위원회 개최일도 청구인에게 고지하지 아니하였다.

그렇다면 피청구인 측에 대한 위와 같은 청구인의 서면 소명은, 청구인이 피청구인 측의 정확한 평가결과를 모른 상태에서 그 평가결과를 추측하여 이루어진 것에 불과하다 할 것인바, 이 사건 재임용 거부처분에는 청구인의 방어권을 충분히 보장하지 아니한 절차상 하자가 있다.

3) 재임용 거부통보 시 구체적 사유 미비

사립학교법 제53조의2 제6항은 임면권자에게 당해 교원을 재임용하지 아니할 경우에는 재임용하지 아니하겠다는 의사와 재임용 거부사유를 명시하여 통보하도록 하고 있는바, 임면권자가 재임용 거부처분을 하려면 해당 교원에게 구체적인 거부사유를 명시하여 통보하여야 한다.

그런데 이 사건 재임용 거부통지서에 따르면, 재임용 거부사유로 'ㅇㅇ문화연구소 HK교원 인사에 관한 세칙 제7조 및 제9조 HK교원 업적평가 결과 요건 미충족'이라고만 기재되어 있다.

위 세칙 규정은 재임용 평가의 근거, 평가항목, 배점 등에 대한 일반적인 내용을 포함하고 있을 뿐, 이를 근거로 하여 피청구인이 청구인에 대해 구체적으로 어떻게 평가하였는지(세부 항목별 평가결과, 기준 미충족 정도 등)에 대한 내용은 위 규정만으로는 확인할 수 없다.

더구나 피청구인은 소청심사 단계에 이르러서야 답변서에서 청구인에 대한 구체적인 재임용 거부사유로 '연구소에 대한 발전기여도' 항목을 진술하고 있는바, 청구인은 이 사건 소청심사 전 재임용 거부처분 당시에는 이러한 거부처분 사유를 구체적으로 알 수 없었다고 할 것이다.

따라서 피청구인의 재임용 거부처분에는 구체적 사유를 기재하지 아니한 절차적 하자도 있다.

바. '연구소 발전기여도' 항목에 대하여

1) 피청구인은 청구인에 대한 재임용 거부사유로 업적평가 중 '연구소 발전기여도(100점 배점)' 항목을 문제 삼는바, 청구인은 해당 항목에서 35.6점을 취득하였다.

2) 한편, 사립학교법 제53조의2 제7항은 재임용 심의기준을 객관적인 사유로서 학칙이 정하도록 규정하고 있다.

   위 규정의 취지는 "대학교원으로서의 재임용 자격 내지 적격성의 유무가 학생교육, 학문연구, 학생지도에 관한 사항에 대한 평가 등 객관적인 사유에 의하여 심의되어야 할 뿐만 아니라 해당 교원에게 사전에 심사방법의 예측가능성을 제공하고 사후에는 재임용 거부결정이 합리적인 기준에 의하여 공정하게 이루어졌는지를 심사할 수 있도록 재임용 심사기준이 사전에 객관적인 규정으로 마련되어 있어야 함을 요구하는 것"으로 해석된다. (대법원 2011. 1. 13.

3) 그런데 이 사건에서 재임용 심의기준으로 볼 수 있는 학칙인 「HK 교원 인사지침」 제5조 제2항, 「HK교원 인사에 관한 세칙」 제7조, 제9조에 따르면, 업적평가의 총 배점(300점) 중 '연구소 발전기여도' 항목의 배점은 100점이며 정성평가로 이루어지되, '트랜스내셔널 인문학 아젠다 사업수행 능력, 재단연구기준 충족 및 연구계획 이행정도'로 평가한다고 되어 있다.

4) 한편, 증 제12-2호에 따르면 HK인사심의위원들은 'HK전임교원 재임용 심사평정표'에 따라 청구인에 대한 평가를 진행하였는데, 위 평정표에는 '연구소 발전기여도(100점 배점)'에 대한 평가항목으로 '연구소 내 임무 수행 기여도(80점)'와 '연구 공동체 윤리 준수도(20점)'가 있음을 알 수 있다.

그런데 'HK전임교원 재임용 심사평가표'의 '연구소 내 임무 수행 기여도(80점)'와 '연구 공동체 윤리 준수도(20점)'는 그 항목과 배점이 어떤 규정 및 근거에 의해 마련된 것인지 확인이 되지 아니한다. 더욱이 '연구소 내 임무 수행 기여도(80점)'에서 청구인은 20점을 취득하였는데, 해당 항목은 배점이 80점임에도 피청구인 측은 0점에서 80점까지를 어떤 기준으로 어떻게 평가할지에 대한 세부 기준을 전혀 마련한 바가 없다.

5) 나아가 피청구인은 이 사건 소청에 이르러서는 위 HK인사심의위원의 평가요소와는 또 달리, 공동 연구프로젝트의 기획 및 실행 과정에서의 '공동성, 성실성, 진취성, 헌신성' 등이 '연구소 발전기여도'의 핵심 평가 지표라고 답변하고 있다.

그런데 피청구인은 이러한 평가 지표 역시 어떤 규정 및 근거에 의한 평가 요소인지 증빙하지 못하고 있다.

6) 그렇다면 '연구소 발전기여도' 항목이 정성평가방식으로 이루어지는 점을 고려하더라도, 그 배점(100점)이 총 업적평가 배점(300점)의 1/3에 해당할 정도로 높은 점, 「HK교원 인사지침」 제5조 제2항 및 「HK교원 인사에 관한 세칙」 제7조, 제9조만으로는 해당 교원이 그 세부 평가 요소를 객관적으로 예상할 수 없다는 점, 이로 인해 피청구인의 재임용 거부결정이 합리적인 기준에 의하여 공정하게 이루어졌는지를 심사하기도 어려운 점에 비추어 볼 때, 이 항목에 의한 피청구인의 재임용 평가기준은 사립학교법 제53조의2 제7항의 취지에 반한다고 할 것이다.

4. 결 론

이상에서 살펴본 바와 같이, 이 사건 재임용 거부처분은 권한 없는 자에 의해 이루어졌을 뿐만 아니라 절차상 하자, 평가기준의 위법성이 있어 주문과 같이 결정한다.

소청심사위원회
결정의 기속력 위배

처분요지 해당 교원에게는 담당 과목의 폐지 및 타 과목으로의 전환 불가, 감사를 통한 특별채용 과정의 문제 지적, 전 총장에 대한 탄원서 서명으로 동료 교수들에 대한 비방 동참의 사유가 있어 재임용 거부함

결정요지 피청구인은 교원소청심사위원회가 이미 실체 판단을 하여 재임용 거부 사유로 삼을 수 없다고 본 1차 재임용 거부처분의 사유와 동일한 사유로 이 사건 재임용 거부처분을 하였는바, 이 사건 재임용 거부처분은 교원 소청심사위원회의 취소 결정의 기속력을 정면으로 무시한 것으로 위법함

관련규정 「교원지위향상을 위한 특별법」 제10조 제2항

청 구 인 소속   전) ○○대학교

　　　　　성명   류○○   직위 조교수

피 청 구 인 학교법인 ○○학원

　피청구인이 2014. 6. 30. 청구인에게 한 재임용 거부처분에 대하여 청구인이 2014. 6. 9.(보정일 2014. 7. 3.) 이의 취소를 구하는 소청심사청구를 하여 우리 위원회는 심사를 거쳐 다음과 같이 결정한다.

－ 주　　문 －

피청구인이 2014. 6. 30. 청구인에게 한
재임용 거부처분을 취소한다.

$$- \ 이 \quad 유 \ -$$

1. 사건의 개요

청구인은 2009. 9. 1. ○○대학교 교양학부 강의전임 조교수로 신규 임용된 후 재임용되어 근무하던 중, 책임시수를 충족시킬 수 있는 교과목이 없고 신규채용 당시 경력 등이 기준 미달되었다는 등의 사유로 피청구인에게서 2014. 6. 30. 재임용 거부처분을 받았다.

이에 대하여 청구인은 피청구인이 이미 위법한 것으로 확인된 사유를 다시 재임용 거부사유로 삼았다며, 2014. 6. 9.(보정일 2014. 7. 3.) 위 재임용 거부의 취소를 구하는 소청심사를 청구하였다.

2. 처분 사유

귀하의 재임용 기준을 평정하였는바, 아래와 같은 내용으로 재임용을 거부함을 알려드립니다.

가. 본교 '아리' 관련 과목과 (전통)문화 관련 과목의 폐지 및 축소로 인하여 귀하가 담당하여 책임시수 주당 12시간을 충족시킬 수 있는 교과목이 없고, 귀하의 전공을 고려할 때 다른 과목으로의 전환도 불가능함. (계약서 제4조 제2항 참조)

나. 귀하에 대한 본교의 2009. 9. 1.자 특별채용이 2012년 교과부 종합감사에 의해 "경력 및 연구 업적 기준 미달"로 지적되었는바, 귀하와의 부적절한 임용 계약을 계속할 수 없음.

다. 귀하는 2012년 불법비리 및 업무상 횡령죄로 유죄 판결을 받은 전 총장에 대한 탄원서에 서명하여, 동료 교수들에 대한 근거 없는 비방과 건학정신 훼손에 동참한 사실이 있음.

3. 청구인 주장

교원소청심사위원회는 2013. 10. 16. 피청구인의 청구인에 대한 2013. 7. 22.자 재임용 거부처분을 취소하였다.

이때 취소 결정은 피청구인의 재임용 거부처분에 절차상 하자가 있고, 아울러 재임용 거부사유가 학칙이 정하는 객관적인 사유가 아니라는 실체상의 하자가 있었기 때문이었다.

그럼에도 불구하고 피청구인이 2014. 6. 30. 위 2013. 7. 22.자 재임용 거부처분과 동일한 사유로 다시 재임용 거부처분을 한 것은 교원소청심사위원회의 결정의 기속력에 위배된 것이어서 명백히 위법하다.

4. 판 단

가. 사실관계

1) 청구인은 2009. 9. 1. 교양학부 강의전임 조교수로 신규임용된 후 2011. 9. 1. 2년의 기간 동안 재임용되었다.

2) 피청구인은 2013. 7. 22. 청구인에게 재임용 거부처분(이하 '1차 재임용 거부처분'이라 함)을 하였다.

3) 청구인은 2013. 8. 20. 교원소청심사위원회에 1차 재임용 거부처분의 취소를 구하는 소청을 제기하였고, 교원소청심사위원회는 2013. 10. 16. 1차 재임용 거부처분을 취소하였다.

4) 교원인사위원회는 2014. 4. 25. 청구인의 출석 진술을 들은 뒤, 2014. 5. 2. 청구인에 대하여 재임용 불가로 심의하였다.

5) 이사회는 2014. 5. 30. 청구인에 대하여 재임용 불가로 의결하였다.

6) 피청구인은 2014. 6. 30. 청구인에게 재임용 불가통보(이하 '이 사건 재임용 거부처분'이라 함)를 하였다.

나. 재임용 거부처분의 위법성 여부

1) 1차 재임용 거부처분에 대한 교원소청심사위원회의 결정

 가) 청구인의 1차 재임용 거부처분에 대한 교원소청심사위원회 결정
    (2013-○○ 재임용 거부처분 취소 청구)에 따르면, 다음과 같은
    사실이 인정된다.

   ① 피청구인이 이 사건 재임용 거부처분과 동일한 사유 3가지(과목
     폐지 및 축소, 부적절한 임용 계약, 탄원서 서명)로 청구인을 재
     임용 거부한 사실

   ② 교원소청심사위원회가 1차 재임용 거부처분에 대해 청구인에게
     실질적인 의견진술 기회를 부여하지 아니한 절차상 하자가 있고,
     학칙에서 정하고 있는 객관적인 사유가 아닌 사유로 재임용을 거
     부한 실체상의 하자가 있다고 하여 취소 결정을 한 사실

 나) 위 교원소청심사위원회의 결정 중 구체적인 재임용 거부사유에 대
    한 판단의 내용은 다음과 같다.

   ① 피청구인이 제시하는 재임용 거부사유 중 '과목의 폐지 및 축소'
     와 '부적절한 임용 계약'이라는 사유는 사립학교법 제53조의2(학
     교의 장이 아닌 교원의 임면) 제7항에 따라 학생 교육, 학문 연
     구, 학생 지도 등 학칙, 교원인사규정 등에서 정하는 객관적인 사
     유에 근거하여 청구인의 실적, 능력 및 자질을 평가한 결과가 아
     닐 뿐만 아니라, 두 가지 사유 모두 피청구인에게 기본적인 원인
     이나 책임이 있다고 보여 청구인에게 그 책임을 전가할 수는 없
     다 할 것이고, 그 밖에 피청구인은 청구인과 체결한 임용 계약서
     제4조 제2호의 "책임시간이 미달되어 충족하지 못하는 경우에는
     재계약을 제한할 수 있다."라는 내용을 청구인에 대한 재임용거
     부의 근거로 제시하고 있으나, 교원의 재임용 심사에 관해 규정
     한 사립학교법 제53조의2(학교의 장이 아닌 교원의 임면) 제4항
     내지 제7항은 대법원 판례에서 판시하고 있는 바와 같이 강행 규

정으로서 두 당사자의 합의에 의해서 배제하거나 제한할 수 없으므로 이러한 피청구인의 주장은 이유 없다.

② 피청구인은 위 두 가지 사유 외에 청구인이 '전 총장을 위한 탄원서에 서명'하여 동료교수 비방과 건학정신 훼손에 동참하였다는 사유도 들고 있는데, 단순히 탄원서에 서명한 행위만으로 동료교수 비방과 건학정신 훼손에 동참하였다고 할 수 있는지 여부는 별론으로 하더라도, 교원인사규정 등에서 정하고 있는 재임용 관련 종합 평가의 일부로서 교원의 자질 또는 품위 유지에 관한 세부 평가항목이 있다면, 평가자가 평가를 하면서 이를 적정한 비율로 점수에 반영할 수는 있겠으나, 이 사건 처분의 경우와 같이 규정에 아무런 근거도 없이 재임용 거부사유로 삼을 수는 없다고 할 것이어서 재임용 거부사유가 학칙이 정하는 객관적인 사유에 해당한다고 볼 수 없다.

2) 이 사건 재임용 거부처분이 기속력에 위배되는지 여부

「교원지위향상을 위한 특별법」 제10조는 제2항에서 "심사위원회의 결정은 처분권자를 기속한다."고 규정하고 있다.

그런데 피청구인이 이 사건 재임용 거부처분의 내용으로 삼고 있는 3가지 사유는, 교원소청심사위원회가 이미 실체 판단을 하여 재임용 거부사유로 삼을 수 없다고 본 1차 재임용 거부처분의 사유와 동일하다.

따라서 이 사건 재임용 거부처분은 교원소청심사위원회의 취소 결정의 기속력을 정면으로 무시한 것으로, 위법할 뿐만 아니라 그 효력도 당연무효라 할 것이다.

법원도 유사한 취지에서 "행정소송법 제30조 제1항, 제2항의 규정에 의하면 행정처분을 취소하는 확정판결은 그 사건에 관하여 당사자인 행정청을 기속하고 판결에 의하여 취소되는 처분이 당사자의 신청을 거부하는 것을 내용으로 하는 경우에는 그 처분을 행

한 행정청은 판결의 취지에 따라 다시 이전의 신청에 대한 처분을 하도록 되어 있으므로, 확정판결의 당사자인 처분행정청이 그 행정소송의 사실심 변론종결 이전의 사유를 내세워 다시 확정판결과 저촉되는 행정처분을 하는 것은 허용되지 않는 것으로서 이러한 행정처분은 그 하자가 중대하고도 명백한 것이어서 당연무효라 할 것이다."라고 판시(대법원 1990. 12. 11. 90누3560판결)한 바 있다.

그렇다면 피청구인은 교원소청심사위원회 취소 결정의 기속력을 무시하여 이 사건 재임용 거부처분을 함으로써 그 재량권을 명백히 일탈 또는 남용하였다고 할 것이다.

또한, 피청구인은 교원소청심사위원회로부터 1차 재임용 거부처분에 대한 취소 결정을 받은 후, 정당한 사유 없이 6개월의 장기간 동안 아무런 조치를 취하지 아니하여 기속력의 취지를 몰각하였다.

이 사건 재임용 거부처분도 위법한 것으로 인정되는 이상, 피청구인은 교원소청심사위원회의 결정의 기속력에 따라 즉시 필요한 조치를 취해야 할 것이다.

5. 결 론

이상에서 살펴본 바와 같이, 피청구인의 이 사건 재임용 거부처분은 교원소청심사위원회의 취소 결정의 기속력을 정면으로 무시한 것으로 당연무효인바, 무효를 확인하는 의미에서 주문과 같이 결정한다.

폐교와 재임용 거부

처분요지 해당 교원들은 교수업적평가 기준에 미달하므로 재임용 거부함

결정요지 청구인들의 소속 학교는 이 사건 재임용 거부처분 이전에 이미 법률상 폐교되었고, 피청구인이 운영하고 있는 타 대학은 평생교육법의 평생교육시설로 종전 소속 학교와는 이질적인 교육기관인바, 청구인들은 더 이상 동일한 지위 및 근무조건으로 재임용될 수 없다 할 것이어서 이 사건 재임용 거부처분은 현저한 재량권의 일탈 또는 남용으로 보이지 아니함

관련규정 「사립학교법」 제53조의2, 「고등교육법」 제2조, 「평생교육법」 제33조

청 구 인　소속　　전) ○○학교

　　　　　　성명　　박○○　　직위 조교수
　　　　　　　　　　박○○　　직위 조교수
　　　　　　　　　　김○○　　직위 조교수
　　　　　　　　　　김○○　　직위 조교수
　　　　　　　　　　황○○　　직위 조교수

피 청 구 인　학교법인 ○○○학원

　피청구인이 2014. 6. 30. 청구인들에게 한 재임용 거부처분에 대하여 청구인들이 2014. 7. 30. 이의 취소를 구하는 소청심사청구를 하여 우리 위원회는 심사를 거쳐 다음과 같이 결정한다.

- 주　문 -

청구인들의 청구를 모두 기각한다.

− 이　　유 −

1. 처분 사유

교수 재임용 절차를 진행한바, 신청인은 교수업적평가 기준에 미달되어 재임용하지 않게 되었음을 통지한다.

2. 청구인 주장

가. 교원업적평가의 주체는 교원업적평가위원회이지 이사회나 학교장이 아니므로 이사회나 학교장은 업적평가위원회에 재평가를 요구할 수 있음은 별론으로 하더라도 평가위원회의 평가를 파기하고 직접 평가할 수는 없다.

나. 교원업적평가규정 제12조의 최소 평가기준점수는 학기당 획득점수가 아니라 임용기간의 총 획득점수이다. 부교수의 최소 평가점수가 조교수의 3배인 것은 기간이 3배이기 때문이지 학기마다 부교수가 조교수보다 3배의 평점을 받아야 하는 것이 아님에 비추어서도 알 수 있다.

다. 폐교는 경영상의 이유로 면직(해고)의 이유가 될 수 있음은 별론으로 하고 재임용 거부의 사유는 될 수 없으며, 청구인 박○○, 박○○, 김○○에게는 전직의 기회조차 부여되지 아니하였다.

라. ○○학교 논문집은 독립된 학교의 논문집이지, 단과대학이나 대학원 정도의 논문집이 아니므로 박○○, 박○○, 김○○가 ○○학교 논문집에 발표한 논문도 연구실적으로 인정되어야 한다.

마. 연구실적 200%(논문 2편)를 요구하는 교원임용규정보다 연구실적 40점(논문 1편)을 요구하는 교원업적평가규정이 신법이자 특별법이므로 연구실적의 최소 조건은 논문 1편이다.

3. 판 단

가. 사실관계

1) 청구인들은 각자 1991. 11. 24 ~ 2010. 9. 1. 사이에 신규 채용되었고, 마지막 임용기간은 다음과 같다.

이름	직급	마지막 임용기간
박○○, 박○○, 김○○	조교수	계약기간: 2011. 9. 1. ~ 2013. 8. 31. (폐교 예정으로 재임용 심사 중단되었다가 교원소청심사위원회로부터 취소 결정받은 후 재임용 심사 진행)
김○○, 황○○	조교수	계약기간: 2012. 9. 1. ~ 2014. 8. 31.

2) 교육부(사립대학제도과)는 2013. 5. 29. 피청구인에게 ○○학교 폐지인가를 통보(학교폐지일: 2013. 8. 31.)하였다.

3) 피청구인은 2013. 6. 5. 청구인 박○○, 박○○, 김○○에 대해 재임용 거부처분을 하였으나, 교원소청심사위원회는 이에 대해 2013. 9. 9. 이사회의 의결을 거치지 아니하였다는 이유로 취소하였다.

4) 피청구인은 2014. 3. 10. 임기가 남아있는 교원들에게 ○○대학으로 전직신청을 하도록 통보하였고, 청구인 황○○, 김○○은 전직신청을 하였다.

5) 피청구인은 2014. 4. 8. ○○대학에 청구인 황○○, 김○○에 대한 전직 심사를 요구하였으나, 전직 불가로 회신받았다.

6) ○○학교 총장(직무대행)은 재임용 심사절차를 진행하면서 청구인들에게 업적평가 보완요청을 하였고, 전 교무처장(황○○) 및 인사위원회 위원들(팽○○, 박○○, 박○○)은 2014. 6. 10. 위 보완요청에 대한 보고서 및 소견서를 제출하였다.

7) 이사회는 2014. 6. 26. 청구인들에 대한 재임용 거부의결을 하였다.

8) 피청구인은 2014. 6. 30. 청구인들에게 재임용 거부처분을 하였다.

나. 폐교와 재임용 거부

1) 계약제 대학교원에 대해 임면권자가 재임용 심사를 진행하여 재임
   용 여부를 결정하는 것은, 최소한 향후 재임용을 통해 종래의 근
   무조건, 환경 등이 동일하게 유지됨을 전제로 하는 것이라 할 것
   이다.

2) ○○학교 교원으로의 재임용이 가능한지 여부
   그런데 청구인들에 대한 이 사건 재임용거부처분은 2014. 6. 30.에
   이루어진바, ○○학교는 이미 10개월 전인 2013. 8. 31.로 법률상
   폐교되었다.
   따라서 청구인들이 재임용 기준을 충족한다고 가정하더라도 ○○
   학교 소속 교원의 지위를 누릴 수 없음은 분명하다.

3) ○○대학 교원으로의 재임용이 가능한지 여부
   가) 한편, 피청구인은 ○○학교 외에 ○○대학을 운영하고 있었으므로,
      청구인들이 ○○대학의 교원으로 재임용이 될 수 있는지 살핀다.

   나) ○○학교와 ○○대학과의 관계
      그런데 ○○학교는 「고등교육법」 제2조 제7호에 의한 '각종학교'인
      반면에 ○○대학은 「평생교육법」 제33조에 의한 '원격대학형태의
      평생교육시설'이다.
      한편 「평생교육법」은 평생교육의 정의를 "학교의 정규교육과정을
      제외한 학력보완교육, 성인문자해득교육, 직업능력향상교육, 인문
      교양교육, 문화예술교육, 시민참여교육 등을 포함하는 모든 형태
      의 조직적인 교육활동"으로 규정(제2조 제1호)하고 있다.
      따라서 피청구인이 설립, 운영한 ○○학교와 ○○대학은 근거법률

및 설립목적 등에 차이가 있는 이질적인 교육기관이라 할 것이다.
나아가 피청구인은 교육부에 평생교육법상의 ○○대학을 고등교
육법상의 ○○대학(제2조 제5호)으로 전환 신청하였으나, 교육부
는 2014. 10. 29. 전환 심사 부적합으로 결정하였다.

그렇다면 ○○학교는 이미 폐교되어 법률상 존재하지 않고, 피청
구인이 운영하고 있는 교육기관은 ○○대학이 유일한데, 그 ○○
대학은 ○○학교와는 평면을 달리하는 평생교육시설이므로, ○○
학교 소속 교원들은 특별한 사정이 없는 한 폐교의 사실만으로는
○○대학으로의 재임용, 전직발령 내지 배치전환 등이 당연히 가
능한 상황이라고는 보기 어렵다.

다) ○○대학의 고용승계 의무 유무

피청구인은 2013. 7. 20. 2013년도 제7차 이사회에서 "○○학교의
폐지와 연계해 현 재직 중인 교직원들에 대한 고용승계의 건은
○○대학 교직원의 수요와 임용조건에 맞는 교직원에 대해 ○○대
학에서 고용 승계를 할 수 있도록 원칙적인 허락을 하고, 구체적
인 사항은 법인과 ○○대학 간에 T.F.T를 구성해 그 의견을 참고하
여 향후 이사회에서 결정한다."는 내용의 의결을 하였으나, 이후
피청구인과 ○○대학 간에는 별도로 ○○학교 소속 교원을 고용승
계하기로 한 약정이 없었다.

라) 그렇다면 가령 청구인들의 재임용 심사평가 결과가 학칙에 따른
재임용 기준을 충족하였다고 가정하더라도, 청구인들은 더 이상
○○학교 또는 ○○대학에 재임용될 수 없어, 종래의 근무조건, 환
경 등이 동일하게 유지되지 못하게 된다.

따라서 이러한 경우의 재임용 심사는, 종래의 지위를 동일하게 유지
할 수 있는 통상적인 재임용 심사와 다른 시각으로 이루어질 수밖
에 없다고 보이는바, 피청구인의 청구인들에 대한 이 사건 재임용 거
부처분은 현저한 재량권의 일탈 또는 남용이라고 보이지 아니한다.

4. 결 론

　이상에서 살펴본 바와 같이, 청구인들은 더 이상 ○○학교 또는 ○○대학에 동일한 지위 및 근무조건 등으로 재임용될 수 없으므로, 피청구인의 청구인들에 대한 재임용 거부처분은 현저한 재량권의 일탈 또는 남용이라고 보이지 아니하여 주문과 같이 결정한다.

외국인 교원의 조교수 자격 미보유

처분요지 계약기간 만료로 면직(조교수 자격 인정 기준 부적격)

결정요지 청구인은 2013. 12. 재임용 심사 당시 ○○대학교에서의 약 2년 정도의 교육경력 외에 다른 교육 경력은 없으므로 법령에서 조교수 자격으로 요구하는 4년의 교육경력을 충족하지 못하였는바, 재임용 거부는 정당함

관련규정 「대학교원 자격기준 등에 관한 규정」 제2조, 제4조, 별표, 「교수자격 기준 등에 관한 규정 제4조에 따른 연구기관 등의 지정에 관한 고시(교육과학기술부고시)」 제3조 제3호, 「초·중등교육법」 제21조

청 구 인 소속　　전)○○대학교　직위 조교수

　　　　　　성명　　손 ○○○

피 청 구 인　학교법인 ○○

피청구인이 2013. 12. 30. 청구인에게 한 재임용 거부처분에 대하여 청구인이 2013. 12. 31. 이의 취소를 구하는 소청심사청구를 하여 우리 위원회는 심사를 거쳐 다음과 같이 결정한다.

- 주　문 -

청구인의 청구를 기각한다.

- 이　유 -

1. 사건의 개요

청구인은 2012. 3. 1. ○○대학교에 전임강사로 2년을 임용기간으로 하여 신규임용되어 근무하던 중(2012. 7. 22. 조교수로 명칭이 변경됨), 조교수 자격요건 기준에 미달된다는 이유로 피청구인에게서 2013. 12. 31. 재임용 거부통보를 받았다.

이에 대하여 청구인은 피청구인이 2013년도에도 아무런 문제제기 없이 청구인을 재임용하고서는 2014년도에 자격을 이유로 재임용을 거부한다는 것은 이해할 수 없다는 등의 주장을 하며 2013. 12. 31. 이의 취소를 구하는 소청심사를 청구하였다.

2. 처분 사유

계약기간이 만료되어 그 직을 면한다. (2014. 2. 28.부)

3. 청구인 주장

피청구인은 청구인이 강의평가 및 학부평가 점수는 모두 재임용 기준에 적합함에도 2012년에 개정된 정부의 대학교원 조교수 자격요건 기준에 맞지 않는다는 이유로 재임용을 거부한다고 통지한바, 2013년도에 같은 자격요건에 있던 청구인을 재임용하고서 2014년도에는 안 된다는 주장을 이해할 수 없으며, 자격요건 미달이라면 그 자격을 갖출 수 있는 유예기간을 주어야 함에도 이에 대한 아무런 사전 예고도 없었으므로, 이처럼 일방적인 재임용 거부는 부당하다.

4. 판 단

가. 사실관계

1) 피청구인은 청구인을 임기 2년(2012. 3. 1. ～ 2014. 2. 28.)으로 하여 ○○대학교 전임강사로 신규임용하였다.

2) 청구인은 2012. 7. 22. 개정된 고등교육법의 시행에 따라 전임강사

에서 조교수로 명칭이 변경되었다.

3) 총장은 2013. 11. 29. 청구인이 재임용 심사항목 중 '강의평가', '학
부평가'는 기준을 충족하였으나 '조교수 자격 인정 기준'에는 부적
격함을 청구인에게 고지하고 의견진술의 기회를 안내하였다.

4) 교원인사위원회는 2013. 12. 16. 청구인에 대해 재임용이 불가함을
심의하였고 청구인은 별도로 소명한 바는 없다.

5) 이사회는 2013. 12. 30. 청구인에 대해 재임용 거부를 의결하였고,
피청구인은 2013. 12. 31. 청구인에게 재임용 거부통보를 하였다.

6) 청구인은 2013. 12. 31. 우리 위원회에 위 재임용 거부의 취소를 구
하는 소청심사를 청구하였다.

나. 청구인의 조교수 자격 기준 충족 여부

1) 청구인은 1993. 12. 31. University of ○○○를 졸업한 후, 2007. 3.
1.부터 2012. 2월까지 ○○외국어고등학교에서 4년 이상 원어민교
사로 근무하다가 2012. 3. 1. ○○대학교에 전임강사로 2년을 계약
기간으로 신규임용되었으며 그 밖의 연구 및 교육경력은 없다. (인
사기록카드, 재직 및 경력증명서)

2) 피청구인은 감사원의 요구로 2013. 5. 14. '외국인 교원 임용현황'을
교육부를 통해 감사원에 제출한 바 있고, 감사원의 소명서 요구에
따라 "교수자격 기준 고시에 대한 이해 부족으로 교원자격증을 소
지한 경우에만 '초·중·고등학교 교원으로 근무한 경력'으로 인정
되는 사실을 모르고 있었다."라고 해명하는 사유서를 제출하였다.
(교육부 주무관 전자우편, 사유서)

3) 한편 「대학교원 자격기준 등에 관한 규정」 제2조, 제4조, 별표에 따
르면, 대학의 조교수가 되기 위해서는 일정한 기관이나 시설에서

연구실적 경력 또는 교육경력이, 혹은 연구실적 경력과 교육경력을 합한 경력이 4년 이상이 되어야 한다.

이때 일정한 기관이나 시설에 관하여 「교수자격 기준 등에 관한 규정 제4조에 따른 연구기관 등의 지정에 관한 고시(교육과학기술부고시)」 제3조 제3호에 의하면, '중·고등학교 교원으로 근무한 교육경력이 대학에서 담당할 과목과 부합되는 경우'도 해당 경력으로 인정된다.

4) 그런데 「초·중등교육법」은 제19조 제1항에서 학교의 교원으로 "교장·교감·수석교사 및 교사"를 규정하고 있고, 제22조 제1항에서 "교육과정을 운영하기 위하여 필요하면 학교에 제19조 제1항에 따른 교원 외에 산학겸임교사·명예교사 또는 강사 등을 두어 학생의 교육을 담당하게 할 수 있다."라고 규정하고 있다.

또한, 같은 법 제21조에서는 교장, 교감, 교사로서 일정한 자격기준을 갖추고 교육부장관이 검정·수여하는 자격증을 받은 자만을 교원의 자격을 갖춘 자로 인정하고 있다.

5) 그렇다면 비록 교원뿐만 아니라 교원 외 강사 등도 학교의 교육과정에 참여할 수 있다고 하더라도, 「초·중등교육법」은 교원과 교원이 아닌 자를 일정한 자격의 구비 여부로 대별하고 있으므로 관련 법령의 종합적 해석에 따라, 관련 고시에서 '중·고등학교 교원'으로 근무한 교육경력은 「초·중등교육법」의 교원으로 근무한 교육경력으로 한정 해석하여야 함이 타당하다.

6) 그런데 청구인은 대한민국에서 별도로 「초·중등교육법」 제21조에 따른 교원자격증을 취득한 사실이 없는바, 청구인이 ○○외국어고등학교에서 4년 이상 근무한 경력은 교원이 아닌 강사 등의 경력이어서 대학교원의 자격요건인 교육경력으로 인정할 수는 없다.

7) 결과적으로 청구인은 2013. 12. 재임용 심사 당시 ○○대학교에서

의 약 2년 정도의 교육경력 외에 다른 교육 경력은 없으므로 법
령에서 조교수 자격으로 요구하는 4년의 교육경력은 충족하지 못
하였다.

다. 재임용 거부의 타당성 여부

1) 청구인은 2013년도에 같은 자격요건에 있던 청구인을 재임용하고
서 2014년도에는 안 된다는 주장을 이해할 수 없다고 주장한다.
그러나 인사발령 통보에 의하면 피청구인은 청구인을 임기 2년
(2012. 3. 1. ~ 2014. 2. 28.)으로 하여 ○○대학교 전임강사로 신규임
용한 사실이 인정된다.
다만 피청구인은 청구인과 고용 계약서를 1년 단위(2012. 2., 2013. 2.)
로 작성한바, 이는 1년 단위로 급여가 인상되는 되는 점을 고려하
여 작성한 것일 뿐, 임용기간 만료자에 대한 재임용의 의도로 작
성한 것이 아니다.
따라서 피청구인이 2013년도에 자격 요건이 안 되는 청구인을 재
임용하였다는 청구인의 주장은 이유 없다.

2) 또한 청구인은 가령 자신이 자격요건이 미달된 사람이라고 하더라
도 그 자격을 갖출 수 있는 유예기간을 주어야 한다고 주장하나,
청구인이 조교수 자격 기준을 충족하지 못한 것은 법령 위반 사
항이어서 이유 없다.

3) 그렇다면 청구인이 이 사건 재임용 심사 당시인 2013. 12월경 조교
수 자격요건을 구비하지 못한 것은 사실이고, 피청구인이 대학교
원이 되려는 자에게 법령상의 기본자격을 요구하는 것은 부당하
다고 보이지 않는다.
따라서 비록 청구인이 강의평가와 학부평가에서 적격으로 판정받
았다고 하더라도 대학교원의 법정 자격요건을 구비하지 못한 이상,
피청구인의 이 사건 재임용 거부가 재량권을 일탈하거나 남용한 것

이라고 보이지 않는다.

5. 결 론

이상에서 살펴본 바와 같이, 청구인이 2013. 12월경 재임용 심사 당시 4년 이상의 교육경력을 갖추지 못한 것은 사실이므로, 피청구인이 청구인에 대해 조교수 자격 조건 미달을 이유로 재임용을 거부한 것은 재량권을 일탈하거나 남용한 것이라고 보이지 아니하여 주문과 같이 결정한다.

고등교육법 개정에 따른 조교수의 임기만료일

처분요지 연구업적 등을 심사한 결과 해당 교원은 동일직명재계약임용 요건을 충족하지 못하여 재계약 불가함

결정요지 청구인은 교원인사규정 부칙 제2조 제3항의 해석, 계약서 등을 종합할 때 그 임기만료일이 2014. 2. 28.이므로 2014. 3. 1.자 재임용 심사대상자인 바, 피청구인은 재임용 거부처분을 하는 과정에서 청구인에게 의견진술 기회를 부여하지 아니한 절차상 하자가 있어 재임용 거부처분은 위법함

관련규정 「고등교육법」 제14조 제2항, 부칙 제2조, 「교육공무원법」 제5조, 제11조의3

청 구 인 소속   ○○○대학교

성명   피터 ○○○ ○○○   직위 조교수

대리인 변호사 장○○

피 청 구 인 ○○대학교 총장

피청구인이 2013. 12. 31. 청구인에게 한 재임용 거부처분에 대하여 청구인이 2014. 1. 2. 이의 취소를 구하는 소청심사청구를 하여 우리 위원회는 심사를 거쳐 다음과 같이 결정한다.

- 주   문 -

피청구인이 2013. 12. 31. 청구인에게 한
재임용 거부처분을 취소한다.

- 이　　유 -

1. 사건의 개요

　청구인은 2012. 3. 1. ○○대학교에 전임강사로 2년을 기간으로 하여 임용되어 근무하던 중(2012. 7. 22. 조교수로 명칭이 변경됨.), 계약기간이 만료됨에도 동일직명재계약임용 요건을 충족하지 못하였다는 이유로 피청구인에게서 2013. 12. 31. 재임용 거부통보를 받았다.

　이에 대하여 청구인은 개정된 고등교육법 부칙 2조 간주규정에 따라 청구인의 직급이 조교수로 변경되고 아직 잔여임기가 3년이나 남았으므로 재임용 심의대상자가 아니라는 주장을 하며 2014. 1. 2. 이의 취소를 구하는 소청심사를 청구하였다.

2. 처분 사유

　2012년 3월 1일 체결한 임용계약서상의 계약기간이 만료(2014. 2. 28.)됨에 따라 절차대로 연구업적 등을 심사한 결과, 귀하는 동일직명재계약임용 요건을 충족하지 못하여 재계약할 수 없음을 통지한다.

3. 청구인 주장

가. 청구인의 임기가 아직 만료되지 아니하였으므로 청구인은 재계약 임용 대상자가 아니다.

　1) 청구인은 피청구인과 애초 2년 임기(2012. 3. 1. ~ 2014. 2. 28.)의 전임강사로 계약을 체결하였으나, 2012. 7. 21. 개정된 고등교육법 부칙 2조 간주규정에 따라 직급이 조교수로 변경되었고, ○○대학교 인사에 관한 규정에 의하면 조교수의 임기는 5년이므로 청구인의 임기는 소급하여 5년(2012. 3. 1. ~ 2017. 2. 28.)이다.

2) 피청구인은 청구인과의 계약서에 따른 2년의 임기를 주장하나, 개별적으로 체결한 계약보다 학칙인 인사에 관한 규정이 법적 효력에서 우선하고, 계약서상에 "계약기간은 변경하지 못한다."고 되어 있더라도 학칙 개정이 교원 등의 임용기간에 유리하게 적용되는 것까지 금지하는 것은 아니다.

나. 피청구인 인사위원회는 청구인에 대한 업적평가를 심의하지도 아니하였다.

다. 청구인은 피청구인이 정한 제출시한(2013. 11. 14.)은 도과했으나 임기 내인 2013. 12. 9. 논문게재확정편지를 받았으므로, 기존의 논문과 위 예정논문을 인정하면 임용 최저요건인 286점을 충족한다.

4. 판 단

가. 사실관계

1) 피청구인은 청구인을 임기 2년(2012. 3. 1. ~ 2014. 2. 28.)으로 하여 ○○대학교 전임강사로 임용하였다.

2) 청구인은 2012. 7. 22. 개정된 고등교육법의 시행에 따라 전임강사에서 조교수로 명칭이 변경되었다.

3) 피청구인은 2013. 10. 31. 청구인에게 계약기간 만료 및 재계약 임용 신청 안내를 하였다.

4) 교원인사위원회는 2013. 12. 26. 청구인에 대해 동일직명재계약 심사는 불필요하고, 청구인의 임용기간을 2012. 3. 1. ~ 2017. 2. 28.로 하여 다시 계약서를 작성하는 것이 타당하다고 심의하였으며, 청구인은 교원인사위원회에서 별도로 소명할 기회는 없었다.

5) 피청구인은 2013. 12. 31. 청구인에게 재임용 거부통보를 하였다.

나. 청구인이 재임용 심사대상자인지 여부

1) 관련 규정은 다음과 같다.

■ 구 고등교육법 [2011. 7. 21. 법률 제10866호로 개정되기 전의 것]

제14조(교직원의 구분)

② 학교에 두는 교원은 제1항의 규정에 의한 총장 및 학장 외에 교수·부교수·조교수 및 전임강사로 구분한다.

■ 구 고등교육법 [2011. 7. 21. 법률 제10866호로 개정된 것]

제14조(교직원의 구분) ②학교에 두는 교원은 제1항에 따른 총장이나 학장 외에 교수·부교수 및 조교수로 구분한다.

부칙

제1조(시행일) 이 법은 공포한 날부터 시행한다. 다만, …(생략)… 제14조 제2항의 개정규정 및 부칙 제3조는 공포 후 1년이 경과한 날부터 각각 시행한다.

제2조(전임강사의 명칭 폐지에 관한 경과조치) ① 제14조 제2항의 개정규정 시행 당시 종전의 규정에 따른 전임강사는 이 법에 따른 조교수로 본다.

② 제14조 제2항의 개정규정 시행 당시 종전의 규정에 따른 전임강사 근무경력은 이 법에 따른 조교수 근무경력으로 본다.

■ ○○대학교 교원 등 인사에 관한 규정

제13조(임용기간)

① 전임교원의 직명별 임용기간은 다음 각 호와 같다.

3. 조교수: 5년

제22조(계약제 임용기간) ① 계약제로 임용되는 전임교원의 계약으로 정하는 임용기간(이하 "계약기간"이라 함)은 제13조 제1항에 의한다.

제30조(동일직명재계약임용 요건) ① 동일직명재계약임용 대상 전임교원의 업적평가는 제39조와 같이 하고, 최저요건은 〈별표3〉과 같다.

부칙 제2조(전임강사의 명칭폐지에 관한 경과조치)

① 2012년 7월 21일 당시 종전 규정에 의한 전임강사는 이 규정에 의한 조교수로 본다.

② 2012년 7월 21일 당시 2012년 7월 21일 이전 전임강사 경력은 조교수 경력으로 본다.

③ 2012년 7월 21일 당시 종전 규정에 의한 전임강사는 제13조 제1항 제3호의 규정 적용 시 본교 전임강사 임용일부터 기산하여 그 잔여기간을 조교수 계약기간으로 한다.

④ 2012년 7월 21일 당시 종전 규정에 의한 조교수의 임용기간은 전임강사 임용기간을 제외하고 4년으로 한다.

2) 이 사건 재임용 거부처분의 경위

가) 청구인 임용계약서에 의하면, 청구인의 계약기간은 2012. 3. 1.~2014. 2. 28.의 2년이고, 피청구인은 청구인과 합의하여 '계약기간'을 제외한 계약조건을 변경할 수 있다. (계약서 제3조, 제9조 제3항)

나) 피청구인은 청구인을 2014. 3. 1.자 재임용 대상자로 파악하여 2013. 10. 31. 청구인에게 임기만료 통보 및 재임용 신청 안내를 하였고, 2013. 12. 31. 청구인에게 연구 실적이 없어 재임용 기준 미달을 이유로 재임용 거부처분하였다.

3) 청구인의 임기

가) 위와 같은 규정 및 계약서에 따르면, 청구인은 임기 2년(2012. 3. 1. ~ 2014. 2. 28.)의 전임강사로 임용되었으나, 위 계약기간 중 고등교육법의 개정으로 청구인의 직급이 전임강사에서 조교수로 변경되었다.

나) 한편, 고등교육법은 부칙 제2조(전임강사의 명칭 폐지에 관한 경과

조치)에서, 전임강사로서의 근무경력을 조교수 근무경력으로 간주하는 규정만 두었을 뿐 조교수로 전환된 자의 임기(계약기간)에 대해서는 별도로 규정하고 있지 아니한바, 조교수로 전환된 자의 임기에 대해서는 해당 학교의 인사규정 등 자치 규정을 통해서 해결해야 할 것으로 보인다.

다) 이와 관련하여 피청구인 교원인사규정은 조교수 임기를 5년으로 규정(제13조 제1항 제3호)하는 한편, 부칙 제2조 제3항에서 "2012년 7월 21일 당시 종전 규정에 의한 전임강사는 제13조 제1항 제3호의 규정 적용 시 본교 전임강사 임용일부터 기산하여 그 잔여기간을 조교수 계약기간으로 한다."라고 규정하고 있다.

라) 위 부칙에 따르면 종전 규정에 의한 전임강사에 대해서도 조교수 5년의 임기가 보장되고, 그 기산일은 전임강사 임용일부터 소급하여 적용되는 것이다.
다만 그 조항 마지막 문구는 "그 잔여기간을 조교수 계약기간으로 한다."라고 규정하고 있는바, 이는 해당 교원이 전임강사 계약기간(2년) 완료 이후에 재임용 심사 없이 자동으로 잔여기간 3년의 임기가 보장된다기보다는 전체 조교수 5년의 임기 중 전임강사로서 계약한 기간(2년) 이후의 '잔여기간 3년'을 조교수로 계약할 수 있고 이를 위해 조교수로의 동일직명재계약 심사를 받아야 하는 것으로 해석된다.

마) 한편, 청구인은 2년의 전임강사 계약서만 작성하였을 뿐, 고등교육법 개정 이후에 별도로 조교수로 계약서를 작성한 사실이 없고, 전임계약 당시 계약서에 의하면 계약기간은 변경할 수 없는 것으로 되어 있다.

바) 이와 같은 사정에 비추어 볼 때, 청구인의 임기는 애초 계약서대로 2014. 2. 28.까지라고 할 것이므로 청구인은 2014. 3. 1.자 재임

용 심사대상자에 해당된다.

다. 재임용 거부처분의 절차상 하자 유무

1) 대학인사위원회의 결정과 다른 총장의 처분 부분

  교육공무원법 제5조는 대학인사위원회를 필수적인 '심의' 기구로 두면서 '교수, 부교수 및 조교수에 대한 임용 동의'를 그 심의 사항으로 규정하고 있으며, 제11조의3에 따르면 교원의 재임용 여부 심의도 대학인사위원회의 심의를 거치도록 하고 있다.

  이 사건에서 인사위원회는 2013. 12. 26. 청구인에 대한 임기가 2017. 2. 28.까지 보장되어야 한다는 전제하에 청구인에 대해 재계약 심사를 별도로 진행하지 않았고, 청구인의 임기를 2017. 2. 28.까지 하는 계약서를 작성하는 것이 타당하다고 심의하였다. (인사위원회 회의록)

  그런데 대학인사위원회가 의결기관이 아닌 심의기구인 이상, 국립대 총장은 인사위원회의 심의를 참고하면 족하고, 반드시 이에 기속될 필요는 없다고 할 것이므로, 총장이 인사위원회의 심의 내용과 다른 결정을 했다는 것 자체는 위법하다고 보이지 않는다. (다만, 총장이 합법적인 절차와 합리적인 사유에 의해 인사위원회 심의와 다른 결정을 했는지는 별론으로 한다.)

  그렇다면 이 사건에서 인사위원회가 청구인에 대해 별도의 업적심사를 진행하지 아니하였다 하더라도 인사위원회가 심의를 진행한 것은 사실이므로, 청구인의 인사위원회 미심의에 대한 절차상 하자 주장은 이유 없다.

2) 소명기회 부여 관련 부분

  그러나 총장이 인사위원회의 심의 내용과 달리 판단을 할 수 있다고 하더라도 청구인은 재임용 거부 대상자이므로, 총장은 교육공무원법 제11조의3 제5항의 취지에 비추어 청구인에게 최소한 소명기회는 부여하여야 한다.

그런데 청구인은 애초 2013. 12. 26. 인사위원회에 출석하여 소명하고자 대기 중이었으나, 인사위원회가 청구인의 경우 재임용 심의가 불필요하다고 판단하여 청구인에게 별도의 의견진술기회를 부여하지 아니하였다.

이후 청구인은 총장에 의해 재임용 거부처분되는 과정에서도 의견진술기회를 부여받지 아니한바, 이 사건 재임용 거부처분에는 절차상 하자가 있다고 할 것이어서 더 나아가 살피지 아니한다.

5. 결 론

이상에서 살펴본 바와 같이, 청구인은 교원인사규정 부칙 제2조 제3항의 해석, 계약서 능을 종합할 때 그 임기만료일이 2014. 2. 28.이므로 2014. 3. 1.자 재임용 심사대상자인바, 피청구인은 재임용 거부처분을 하는 과정에서 청구인에게 의견진술 기회를 부여하지 아니한 절차상 하자가 있다고 할 것이어서 더 나아가 살피지 아니하고 주문과 같이 결정한다.

직급정년제와 한시적 임용

처분요지 2014. 3. 1.자 정기인사 심의결과 교수 임용 미추천과 직급정년 도래 교원
에 대해 한시적 임용 통보

결정요지 피청구인의 이 사건 한시적 임용처분은 ○○○원 교원인사운영요령에 근
거한 직급정년제 및 승진탈락 처분에 부대하여 이루어진 것으로서 위법
하다고 보이지 아니함

관련규정 「○○○원법」 제2조, 「○○○원 인사규정」 제11조 제2항 등

청 구 인 소속   전) ○○○원

성명   임○○   직위 부교수

대리인 법무법인 ○○ 변호사 홍○○, 김○○

피 청 구 인 ○○○ 총장

대리인 법무법인 ○○ 변호사 이○○, 이○○

결 정 일 2014. 5. 28.

　피청구인이 2013. 12. 19. 청구인에게 한 한시적 임용처분에 대하여
청구인이 2014. 1. 17. 이의 취소를 구하는 소청심사청구를 하여 우리
위원회는 심사를 거쳐 다음과 같이 결정한다.

- 주　문 -

청구인의 청구를 기각한다.

- 이　유 -

1. 사건의 개요

청구인은 2005. 3. 1. ○○○원 부교수로 승진 임용되어 근무하던 중, 피청구인에게서 2013. 12. 19. 교수 임용 미추천 및 한시적 임용을 통보받았다.

이에 대하여 청구인은 위 처분의 근거가 되는 직급정년 규정이 무효라는 등의 주장을 하며 2014. 1. 17. 이의 취소를 구하는 소청심사를 청구하였다.

2. 처분 사유

2014. 3. 1.자 정기인사 심의결과 교수 임용 미추천과 직급정년 도래 교원에 대해 한시적 임용을 통보한다. (총장의 2013. 12. 19.자 통보)

○ 미추천 사유(학술연구 부문): 연구업적에 대한 국내외 평가자들의 평가 결과가 부정적이며, 인문사회과학과의 연구여건과 해당 교원의 학문적 특성을 고려하더라도 교수로 승진하기에는 발표 논문의 공헌도가 낮고 연구 성과가 미흡함.

○ 직급정년 도래 교원에 대한 한시적 임용: 교원인사운영요령 제28조(직급정년)에 따라 직급 정년일까지 승진되지 않는 경우에는 임용 계약기간 만료와 함께 면직 처리됨. 다만, 계약기간 만료일로부터 최대 1년간 1회에 한하여 한시적으로 연장 임용이 가능하되, 이후에는 자동 면직됨.

3. 청구인 주장

가. 교원에 대하여 재임용 심사신청권을 보장한 사립학교법 제53조의2

제3항 내지 8항은 강행규정이라 할 것이므로 기간제로 임용되어 그 임용기간이 만료되는 교원에 대하여 실질적으로 재임용심사절차를 배제하는 내용의 이 사건 직급정년 규정은 무효이다.

나. 승진 심사와 재임용 심사는 별개의 임용행위이고 승진 심사기준과 재임봉 심사기순이 다르기 때문에 승진 심사 과정에서 소명기회를 부여받았다고 하더라도 재임용에 대한 소명기회로 보기 어렵다.

다. 청구인은 승진 심사를 다투는 것이 아니며, 피청구인이 1년간의 한시적 임용(임기만료일 2015. 2. 28.) 이후 재임용 거부의사를 미리 확정적으로 표시한 것의 위법성을 다투고자 한다.

4. 판 단

가. 사실관계

1) 청구인은 2005. 3. 1. ○○○원 부교수로 승진 임용된 후 재임용되어 왔는바, 마지막 재임용의 임기는 2013. 3. 1. ~ 2014. 2. 28.이다.

2) ○○학과장은 2013. 8. 30. 청구인에게 재계약 임용심사대상자 및 직급정년 통지를 하였다.

3) ○○학과 교원인사심의회는 2013. 10. 8. 청구인에 대해 승진 대상자 미추천으로 심의하였다.

4) ○○과학대학 교원인사위원회는 2013. 10. 17. 청구인에 대해 승진 대상자 미추천으로 심의하였다.

5) 교원인사위원회는 2013. 11. 25. 청구인에 대하여 교수로의 승진추천 기준에 성과가 미치지 못한 것으로 심의[20]하였다.

---

20) 교원인사위원회 의견
　　• 교육/기여봉사 부문 : 체육교과 확립, 강의평가 결과 등 교육부문의 평가는 인정되고, 학교 체육 관련 시설 기반 마련과 운영에 공헌하였음.

6) 총장은 2013. 11. 26. 청구인에게 교원인사위원회 출석을 요청하고 소명기회를 안내하였다.

7) 교원인사위원회는 2013. 12. 10. 청구인의 진술서(2013. 12. 10.자)를 확인한 후 청구인에 대하여 승진 미추천으로 결정하였다.

8) 총장은 2013. 12. 19. 청구인에게 2014. 3. 1.자 정기인사를 통보하였다.

나. 피청구인의 인사 관련 규정

1) 승진 기준

○○○원 교원인사 운영요령 제26조 제4항에 따르면, 교원인사위원회는 별표 제3호 서식(교원인사 평가 및 채점표)에 따라 승진 심사를 하게 된다.

이에 의하면 피청구인은 해당 교원을 교육(30%), 연구(40%), 봉사(20%), 평가자에 대한 사항(10%) 항목에 대해 100점을 만점으로 하여 평가하며, 해당 교원이 승진을 하려면 항목별(교육, 연구, 봉사) 60% 이상의 점수를 충족하여야 하고 총점의 80% 이상을 충족하여야 한다.

2) 재임용 기준

한편, 교원인사 운영요령 제21조에 따르면 교원에 대한 재임용은 승진에 관한 규정을 준용하고 있는바, 재임용 기준도 승진 기준과 원칙적으로 동일(각 항목별 60% 이상, 총점의 80% 이상 충족)하되, 평가 항목 중 '평가자에 대한 사항(10%)'만 배제되어 만점이 90점이 되는 차이가 있다.

• 학술연구 부분 : 연구업적에 대한 국내외 평가자들의 평가 결과가 부정적이며, 인문사회과학과의 연구 여건과 해당 교원의 학문적 특성을 고려하더라도 교수로 승진하기에는 발표 논문의 공헌도가 낮고 연구성과가 미흡하다는 의견임.

3) 직급 정년 규정

　○○○원 인사규정 제11조 제2항은 "총장은 교원에 대해 각 직급별로 별도의 직급정년을 규정할 수 있다. 단, 영년직 교수로 임용된 자는 직급정년을 적용하지 않는다."로 규정하고 있고[21], 이에 따라 교원인사운영요령은 제28조에서 구체적인 직급 여하 및 한시적 임용의 근거를 규정하고 있다.

　즉, 교원인사 운영요령 제28조 제1항에 따르면 부교수가 승진되지 아니하고 동일한 직급에 근무할 수 있는 연한은 9년이고, 직급 정년일까지 승진되지 아니하는 경우에는 임용 계약기간 만료와 함께 면직처리되되, 다만 전직 등을 고려하여 총장의 승인을 얻어 계약기간 만료일로부터 최대 1년간 1회에 한하여 한시적으로 연장 임용될 수 있도록 하고 있다.

다. 이 사건 처분의 경위

1) 청구인은 2005. 3. 1. ○○○원 부교수로 승진 임용한 뒤, 최초 5년의 임기 후 부교수로의 2차례의 재임용(각 3년, 1년의 임기)을 거쳐 2014. 2. 28.까지 총 9년간 ○○○원 부교수로 재직하였다.

　한편, 청구인은 부교수로의 재직 기간 중 2013. 3. 1.자 승진 심사에서 탈락된 뒤 2014. 3. 1.자 승진 심사에서 다시 탈락되었다.

2) 교원인사위원회는 청구인이 부교수로서의 직급 정년 도래를 앞둔 2013. 12. 10. 청구인에 대해 '교원인사 평가 및 채점표'에 따라 승진 평가를 진행하였다.

　그 결과 청구인은 평균(인사위원 11명의 평균) 74.6점을 취득하여 승진 기준인 80점에 미달하였다.

　이에 피청구인은 청구인에게 교수로의 승진 탈락을 통보함과 아울러 임기만료일부터 1년간 한시적 임용을 하였다.

---

[21] 청구인은 영년직 '부'교수로 임용된 자이므로 위 규정에 따를 때 직급정년 규정을 적용받게 된다.

라. 청구인의 소청 취지 및 심사 대상

청구인은 청구서 및 보충 서면에서 피청구인의 한시적 임용의 취소를 구하고 있는바, 승진 탈락 자체는 문제 삼지 아니하고, 직급정년제 및 사전적인 재임용 거부의사로 인한 재임용 심의신청권의 침해만을 문제 삼는다고 밝히고 있다.

그러나 피청구인의 한시적 임용은 교원인사 운영요령 제28조 제1항에 따라 총장이 '승진탈락자'에 대해 전직 등을 고려하여 최대 1년간 특별임용하는 행위로서 엄밀하게는 승진 탈락과 한시적 임용은 별개의 처분이라고 보인다.

다만 청구인은 직급정년제의 위법성을 아울러 다투고 있어 한시적 임용만을 승진탈락과 분리하여 살피는 것은 부적절하다고 보이는바, 승진 탈라 부분도 이 사건 심사 대상으로 살핀다

마. ○○○원 소속 교원의 재임용 심의신청권의 근거

1) 청구인은 ○○○원 교원에 대해 사립학교법이 적용된다는 전제에서 직급정년제가 사립학교법 재임용 심사규정에 위배된다는 등의 주장을 하고 있다.

2) 그러나 고등교육법 제3조는 사립학교에 대해 '학교법인'이 설립, 경영하는 학교라고 규정하고 있으나, ○○○원법 제2조는 ○○○원을 학교법인이 아닌 일반 법인으로 규정하고 있다.

   또한 ○○○원 소속 교원들은 사립학교 교직원 연금에 가입되어 있기는 하나, 사립학교 교직원 연금법은 제60조의4에서 특례조항을 두어 사립학교 교원이 아니더라도 법률에서 대학원을 설치·운영하는 연구기관의 교수요원에 대해 해당 연금법이 적용될 수 있도록 규정하고 있다.

   따라서 ○○○원 소속 교원들이 사립학교 교직원 연금에 가입되어 있다는 사실만으로 ○○○원이 사립학교라고 볼 법적 근거도 없다.

그렇다면 ○○○원 교원에게 사립학교법 규정이 직접적으로 적용된다는 청구인의 주장은 이유 없다.

3) 다만, ○○○원 내부 규정인 '교원인사운영요령'은 제18조(재계약 기간), 제19조(재계약 통지·심사·의견진술 및 임용), 제20조(재계약 탈락 및 한시적 임용)에서 임기 만료된 교원에 대한 재임용 심사 및 그 절차에 관한 규정을 두고 있다.

따라서 직급정년제도하에서 동일 직급에 대한 재임용 심의신청권의 인정 여부는 별론으로 하더라도 최소한 ○○○원 소속 교원에게도 재계약 심의 신청권은 인정된다고 할 것이다.

바. 직급정년제 규정의 위법성 여부

1) 청구인은 이 사건 직급정년 규정이 기간제 교원의 재임용 심의청구권을 실질적으로 배제하므로 무효라고 주장하고 있다.

2) 그런데 대학교원에 대한 재임용 심사제도의 입법취지는 정년보장으로 인한 대학교원의 무사안일을 타파하고 연구 분위기를 제고하는 동시에 대학교육의 질을 향상시키고자 함이라 할 것인데(헌법재판소 2003. 2. 27. 선고 2000헌바26 참고), 직급정년제도 이와 유사한 입법 목적을 가지고 있다고 보인다.

대법원도 대학교원에 관한 직급정년제에 대해 그 합리성을 인정하였는바, "근무 연한의 설정은 각 직위당 주어진 근무기간 동안 상급 직위 대학교원으로의 능력과 자질을 구비하게 하여 종국적으로 교수(정교수)의 지위에 오르게 함으로써 정년 보장하에 학생의 교육·지도와 학문연구에 그 지식과 인격적 역량을 최대한 발휘할 수 있게 하려는데 제도적 취지가 있다고 할 것이어서 그 제도의 합리성을 부정할 수는 없다."라고 판시(대법원 2010. 4. 29. 선고 2007두19102판결)하였다.

그렇다면 직급정년제 자체는 합리성 및 대학 자치권에 비추어 허용되는 부분이라 할 것이다.

3) 또한 직급정년제하에서는 직급 정년이 도래한 시기에 승진 임용이 되면 해당 교원은 상위직으로 교원의 신분이 유지되는 것이고 반대로 승진 탈락이 되면 기존의 교원의 신분이 박탈되는 것이어서, 이때의 승진 심사는 학교법인이 해당 교원을 향후 일정 기간 교원으로 임용할지에 대한 심사로써 광의의 재임용 심사로 못 볼 바가 아니다.

4) 결과적으로 직급정년제하에서는, 해당 교원의 직급별 재직기간이 아직 정년에 도래하지 아니한 채 계약상의 임기가 만료된 경우에는 해당 교원에게 동일 직급으로의 재임용 심의신청권이 인정된다고 할 것이나, 직급별 재직기간이 정년에 도래하였다면 광의의 재임용 심의신청권에 해당하는 승진에 대한 심의 신청권은 인정되지만 동일 직급으로의 재임용 심의신청권은 인정되지 아니한다고 할 것이다.

5) 이 사건에서 청구인은 2005. 3. 1. ○○○원 부교수로 승진 임용(최초 5년 임기)된 후 동일 직급인 부교수로 2차례 재임용(각 3년, 1년의 임기)되어 2014. 2. 28.까지 총 9년간 부교수로 재직하였다.
그렇다면 이 사건은 청구인이 부교수의 직급정년(9년)에 도래하여 광의의 재임용 심사청구(교수로의 승진 심사 청구)를 하였다가 탈락한 것이어서 더 이상 청구인에게 동일한 직위(부교수)로의 재임용 심의신청권이 인정된다고 보기 어려운바, 이와 다른 전제에 선 청구인의 주장은 이유 없다.

사. 승진탈락 처분 및 한시적 임용처분의 위법성 여부

한편, 청구인은 피청구인의 이 사건 승진 심사 및 승진 탈락 처분에 대해서는 다투고 있지 아니하다.

또한, 이 사건 승진 심사 과정에서 특별히 피청구인이 ○○○원 교원 인사운영 요령을 위배한 것으로 볼 만한 하자도 확인되지 아니한다. 그렇다면 피청구인의 이 사건 한시적 임용처분은 ○○○원 교원인사 운영요령에 근거한 직급정년제 및 승진탈락 처분에 부대하여 이루어 진 것으로서 위법하다고 보이지 아니한다

아. 사전적인 재임용 거부의사의 위법성 여부

1) 한편, 청구인은 피청구인이 미리 청구인에 대해 1년간의 한시적 임용(임기만료일 2015. 2. 28.) 이후 재임용을 거부할 것임을 확정적으로 표시하여, 청구인의 재임용 심의신청권을 침해한 위법이 있다고 주장하고 있다.

2) 그러나 이미 살핀 바와 같이 직급정년제 자체가 허용되는 이상, 승진 탈락된 교원에게 다시 동일한 직위로의 재임용 심의신청권은 인정된다고 보이지 아니한다.
그러므로 여기서 더 나아가 한시적 임용기간 만료 후에도 다시 동일 직급으로의 재임용 심의신청권이 인정된다는 전제하에서, 피청구인의 사전적인 재임용 거부통보가 위법하다는 청구인의 주장은 이유 없다.

5. 결 론

이상에서 살펴본 바와 같이, 피청구인의 이 사건 한시적 임용처분은 그 재량권을 일탈 또는 남용한 것이라고 보이지 아니하여 주문과 같이 결정한다.

사례 07 — 폐과 소속교원에 대한 단기 재임용

처분요지 1년 재임용

결정요지 피청구인의 청구인에 대한 1년 임기의 재임용 처분은 청구인 소속학과
가 폐과되면서 정관 및 교원인사규정에 따라 이루어진 것인바, 교원인사
규정이나 폐과에 하자가 있다고 보이지 아니하므로 1년간 재임용은 위
법하지 아니함

관련규정 「사립학교법」 제53조의2 제3항, 「교원인사규정」 제25조

청 구 인 소속   ○○대학교

　　　　　 성명   김○○   직위 부교수

피 청 구 인 학교법인 ○○학원

피청구인이 2013. 12. 27. 청구인에게 한 단기재임용 처분에 대하여
청구인이 2014. 1. 27. 이의 취소를 구하는 소청심사청구를 하여 우리
위원회는 심사를 거쳐 다음과 같이 결정한다.

- 주 문 -

청구인의 청구를 기각한다.

- 이 유 -

1. 사건의 개요

청구인은 2007. 10. 1. ○○대학교 부교수로 승진 임용되어 근무하던
중, 폐과 소속교원이라는 이유로 피청구인에게서 2013. 12. 27. 1년 기
간의 재임용 통보를 받았다.

이에 대하여 청구인은 폐과 소속교원에 대해 임기를 단축할 수 있도록 한 교원인사규정은 사립학교법 등 상위법에 위배된다는 등의 주장을 하며 2014. 1. 27. 이의 취소를 구하는 소청심사를 청구하였다.

2. 처분 사유

2014. 3. 1.자 재계약 임용되었음을 통보한다. (임용기간: 2014. 3. 1. ~ 2015. 2. 28.)

3. 청구인 주장

가. 폐과 소속교원에 대해 임기를 단축할 수 있도록 한 교원인사규정은 사립학교법 등 상위법에 위배되는지 법리적 검토가 필요하다.

나. 폐과에 대한 학칙 규정은 소속교원의 전환 배치가 반영되어 있지 아니하여 불합리하고 청구인은 소속학과(○○○행정과) 폐과 시 교무위원회 참석 통보를 받은 사실도 없으며 피청구인이 안내한 이의신청은 이미 폐과 이후의 요구사항으로 가치가 없는 내용이어서 대응하지 아니하였다.
청구인은 학부에서 복지행정학을 전공하였고, 석·박사학위가 행정학이므로 사회복지행정학 관련 학과에 재배치가 가능하다.
그리하여 피청구인이 청구인에게 의견서 제출을 요구하였을 때 사회복지행정학 관련 학과에 전환배치 되기를 요청하였음에도 피청구인은 이에 대한 검토 등의 일체의 조치를 취하지 아니하였다.

다. 교원업적평가규정에서 입시(학생모집)에 편중된 배점은 불합리하고 청구인은 연구업적이 많음에도 대학발전기여도에 충분히 반영되지 아니하였다.

라. 인사위원장 및 인사위원 일부가 정관 규정과 위배되게 계약직 교원으로 구성되었는바, 피청구인의 모든 결정은 무효이다.

4. 판 단

가. 사실관계

1) 청구인은 2007. 10. 1. ○○대학교 부교수로 승진 임용되었고, 그 임기만료일은 2014. 2. 28.이다.

2) 교무위원회는 2012. 5. 7. ○○○행정과가 2년 연속 신입생이 20명 미만으로 학칙에 의거 폐과 대상임을 심의하였고, 총장은 2012. 5. 18. 전체 교직원을 대상으로 청구인 소속학과(○○○행정과)가 폐과 의결되었음을 공지하였나.

3) 학사운영처장은 2012. 6. 12. ○○○행정과에 학과 폐과에 따른 재심의 신청 기회부여를 하였고, 청구인은 2012. 6. 14. 학과 폐과에 따른 이의신청을 하였다.

4) 학교 측은 2013. 1. 10. 학칙 개정안을 공고하였고, 2013. 1. 30. 대학평의원회의 심의를 거쳤으며, 2013. 2. 1. 대학홈페이지에 학칙 개정을 공포하였다.

5) 피청구인 대학은 2013. 10. 16. 청구인에게 임용기간 만료 및 재임용 심의신청을 안내하였고, 청구인은 2013. 11. 22. 재임용 신청서를 제출하였다.

6) 교원인사위원회는 2013. 12. 13. 청구인을 재임용 제청대상자로 심의하였다.

7) 이사회는 2013. 12. 26. 청구인을 재임용하되, 그 임기는 1년으로 의결하였다.

8) 총장은 2013. 12. 27. 이사회의 의결대로 청구인에게 임기 1년의 재임용 통보를 하였다.

나. 이 사건 1년 재임용 처분의 경위 및 성격

1) 피청구인이 재임용 관련 규정

학교법인 ○○학원 정관은 제39조에서 부교수의 임기를 '정년까지의 기간 또는 계약으로 정하는 기간'으로 정하고 있고 제81조에서 정관의 시행에 필요한 사항을 세칙으로 정하도록 하고 있는바, 교원인사규정 제25조는 재임용 시 부교수의 임기를 2년으로 하되, 폐과(예정 포함) 및 소속학과가 없는 교원의 경우는 계약기간을 감할 수 있도록 하고 있다.

한편 교원인사규정 제30조는 재임용 제외사유로 연구실적물이 미달된 경우, 교원업적평가의 평가결과 총점의 점수가 50% 미만인 경우, '교원재임용 심사조서(별표4–2)'의 부적격 판정이 1/2을 넘거나 총평결과의 부적격 판정이 심사에 참여한 위원의 1/2을 넘은 경우를 들고 있다.

2) 청구인에 대한 재임용 심사

가) 교원인사위원회는 2013. 12. 13. 청구인에 대한 재임용 평가결과 '교원재임용 심사조서(별표4–2)'에 따른 부적격 판정이 없고 연구실적물과 교원업적평가 취득점수가 기준을 충족하였다고 보아 청구인을 재임용 제청대상자로 심의하되, 청구인과 같은 정년트랙 전임교원은 그 임용기간을 이사회에 일임하는 것으로 결정하였다.

나) 이후 이사회는 2013. 12. 26. 청구인을 재임용하되, ○○○행정과가 2014년부터 폐과가 되므로 교원인사규정 제25조에 따라 전과나 전공전환 등을 고려하여 임기를 1년으로 의결하였다.

3) 이 사건 처분의 성격

그렇다면 피청구인은 외형적으로는 청구인을 재임용하였으나, 실
질적으로는 소속학과의 폐과를 이유로 임기를 단축하면서 청구인
에게 불리한 재임용을 하였으므로 재임용 거부에 준하여 이에 대
한 위법성을 검토할 필요성이 있다고 보인다.

다. 1년 재임용의 위법성 여부

1) 교원인사규정의 상위법 위배 여부

가) 청구인은 폐과 소속교원에 대해 임기를 단축할 수 있도록 한 교
원인사규정이 사립학교법 등 상위법에 위배되는지 법리적 검토가
필요하다고 주장한다.

나) 그런데 사립학교법은 제53조의2 제3항에서 "대학교육기관의 교원
은 정관이 정하는 바에 따라 근무기간·급여·근무조건, 업적 및
성과약정 등 계약조건을 정하여 임용할 수 있다. 이 경우 근무기
간에 관하여는 국·공립대학의 교원에게 적용되는 관련 규정을 준
용한다."고 되어 있다.
한편 국·공립대학의 교원에게 적용되는 교육공무원 임용령 제5조
의2에 따르더라도 청구인과 같은 부교수는 재임용의 근무기간을 '
계약으로 정하는 기간'으로 규정하고 있다.

다) 따라서 청구인의 임기는 상위법에 따르더라도 학교법인 ○○학원
정관, 교원인사규정에 따라 정해지게 되는 것이고, 해당 규정에
따를 때 폐과 소속 부교수의 경우 2년보다 단축된 임기로 재임용
을 할 수 있으므로, 임기 단축 사정만으로 상위법 위반이라는 청
구인의 주장은 이유 없다.

2) ○○○행정과의 폐과 적법성 여부

가) 청구인 소속학과가 폐과 기준을 충족하는지 여부

학칙 제19조 제8항은 매년 1월 등록현황을 기준으로 20명 미만 학과는 심의를 통해 미개설 조치를 할 수 있으며, 매년 4월 1일 신입생 현황을 기준으로 일정 수 미만(최근 3년 내 2회의 20명 미만 학과, 2년 연속 20명 미만 학과, 당해 연도 10명 미만 학과)인 경우 폐과하도록 하고 있다.

그런데 ○○○행정과의 신입생 모집결과는 2011년에 11명이 등록하였고, 2012년에 10명이 등록하였다.

따라서 2012. 4. 1. 기준 ○○○행정과는 2년 연속 신입생 20명 미만이어서, 폐과 기준에 부합한다.

나) 학칙상 폐과 여부

학칙 제4조는 설치학과 및 입학정원을 〈별표2〉로 정하고 있으며, 〈별표2〉에 따르면, 설치학과로 총 14개 학과를 두고 있는데, ○○○행정과는 포함되어 있지 않다.

2013. 2. 1.자 개정된 학칙은 부칙에서 '○○○행정과를 2012. 6. 11.부로 폐과처리하며 복학생의 경우 전과를 원칙으로 한다.'고 규정하고 있다.

따라서 청구인 소속의 ○○○행정과는 2013. 2. 1.자 개정 학칙에 의해 설치학과 내역에서 삭제됨으로써 폐과되었다.

다) 학칙 개정 절차 준수 여부

한편 학칙 제·개정은 학칙 제60조 이하의 규정에 따라 공고, 대학평의원회의 심의, 총장의 승인, 공포 절차를 거쳐야 한다.

교무위원회는 2012. 5. 7. ○○○행정과가 폐과 대상임을 확인하는 내용으로 심의하였고, 총장은 2012. 5. 18. 전체 교직원을 대상으로 ○○○행정과가 폐과 대상임을 공지하였다.

이후 학교 측은 2013. 1. 10. ○○○행정과를 학칙에서 삭제하는 내용의 학칙 개정안을 공고하였고, 대학평의원회의 심의(2013. 1. 30.)를 거쳐 2013. 2. 1. 대학홈페이지에 학칙 개정을 공포하였다.

따라서 2013. 2. 1.자 학칙 개정은 적절하게 이루어진 것으로 보이고 ○○○행정과의 폐과도 적법하다.

라) 청구인은 폐과에 대한 학칙 규정이 소속교원의 전환 배치가 반영되어 있지 아니하여 불합리하고, 청구인은 소속학과(○○○행정과) 폐과 시 교무위원회 참석 통보를 받은 사실도 없다고 주장한다.

그러나 고등교육법 시행령 제4조 제1항은 학칙의 기재사항을 규정[22]하고 있는바, 폐과는 소속학과의 존치 여부에 대한 문제로서 같은 조항 제1호(전공의 설치와 학생정원)의 사유에 해당되나, 폐과 소속교원들에 대한 조치는 학칙의 의무적 기재사항이 아니므로 이를 학칙에 반영하지 아니하였다고 하여 학칙 자체가 불합리하다고 볼 수 없다.

나아가 폐과 소속교원들에 대한 전환배치 가능성 여부 등은 피청구인이 전환배치를 하지 아니함으로써 해당 교원들에게 면직 등의 불이익이 발생했을 때 그 전제로서 검토할 여지는 있다 할 것이나, 아직 피청구인이 청구인에 대해 전환 배치 여부나 면직 등

---

22) 1. 전공의 설치와 학생정원
2. 수업연한·재학연한, 학기와 수업일수 및 휴업일
3. 입학, 재·편입학, 휴·복학, 모집단위 간 이동 또는 전과·자퇴·제적·유급·수료·졸업 및 징계
4. 학위의 종류 및 수여
5. 교육과정의 운영, 교과의 이수단위 및 성적의 관리
6. 복수전공 및 학점인정
7. 등록 및 수강 신청
8. 공개강좌
9. 교원의 교수시간
10. 학생회 등 학생자치활동
11. 장학금지급 등 학생에 대한 재정보조
12. 삭제 〈2006.1.13.〉
13. 수업료·입학금 기타의 비용징수
14. 학칙개정절차
15. 삭제 〈2006.1.13.〉
16. 대학평의원회 및 교수회가 있는 경우에는 그에 관한 사항
17. 기타 법령에서 정하는 사항

을 결정하지 아니한 상태에서 검토하기에는 부적절하다고 할 것이
어서 더 이상 살피지 아니한다.

한편, 2012. 5. 7.자 교무위원회 회의록에 따르면, 김○○ 과장이
청구인을 포함한 폐과 대상 4개 학과의 학과장에게 유선으로 폐
과 대상임을 알리고 의견을 내고 싶으면 교무위원회에 참석하라
고 연락을 하였으나, 해당 학과장이 특별한 의견이 없다고 하여
전원 불참의사를 밝혔다고 진술한 사실이 인정된다.

따라서 소속학과 폐과 시 교무위원회 참석 통보를 받은 사실도 없
다는 청구인의 주장은 이유 없다.

마) 소결

이를 종합해 볼 때, 청구인의 소속학과는 적법하게 폐과되었다
고 보인다.

3) 청구인의 그 밖의 주장에 대해

가) 청구인은 교원업적평가규정의 내용이 입시(학생모집)에 편중된 평
가여서 불합리하고 청구인은 연구업적이 많음에도 충분히 반영되
지 아니하였다고 주장한다.

그러나 청구인은 교원업적평가나 연구업적에서 재임용 기준을 충
족한 것으로 확인되어 재임용된 자이고, 위 평가로 인해 임용기간
이 단축된 것이 아니므로 직접적인 관련성이 없다고 보아 이 부분
에 대해서는 더 이상 살피지 아니한다.

나) 청구인은 인사위원회 구성의 위법을 주장하고 있으나, 청구인에
대한 임기(1년 임용)는 이사회가 결정한 사항이지 인사위원회가
결정한 사항이 아니므로 마찬가지로 이 사건과 직접 관련이 없어
이 부분에 대해서도 더 이상 살피지 아니한다.

5. 결 론

　이상에서 살펴본 바와 같이, 피청구인의 청구인에 대한 1년 임기의 재임용 처분은 청구인 소속학과가 폐과되면서 정관 및 교원인사규정에 따라 이루어진 것인바, 교원인사규정이나 폐과에 하자가 있다고 보이지 아니하므로 주문과 같이 결정한다.

정관 변경으로 인한 단기 재임용

사례 08

처분요지 부교수 임기 3년, 조교수 임기 2년의 재임용 공지

결정요지 피청구인의 이 사건 홈페이지의 공지는 청구인들에 대한 재임용 거부처분
이 아니라 정관 변경에 따른 단축된 임기 통보로 보이는바, 정관 변경 및
청구인들에 대한 이 정관 적용에 하자가 있다고 보이지 아니함

관련규정 「사립학교법」 제53조의2 제3항, 「교육공무원임용령」 제5조의2

청 구 인 소속 ○○대학교

       성명 백○○ 직위 부교수
           이○○ 부교수
           박○○ 부교수
           김○○ 부교수
           이△△ 부교수
           서○○ 부교수
           임○○ 부교수
           이ㅁㅁ 부교수
           김△△ 조교수

피 청 구 인 학교법인 ○○학원

    피청구인이 2014. 1. 3. 청구인들에게 한 재임용 기간단축에 대하여
청구인들이 2014. 1. 28. 이의 취소를 구하는 소청심사청구를 하여 우
리 위원회는 심사를 거쳐 다음과 같이 결정한다.

- 주 문 -

청구인들의 청구를 모두 기각한다.

- 이   유 -

1. 사건의 개요

청구인들 중 김△△을 제외한 8인은 2007. 11. 1.부터 ○○대학교 부교수로 6년을 임용기간으로 하여, 청구인 김△△은 2010. 10. 1.부터 같은 대학교 조교수 3년을 임용기간으로 하여 근무하던 중, 재임용 심의를 거쳐 피청구인에게서 2014. 1. 3. 종전보다 단축된 임용기간의 재임용 통보를 받았다.

이에 대하여 청구인들은 대부분의 국립대학의 교원의 임기가 부교수는 6년 또는 5년, 조교수는 3년으로 규정하고 있어 사립대학 교원의 임기도 이에 준해야 한다고 주장하며 2014. 1. 28. 이의 취소를 구하는 소청심사를 청구하였다.

2. 처분 사유

2014. 3. 1.자 재임용(부교수 임기 3년, 조교수 임기 2년)

3. 청구인 주장

가. 사립학교법 제53조의2 제3항에 의할 때, 대학교원의 근무기간은 국공립 교원에게 적용되는 관련 규정을 준용하는바, 대부분의 국립대학은 부교수 6년 또는 5년, 조교수 3년으로 규정하고 있어 피청구인의 재임용 기간단축은 사립학교법에 위반된다.

나. 피청구인이 재임용 직전에 정관을 개정하여 종전의 부교수의 임기(6년), 조교수의 임기(3년)를 단축한 것은 문제가 있고 정관 개정에 대한 공시절차도 위반하였다.

다. 피청구인은 재임용 전 2개월 통보절차도 위반하였고, 2014. 3. 1.자
재임용 대상자는 종전과 동일하게 부교수 6년, 조교수 3년으로 재임
용되어야 한다.

4. 판 단

가. 사실관계

1) 피청구인은 2007. 11. 1. 청구인 8인(백○○, 이○○, 박○○, 김○○, 이
△△, 서○○, 임○○, 이ㅁㅁ)을 부교수 임기 6년(2007. 11. 1. ~ 2014. 2.
28.)으로 하여, 2010. 10. 1. 청구인 김△△을 조교수 임기 3년(2010.
10. 1. ~ 2014. 2. 28.)으로 하여 임용하였다.

2) 교원인사위원회는 2013. 12. 26. 청구인들에 대한 재임용 심의를
하여 대상자 전원에 대한 재임용에 동의하였다.

3) 이사회는 2014. 12. 30. 교원의 임기를 단축하는 내용의 정관 변경
을 의결하는 한편[부교수 임용기간(6년→3년), 조교수 임용기간(3년
→2년)], 청구인들에 대한 재임용을 의결하였다.

4) 총장은 2014. 1. 3. 청구인들에 대한 재임용 사항(임용기간 포함)을
홈페이지에 공지하였다.

5) 교육부는 2014. 2. 10. 피청구인의 변경된 정관 내용 중 재임용기간
에 대해 '법령 등의 위반 사항 없음'을 회신하였다.

나. 이 사건 재임용 기간단축의 성격

이미 살펴본 바와 같이 이 사건 홈페이지의 공지 내용은 피청구인이
청구인들을 재임용하되, 다만 그 임기를 변경된 정관에 따라 단축한
다는 것이라 할 것이다.

따라서 그 공지는 피청구인이 청구인들에 대하여 재임용을 거부할 의

사로 행한 통보로 볼 수 없어 그 공지의 성격은 재임용 거부처분이 아닌바, 이를 전제로 한 법리는 이 사건에 직접적으로 적용되지 아니하므로 이하에서는 청구인들의 임기 근거 및 정관 변경에 따른 임기단축에 위법성이 있는지만을 살핀다.

다. 청구인들의 임기 근거

1) 사립대학교 교원은 정관이 정하는 바에 따라 근무기간을 정하되, 국·공립학교의 교원에게 적용되는 관련 규정을 준용하도록 하고 있다.

   그런데 사립학교법 제53조의2 제3항, 교육공무원임용령 제5조의2에 따르면, 교육공무원의 경우에도 청구인들과 같은 부교수, 조교수는 재임용의 근무기간을 '계약으로 정하는 기간'으로 규정하고 있어 청구인들의 임기는 정관 및 계약의 내용으로 정해지게 된다.

2) 따라서 청구인들의 주장 중 대부분의 국립대학에서 부교수 6년 또는 5년, 조교수 3년의 임기를 규정하고 있어 청구인들의 재임용기간도 그 정도 수준이어야 한다는 주장은 그 법적 근거가 없어 이유 없다.

라. 정관 변경으로 인한 단축임기에 하자가 있는지 여부

1) 피청구인의 정관 제5조는 이사 정수의 3분의 2 이상의 찬성에 따른 이사회의 의결을 거쳐 변경할 수 있다.

   한편 이 사건에서 이사회는 2013. 12. 30. 이사 정수 7명 중 5명이 교원임기 변경(부교수의 임기를 3년으로, 조교수의 임기를 2년으로)에 찬성함으로써 의결 정족수를 충족하였다. (이사회 회의록)

   또한, 학내 규정을 살펴보아도 변경된 정관에 대한 공시제도가 따로 마련되어 있지 아니한바, 정관 변경 자체 및 변경된 정관 시행에 특별한 하자는 확인되지 아니한다.

2) 변경된 정관은 부칙의 경과조치에서 "2013. 12. 30. 이전 임용된 부교수 및 조교수의 재임용은 임용기간 만료일부터 적용한다."라고 규정하고 있는바, 이는 이미 완성된 법률관계에 대해 소급 적용하는 것이 아니므로 원칙적으로 허용된다.

3) 나아가 정관 변경 여부는 이사회의 전속권한 사항이며 피청구인은 ○○대학교가 '2012년 ○○○제한대학', '2013년 ○○○제한대학'에 선정되면서 대학 경쟁력 강화 차원 및 구조조정의 필요성으로 정관 변경을 하였는바, 정관 변경을 통해 달성하고자 하는 공익이 청구인들의 신뢰이익보다 작다고 보기도 어렵다.

4) 그렇다면 피청구인이 2014. 2. 28.자 임기만료인 청구인들에게 2014. 3. 1.자 재임용 시 위 변경된 정관을 적용하는 것에는 특별한 하자가 보이지 아니하고 이를 문제 삼는 청구인들의 주장은 이유 없다.

5. 결 론

이상에서 살펴본 바와 같이, 피청구인의 이 사건 홈페이지의 공지는 청구인들에 대한 재임용 거부처분이 아니라 정관 변경에 따른 단축된 임기 통보로 보이는바, 정관 변경 및 청구인들에 대한 이 정관 적용에 하자가 있다고 보이지 아니하여 주문과 같이 결정한다.

연구원 소속
연구자의 청구인 적격

처분요지	R&D 과제 수주활동을 최우선으로 하여 재임용 시에 객관적 근거를 제출하여야 하나, 기제출된 서류는 이를 충족시키지 못하므로 재임용 불가함
결정요지	청구인은 고등교육법상의 '교원'이 아니어서 재임용 심의신청권을 향유한다고 보기 어렵고, 그 밖에 피청구인 학내 규정 및 계약서 등을 보더라도 청구인에게 재임용 심의신청권이 인정된다고 볼 만한 사정이 없어, 청구인의 이 사건 취소 소청은 부적법함
관련규정	「교원지위향상을 위한 특별법」 제7조 제1항, 제9조 제1항, 「고등교육법」 제16조, 「대학교원 자격기준 등에 관한 규정」 별표

청 구 인 소속   전) ○○대학교 ○○연구원

　　　　　 성명   유○○   직위 연구조교수

　　　　　 대리인 법무법인 ○○○ 변호사 이○○

피 청 구 인 ○○대학교 총장

산학협력단장이 2014. 7. 1. 청구인에게 한 재임용 거부처분에 대하여 청구인이 2014. 7. 30. 이의 취소를 구하는 소청심사청구를 하여 우리 위원회는 심사를 거쳐 다음과 같이 결정한다.

– 주　　문 –

청구인의 청구를 각하한다.

- 이　유 -

1. 처분 사유

○○연구원의 자립을 위해 R&D 과제 수주활동을 최우선으로 하여 재임용 시에 객관적 근거를 제출하여야 하나, 기제출된 서류가 이를 충족시키지 못해 재임용이 불가하다.

2. 청구인 주장

가. 학교 측은 '비전임교원 위촉 등에 관한 규정' 제6조 제3항을 근거로 청구인의 임기가 도래하자, 별도의 절차 없이 청구인에 대한 재임용 거부 및 면직 처분을 한 것으로 보인다.
그러나 비전임교원인 기간제 교원의 경우에도 사립학교법 제53조의2 제4항 내지 제8항이 적용되어야 하므로, 해당 규정의 절차를 준수하지 아니한 이 사건 재임용 거부처분에는 절차상 하자가 있다.

나. 피청구인은 청구인이 R&D 과제 수주활동에 대한 실적이 없다는 이유로 재임용 거부를 하였으나, 청구인은 2013년 3월부터 ○○연구원의 '스마트 ○○ ○○' 최고위 과정을 총괄 전담하였으므로 학교 측이 이점을 고려하지 않고 바로 재임용 거부를 한 것은 부당하고, 피청구인의 재임용 평가는 주관적이고 자의적인 평가로서 위법하다.

다. 피청구인은 청구인에 대해 소청심사 청구인 적격이 없다고 답변하고 있으나, 고등교육법 제14조 제2항의 '교원'에는 전임 교원뿐만 아니라 비전임교원이 포함되는 것으로 해석해야 하므로, 청구인이 비전임교원이라고 하더라도 사립학교법상 재임용 심사신청권이 부인되는 것은 아니다.

3. 판 단

가. 사실관계

1) 청구인의 임용기간은 2013. 7. 1. ~ 2014. 6. 30.이다.

2) 교무처장은 2014. 6. 16. 청구인에게 임용기간의 만료를 통보하였다.

3) 청구인은 2014. 6. 26. 총장에게 연구교수 재위촉 신청서를 제출하였다.

4) 산학협력단장은 2014. 7. 1. ○○연구원장에게 청구인에 대한 재임용 심사결과(재임용 불가)를 통보하였다.

나. 청구인의 지위

1) 「○○대학교 교원인사규정」 제3조 세1항, 제4항, 제4조 및 「○○대학교 비전임교원의 위촉 등에 관한 규정」 제1조, 제2조 제1항 제2호 바목, 제4조에 따를 때, ○○대에서는 교원을 전임교원과 비전임교원으로 구분하고 있으며, 청구인과 같은 연구교원은 비전임교원으로 분류하고 있다.

또한, 위 비전임교원의 위촉 등에 관한 규정은 제6조 제4항에서 "비전임교원은 위촉기간이 만료되면 당연히 해촉된다."고 규정하는 한편, 연구교원에 대해 제38조 제2항에서 "총장은 필요한 경우 재위촉할 수 있다."라고 규정하고 있어, 별도로 연구교원에 대해 재임용 심의신청권을 규정하고 있지 아니하며, 재임용 심사절차, 재임용 기준 등에 관한 내용도 규정하고 있지 않다.

나아가 청구인의 임용계약서(증 제4호)에 의하더라도 계약서 내용에 재임용 심의신청권의 근거 및 절차, 기준 등에 관한 내용이 없다.

2) 한편 「고등교육법」은 제14조 제2항, 제17조에서 '교원'과 '겸임교수 등'을 구분하여 설시하고 있는데, 이때 "교원"은 연구실적연수와 교육경력연수의 합계 최소 4년 이상(조교수는 4년, 부교수는 7년, 교수

는 10년 이상)의 자격을 요구(「고등교육법」 제16조 및 「대학교원 자격기준 등에 관한 규정」 별표, 고등교육법 시행령 제6조, 제7조 등)하고 있다. 반면 ○○대학교 연구교원의 자격요건은 '타 기관으로부터 연구기금을 받아 그 재원으로 독립적인 연구수행이 가능한 자, 해당 전공분야에서 연구 활동을 통해 연구기금을 유치하거나 본교의 연구력을 증진시킬 능력을 갖춘 자, 박사학위 취득 후 2년 이상의 연구·교육 경력을 가진 자'(「○○대학교 비전임교원의 위촉 등에 관한 규정」 제35조)인바, 고등교육법상의 "교원"의 자격과 차이가 있다.

3) 그 밖에 청구인은 사립학교교직원 연금이 아닌 국민연금 가입 대상자이며, 한국대학교육협의회에 전임교원으로 신고된 바 없다. 나아가 「○○대학교 비전임교원 위촉 등에 관한 규정」에 따르면 연구교원의 보수는 연구기금으로 충당함을 원칙으로 하고, 연구교원 제도 운영을 위한 재원은 개인이나 기업체 등으로부터 받은 연구기금, 또는 이를 바탕으로 조성된 과실금 등으로 운영함을 원칙(제39조 제2항, 제40조 제1항)으로 하고 있다.

4) 그렇다면 ○○대학교의 전임·비전임 분류, 재임용 심의신청권에 관한 근거 규정 유무, 대학교원의 채용 자격요건, 가입된 연금의 종류 등을 종합해 볼 때, 청구인은 「고등교육법」 제14조 제2항에 따른 '교원'으로 보이지 아니한다.

다. 이 사건 취소 소청의 적법성 여부

한편, 사립학교법은 제52조에서 "사립학교의 교원의 자격에 관하여는 국·공립학교의 교원의 자격에 관한 규정에 의한다."고 규정하고 있는바, 교육공무원법 제8조는 "교수, 부교수, 조교수 및 조교는 「고등교육법」 제16조에 따른 자격이 있는 사람이어야 한다."고 규정하고 있다. 그런데 이미 살펴본 바와 같이, 청구인은 「고등교육법」 제16조 및 「대학교원 자격기준 등에 관한 규정」 별표의 자격조건으로 임용된 고등교육법상의 ‘교원’이 아니다.

따라서 청구인은 사립학교법 제53조의2 제4항 내지 제7항에 규정된 재임용 심의신청권을 향유한다고 보기 어렵고, 그 밖에 피청구인 학내 규정 및 계약서 등을 보더라도 청구인에게 재임용 심의신청권이 인정된다고 볼 만한 사정이 없다.

그렇다면 이 사건에서 청구인에게 법규상 또는 조리상으로 재임용 심의신청권이 인정되지 아니하는 이상, 청구인에 대한 피청구인의 재임용 거부는 교원지위향상을 위한 특별법 제7조 제1항 및 제9조 제1항의 “처분”으로 볼 수 없는바, 청구인의 이 사건 취소 소청은 부적법하다.

4. 결 론

이상에서 살펴본 바와 같이, 피청구인의 이 사건 재임용 거부는 처분성이 부정되어 교원소청심사위원회의 심사대상에 해당되지 아니하므로 주문과 같이 결정한다.

평생교육원 전임강사의 청구인 적격

처분요지 계약만료 통지

결정요지 청구인은 고등교육법이나 사립학교법 등을 적용받는 교원이 아니라, 평생교육법 및 ㅇㅇ대학교 「평생교육원 강사임용 등에 관한 내규」등을 적용받는 자라 할 것이며, 평생교육법이나 위 내규 등에 별도로 재임용 심의신청권을 인정하는 규정도 확인되지 아니하므로 청구인의 이 사건 취소 청구는 부적법함

관련규정 「평생교육법」 제30조 제1항, 「고등교육법」 제14조 제2항, 제16조, 「대학교원 자격기준 등에 관한 규정」 제2조 제1호, 별표

청 구 인 소속   전) ㅇㅇ대학교 평생교육원

　　　　　성명   김ㅇㅇ 직위 전임강사

피 청 구 인 학교법인 ㅇㅇ대학교

　　　　　대리인 변호사 문ㅇㅇ

　　평생교육원장이 2014. 7. 31. 청구인에게 한 재임용 거부처분에 대하여 청구인이 2014. 8. 25(보정일 2014. 8. 28.) 이의 취소를 구하는 소청심사청구를 하여 우리 위원회는 심사를 거쳐 다음과 같이 결정한다.

- 주　문 -

청구인의 청구를 각하한다.

- 이　유 -

1. 처분 사유

　　평생교육원장의 2014. 7. 31.자 계약만료(2014. 8. 31.) 통지

-근거 : ○○대학교 평생교육원 전임강사 업적평가지침

2. 청구인 주장

가. 평생교육원은 그 설립근거가 평생교육법이기는 하나, ○○대학교의 정식기구로서 전반적인 운영과 관리에 있어서는 ○○대학교 총장의 직·간접적인 지시, 감독을 받고 있으며, 그 수입 및 지출도 ○○대학교 교비회계에서 이루어지고 있다.

평생교육원 콘서바토리[23] 전임강사는 시간강사와는 명백히 구별되고 (연구실 유무, 주당 책임시수, 연봉계약을 통한 매월 급여 지급 등) 오히려 일반 전임교원과 동등한 업무(학사업무 관장, 학생지도, 학생교육, 봉사 및 연구업적 등)를 하고 있음에도 전임교원으로서의 정당한 법적 지위를 보장받지 못하며, 사학연금이 아닌 일반 고용보험에 가입되어 있어 법규에 반하는 편법이 있었다고 보인다.

○○대학교 법인 정관, ○○대학교 교원인사규정 등 어디에서도 '전임강사'란 명칭은 사용되지 않는 직제임에 비추어 볼 때, 이는 평생교육원 소속 교직원의 업무태만 또는 학교 당국의 의도적인 평생교육원의 편법 운영행위일 수 있는바, 청구인은 법의 사각지대에서 전임교원으로서의 책임과 의무만을 강요당한 것이다.

나. 전임교원에 대해서는 학생교육, 학문연구, 학생지도에 관한 사항이 주된 업적평가 항목이어야 함에도, 콘서바토리 전임교원에 대한 업적평가규정은 정량평가 100점 만점 중 경영 및 재정분야(입학 관련 등 학생 수 증감의 실적 항목 등)에 70점, 교육, 연구 등 분야에 30점을 부여하고 있는바, 재정·경영 분야의 개선은 많은 부분이 학교 당국자들의 능력에 달린 것이지 1년 계약의 전임강사 신분의 주임교수에게 오로지 전가할 사항이 아니므로 부당하다.

또한, 정량평가 외 정성평가도 자의적인 기준임에도 20점 만점으로

---

23) 음악교육센터에서 운영하는 교육과정 중 「학점인정 등에 관한 법률」등에 따른 음악학사학위과정을 포괄하여 칭함. (평생교육원 운영규정 제2조의2)

상대적으로 높은 배점을 책정해 놓고 있는데, 이러한 평가기준과 항
목은 전임교원에 비해 상대적으로 형평성을 잃은 불공정한 것이다.

다. 청구인은 재임용 거부사실 및 거부사유에 대한 사전통지를 받지 못하
였고 재임용 심의과정에서 의견진술 및 제출권 등 절차적 권리를 보
장받지 못하였는바, ○○대는 사립학교법 제53조의2 제4항 내지 제8
항에서 규정하고 있는 절차를 위배하였다.
또한, 콘서바토리 강사평가규정에 두고 있는 '1개월 전 통지 규정'은
사립학교법에서 규정하는 '2개월 전 통지 규정'에도 위배된다.

3. 판 단

가. 사실관계

1) 청구인은 2009. 9. 1. 평생교육원에 전임강사로 신규 채용되었고,
   이후 매년 1년 단위로 재계약되었으며, 마지막 재계약기간은 2013.
   9. 1. ~ 2014. 8. 31.(1년)이다.

2) 청구인은 2014. 7. 11. 평생교육원에 교원업적평가자료(사회봉사, 학
   생지도, 연주실적, 학생상담일지 등)를 제출하였다.

3) 평생교육원장은 2014. 7. 25. 청구인이 업적평가 결과에서 기준 미
   달임을 확인하였다.

4) 평생교육원장은 2014. 7. 31. 청구인에게 2014. 8. 31.자 계약만료
   통보를 하였다.

나. 청구인의 지위 및 업적평가 결과

계약직 전임강사 임용계약서(2013. 9. 1.)에 의하면, 청구인은 평생교육
원 피아노과 소속으로서 계약기간 만료 시 원칙적으로 신분이 자동
종료되며, 학기당 15시간의 강의책임시간을 맡고 있고, 전공단위 및

전임강사 업적평가 지침에 의해 평가를 받도록 하고 있다.

재직증명서에는 청구인의 소속이 평생교육원, 세부전공으로 피아노, 재직기간으로 2009. 8. 31.부터 2014. 7. 30.까지 주임교수로 기재되어 있으며, 경력증명서에 따르면 청구인은 2010. 3.부터 2014. 6. 15.까지 평균적으로 한 학기에 한 과목(실내악 등, 주당 3시간)의 강의를 담당한 사실이 인정된다.

한편, 청구인은 국민연금 가입자이며, 이 사건 업적평가에서 정량평가는 51.9점, 정성평가에서 6점, 총합 57.9점을 취득하여(을 제9호증, 제10호증), ○○대학교 평생교육원 전임강사 업적평가지침의 기준24) 미달로 재임용 거부되었다.

다. 소청심사청구의 적법성 여부

1) 이미 살핀 바와 같이 청구인은 ○○대학교 부설교육기관 평생교육원 소속 전임강사이고, 신규 채용기준, 재임용 심사기준, 임면권자, 가입된 연금의 종류에서 ○○대학교의 전임교원과 다른 취급을 받고 있다.

2) 한편 「평생교육법」은 평생교육의 정의를 "학교의 정규교육과정을 제외한 학력보완교육, 성인문자해득교육, 직업능력향상교육, 인문교양교육, 문화예술교육, 시민참여교육 등을 포함하는 모든 형태의 조직적인 교육활동"으로 규정(제2조 제1호)하고 있으며, 평생교육기관으로서 '학교 부설 평생교육시설'은 학생·학부모와 지역 주민을 대상으로 교양의 증진 또는 직업교육을 위한 시설로 규정(제30조 제1항)하고 있는바, 평생교육이 학교의 정규교육과정과 다름을 명시하고 있다.

---

24) 「평생교육원(음악교육센터) 전공단위 및 전임강사 업적평가 지침」에 따르면, 재임용이 되기 위해서는 정량평가(경영 및 재정 70점, 교육·지도 및 연주에서 20점, 봉사 10점, 특별가감 5점)에서 50점 이상을, 정성평가(근무평정 20점)에서 8점 이상, 정량 및 정성평가 합계로 60점 이상을 취득해야 한다.(을 제7호증)

3) ○○대학교 정관은 평생교육원을 ○○대학교 부설교육기관으로 규
정하고(제94조 제1항), 「평생교육원 강사임용 등에 관한 내규」에 따
르면, 강사의 자격은 "국내·외의 석사학위 이상 소지자로서 평생
교육진흥원의 학점은행제 교·강사자격을 충족하고 임용일 전일까
지의 교육경력이 2년 이상이어야 한다. 다만, 음악교과담당 강사
의 경우에는 이에 추가하여 최근 3년간의 연주경력이 연평균 2회
이상이어야 한다."고 규정(제3조)하고 있다.

그런데 이는 고등교육법(제14조 제2항, 제16조) 및 대학교원 자격기준
등에 관한 규정(제2조 제1호 및 별표)에서 교원의 자격으로 '연구실
적연수와 교육경력연수의 합계가 최소한 4년 이상(조교수 4년, 부교
수 7년, 교수 10년 이상)'을 요구하는 것과 차이가 있다.

4) 한편 위 내규에 의하면 전임강사에 대한 임용권자는 평생교육원
원장이다. (제4조 제1항)

그런데 이는 사립학교법 제53조의2 제2항 및 ○○대학교 정관 제
43조 제3항에서 ○○대학교 교원에 대한 임면권을 학교의 장(총장)
에게 두는 것과 차이가 있다.

5) 아울러 위 내규에 따르면 전임강사의 임용기간은 1년 이내로서 계
약기간의 만료 시 그 고용은 자동으로 종료되되, 원장이 필요하다
고 인정할 경우 운영위원회의 동의를 거쳐 1년 이내의 단위로 연장
할 수 있게(제5조) 되어 있는바, 이는 사립학교법 제53조의2 제4항
에서 임면권자로 하여금 교원에게 임기만료 전 재임용 심의신청권
을 통지하도록 한 규정과도 차이가 있다.

6) 한편, 교육과학기술부 민원 질의·회신 사례집에 따르면, 교육부 평
생학습정책과가 대학선진학과의 확인을 거쳐 2011. 9. 29. 민원인에
게 '학생 정원에 포함되지 아니하는 평생교육법상의 학점은행제 학
생을 가르치기 위해 채용된 교원은 전임교원에 해당하지 않는다.'는

회신을 한 사실이 인정된다. (을 제6호증)

7) 이를 종합해 볼 때, 청구인은 고등교육법이나 사립학교법 등을 적
   용받는 교원이 아니라, 평생교육법 및 ○○대학교 「평생교육원 강
   사임용 등에 관한 내규」등을 적용받는 자라 할 것이며, 평생교육법
   이나 위 내규 등에 별도로 재임용 심의신청권을 인정하는 규정도
   확인되지 아니하므로 청구인의 이 사건 취소 청구는 부적법하다.

4. 결 론

이상에서 살펴본 바와 같이, 청구인의 이 사건 소청심사청구는 부적
법하므로 주문과 같이 결정한다.

부록

I
교원소청심사위원회의 설치근거 및 기능

❖ **설치근거**

   ○ 관련 법률: 교원지위향상을 위한 특별법
   ○ 관련 시행령: 교원소청에 관한 규정

❖ **기능**

　우리 위원회는 「교원지위향상을 위한 특별법」에 의거 교육부에 설치되어 있는 행정기관으로서 교원이 받은 징계 등의 불리한 처분에 대해 법령과 판례를 근거로 공정하게 심사·결정하는 기능과 교육공무원들의 고충처리를 위한 중앙고충심사위원회의 기능을 수행하고 있습니다.

❖ **연혁**

   ○ 1991. 5. 31. 교원지위향상을 위한 특별법 제정·공포
   ○ 1991. 6. 19. 교원 징계처분 등의 재심에 관한 규정 제정
   ○ 1991. 7. 16. 교원징계재심위원회 설립
   ○ 2005. 1. 27. 교원소청심사위원회로 기관 명칭 변경
   ○ 2008. 3. 14. 교원지위향상을 위한 특별법 개정
   　　　　* 주요내용: 위원수 5명 이상 7명 이내 → 7명 이상 9명 이내

❖ **성과**

   ○ 시·도별, 국·공·사립 간 징계양정의 균형을 유지
   ○ 교원이 받은 불리한 처분의 범위를 넓혀 나감으로써 적극적인 권익 구제를 실현

❖ **교원지위향상을 위한 특별법**

제1조(목적) 이 법은 교원에 대한 예우와 처우를 개선하고 신분보장을 강화함으로써 교원의 지위를 향상시키고 교육 발전을 도모하는 것을 목적으로 한다.

제2조(교원에 대한 예우) ① 국가, 지방자치단체, 그 밖의 공공단체는 교원이 사회적으로 존경받고 높은 긍지와 사명감을 가지고 교육활동을 할 수 있는 여건을 조성하도록 노력하여야 한다.

② 국가, 지방자치단체, 그 밖의 공공단체는 교원이 학생에 대한 교육과 지도를 할 때 그 권위를 존중받을 수 있도록 특별히 배려하여야 한다.

③ 국가, 지방자치단체, 그 밖의 공공단체는 그가 주관하는 행사 등에서 교원을 우대하여야 하며, 교원이 교육활동을 원활하게 수행할 수 있도록 적극 협조하여야 한다.

제3조(교원 보수의 우대) ① 국가와 지방자치단체는 교원의 보수를 특별히 우대하여야 한다.

②「사립학교법」제2조에 따른 학교법인과 사립학교 경영자는 그가 설치·경영하는 학교 교원의 보수를 국공립학교 교원의 보수 수준으로 유지하여야 한다.

제4조(교원의 불체포특권) 교원은 현행범인인 경우 외에는 소속 학교의 장의 동의 없이 학원 안에서 체포되지 아니한다.

제5조(학교 안전사고로부터의 보호) ① 각급학교 교육시설의 설치·관리 및 교육활동 중에 발생하는 사고로부터 교원과 학생을 보호함으로써 교원이 그 직무를 안정되게 수행할 수 있도록 하기 위하여 학교안전공제회를 설립·운영한다.

② 학교안전공제회에 관하여는 따로 법률로 정한다.

제6조(교원의 신분보장 등) ① 교원은 형(刑)의 선고, 징계처분 또는 법률로 정하는 사유에 의하지 아니하고는 그 의사에 반하여 휴직·강임(降任) 또는 면직을 당하지 아니한다.

② 교원은 해당 학교의 운영과 관련하여 발생한 부패행위나 이에 준하는 행위 및 비리 사실 등을 관계 행정기관 또는 수사기관 등에 신고하거나 고발하는 행위로 인하여 정당한 사유 없이 징계조치 등 어떠한 신분상의 불이익이나 근무조건상의 차별을 받지 아니한다.

제7조(교원소청심사위원회의 설치) ① 각급학교 교원의 징계처분과 그 밖에 그 의사에 반하는 불리한 처분(「교육공무원법」 제11조의3제4항 및 「사립학교법」 제53조의2제6항에 따른 교원에 대한 재임용 거부처분을 포함한다. 이하 같다)에 대한 소청심사(訴請審查)를 하기 위하여 교육부에 교원소청심사위원회(이하 "심사위원회"라 한다)를 둔다.

② 심사위원회는 위원장 1명을 포함하여 7명 이상 9명 이내의 위원으로 구성하되 위원장과 대통령령으로 정하는 수의 위원은 상임(常任)으로 한다.

③ 심사위원회의 조직에 관하여 필요한 사항은 대통령령으로 정한다.

제8조(위원의 자격과 임명) ① 심사위원회의 위원(위원장을 포함한다. 이하 같다)은 다음 각 호의 어느 하나에 해당하는 자 중에서 교육부장관의 제청으로 대통령이 임명한다.

1. 판사, 검사 또는 변호사의 직에 5년 이상 재직 중이거나 재직한 자

2. 교육 경력이 10년 이상인 교원 또는 교원이었던 자

3. 교육행정기관의 3급 이상 공무원 또는 고위공무원단에 속하는 일반직공무원이거나, 3급 이상 공무원 또는 고위공무원단에 속하는 일반직공무원이었던 자

4. 사립학교를 설치·경영하는 법인의 임원이나 사립학교 경영자

5. 「교육기본법」 제15조제1항에 따라 중앙에 조직된 교원단체에서 추천하는 자

② 심사위원회 위원의 임기는 3년으로 하되, 1차에 한하여 연임할 수 있다.

③ 심사위원회의 위원장과 상임위원은 대통령령으로 정하는 다른 직무를 겸할 수 없다.

④ 심사위원회의 위원장과 상임위원의 신분에 관하여는 「국가공무원법」 제11조를 준용한다.

제9조(소청심사의 청구 등) ① 교원이 징계처분과 그 밖에 그 의사에 반하는 불리한 처분에 대하여 불복할 때에는 그 처분이 있었던 것을 안 날부터 30일 이내에 심사위원회에 소청심사를 청구할 수 있다. 이 경우에 심사청구인은 변호사를 대리인으로 선임(選任)할 수 있다.

② 본인의 의사에 반하여 파면·해임·면직처분을 하였을 때에는 그 처분에 대한 심사위원회의 최종 결정이 있을 때까지 후임자를 보충 발령하지 못한다. 다만, 제1항의 기간 내에 소청심사청구를 하지 아니한 경우에는 그 기간이 지난 후에 후임자를 보충 발령할 수 있다.

제10조(소청심사 결정) ① 심사위원회는 소청심사청구를 접수한 날부터 60일 이내에 이에 대한 결정을 하여야 한다. 다만, 심사위원회가 불가피하다고 인정하면 그 의결로 30일을 연장할 수 있다.

② 심사위원회의 결정은 처분권자를 기속한다.

③ 제1항에 따른 심사위원회의 결정에 대하여 교원, 「사립학교법」 제2조에 따른 학교법인 또는 사립학교 경영자 등 당사자는 그 결정서를 송달받은 날부터 90일 이내에 「행정소송법」으로 정하는 바에 따라 소송을 제기할 수 있다.

④ 소청심사의 청구·심사 및 결정 등 심사 절차에 관하여 필요한 사항은 대통령령으로 정한다.

제11조(교원의 지위 향상을 위한 교섭·협의) ① 「교육기본법」 제15조제1항에 따른 교원단체는 교원의 전문성 신장과 지위 향상을 위하여 교육감이나 교육부장관과 교섭·협의한다.

② 교육감이나 교육부장관은 제1항에 따른 교섭·협의에 성실히 응하여야 하며, 합의된 사항을 시행하기 위하여 노력하여야 한다.

제12조(교섭·협의 사항) 제11조제1항에 따른 교섭·협의는 교원의 처우 개선, 근무조건 및 복지후생과 전문성 신장에 관한 사항을 그 대상으로 한다. 다만, 교육과정과 교육기관 및 교육행정기관의 관리·운영에 관

한 사항은 교섭·협의의 대상이 될 수 없다.

제13조(교원지위향상심의회의 설치) ① 제11조제1항에 따른 교섭·협의에서 요청이 있으면 이를 심의하기 위하여 교육부와 특별시·광역시 및 도(이하 "시·도"라 한다)에 각각 교원지위향상심의회를 두되 교육부는 7명 이내, 시·도는 5명 이내의 위원으로 구성한다. 다만, 위원장을 제외한 위원의 2분의 1은 교원단체가 추천한 자로 한다.

② 교원지위향상심의회의 운영과 위원의 자격 및 선임에 관하여 필요한 사항은 대통령령으로 정한다.

❖ 부칙

제1조(시행일) ① 이 법은 공포한 날부터 시행한다.

② 생략

제2조부터 제5조까지 생략

제6조(다른 법률의 개정) ① 부터 〈22〉까지 생략

〈23〉 교원지위향상을 위한 특별법 일부를 다음과 같이 개정한다.

제7조제1항 및 제13조제1항 본문 중 "교육과학기술부"를 각각 "교육부"로 한다.

제8조제1항 각 호 외의 부분 및 제11조제1항·제2항 중 "교육과학기술부장관"을 각각 "교육부장관"으로 한다.

제7조 생략

제1조(목적) 이 영은 교원의 소청심사청구·심사 및 결정 등에 관하여 「교원지위향상을 위한 특별법」에서 위임된 사항과 그 시행에 관하여 필요한 사항을 규정함을 목적으로 한다.

제2조(소청심사청구) ① 교원이 징계처분 그 밖에 그 의사에 반하는 불리한 처분(「교육공무원법」 제11조의3제4항 및 「사립학교법」 제53조의2제6항의 규정에 의한 교원에 대한 재임용 거부처분을 포함한다. 이하 "처분"이라 한다)을 받고 「교원지위향상을 위한 특별법」(이하 "법"이라 한다) 제9조제1항의 규정에 의하여 교원소청심사위원회(이하 "심사위원회"라 한다)에 소청심사를 청구하는 때에는 다음 각 호의 사항을 기재한 소청심사청구서와 그 부본 1부를 심사위원회에 제출하여야 한다.

1. 소청심사를 청구하는 자(이하 "청구인"이라 한다)의 성명·주민등록번호·주소 및 전화번호
2. 청구인의 소속학교명 또는 전 소속학교명과 직위 또는 전 직위
3. 피청구인(소청심사의 대상이 되는 처분의 처분권자를 말하되, 대통령이 처분권자인 경우에는 처분제청권자를 말한다. 이하 같다)
4. 소청심사청구의 대상이 되는 처분의 내용
5. 소청심사청구의 대상이 되는 처분이 있음을 안 날
6. 소청심사청구의 취지
7. 소청심사청구의 이유 및 입증방법

② 청구인이 처분에 대한 사유설명서 또는 인사발령통지서를 받은 경우에는 그 사본 1부를 제1항의 소청심사청구서에 첨부하여야 한다.

제3조(청구기간의 진행정지) ① 천재·지변·전쟁·사변 그 밖에 불가항력 등 청구인의 책임 없는 사유로 소청심사를 청구할 수 없는 기간은 소청심사청구기간에 산입하지 아니한다.

② 제1항의 규정에 의한 책임이 없는 사유의 여부는 심사위원회가 결정한다.

제4조(대리인의 지정 등) ① 피청구인은 제2조의 규정에 의한 소청심사청구가 있는 때에는 소속 직원 또는 변호사를 대리인으로 지정 또는 선임하여 소청심사청구에 대한 피청구인의 업무를 대리하게 할 수 있다.

② 청구인이 법 제9조제1항 후단의 규정에 의하여 변호사를 대리인으로 선임하거나 피청구인이 제1항의 규정에 의하여 소속 직원 또는 변호사를 대리인으로 지정·선임한 경우 그 변호사 또는 소속 직원 등은 그 위임장 또는 지정서를 심사위원회에 제출하여야 한다.

제5조(피청구인의 답변서 제출) ① 심사위원회가 제2조제1항의 규정에 의한 소청심사청구서를 받은 때에는 그 부본 1부를 피청구인에게 송부하고, 필요한 경우 답변서를 제출하도록 요구할 수 있다.

② 심사위원회가 피청구인에게 소청심사청구에 대한 답변서의 제출을 요구한 때에는 피청구인은 지정된 기일 내에 답변서와 청구인의 수에 따른 부본을 심사위원회에 제출하여야 한다. 이 경우 답변서에는 소청심사청구의 취지와 이유에 대한 답변 및 이에 대한 입증자료가 포함되어야 한다.

③ 심사위원회는 제1항의 규정에 의하여 제출된 답변서 부본을 지체 없이 청구인에게 송달하여야 한다.

제6조(보정요구 등) ① 심사위원회는 소청심사청구서(이하 "청구서"라 한다)에 흠이 있다고 인정할 때에는 청구서를 접수한 날부터 7일 이내에 상당한 기간을 정하여 청구인에게 보정을 요구하여야 한다. 다만, 그 흠이 경미한 때에는 심사위원회가 직권으로 이를 보정할 수 있다.

② 제1항의 규정에 의한 보정이 있는 경우에는 처음부터 적법한 소청심사청구가 제기된 것으로 본다.

③ 청구인의 소재가 분명하지 아니한 경우 심사위원회는 청구인에게 보정을 요구하는 취지를 관보에 게재하는 것으로 그 보정요구의 송달에 갈음할 수 있다. 이 경우 관보에 보정요구의 취지를 게재한 날부터 10일이 경과하는 날에 그 보정요구는 청구인에게 도달된 것으로 본다.

④ 제1항의 규정에 의한 보정을 요구하는 경우에는 법 제10조제1항

의 규정에 의한 소청심사 결정기간의 산정은 그 보정이 완료된 날부터 기산한다.

제7조(처분의 취소) 청구인이 소청심사청구를 제기한 후 피청구인이 소청심사청구의 대상이 되는 처분을 취소·변경하거나 그 소청심사청구의 취지에 따라 다시 처분을 한 때에는 심사위원회와 청구인에게 그 사실을 통지하여야 한다.

제8조(소청심사청구의 취하) 청구인은 심사위원회의 결정이 있을 때까지는 소청심사청구의 일부 또는 전부를 취하할 수 있다.

제9조(심사일시 등의 지정 통지) ① 심사위원회가 소청심사청구사건(이하 "소청사건"이라 한다)을 심사할 때에는 청구인과 피청구인(이하 "당사자"라 한다)이 심사위원회에 출석할 수 있도록 당사자에게 심사일시 및 장소를 통지하여야 한다. 이 경우 심사일시 등의 통지를 받은 자가 성당한 사유로 출석할 수 없는 때에는 심사위원회에 심사연기를 요청할 수 있고, 심사위원회는 다시 심사일시 및 장소를 정하여 당사자가 출석할 수 있도록 하여야 한다.

② 제1항의 규정에 의한 통지를 받고 심사위원회에 출석하는 자가 공무원 또는 사립학교 교직원인 경우 그 소속기관의 장은 공가를 허가하여야 한다.

③ 당사자의 소재가 분명하지 아니한 경우 심사위원회는 제1항의 규정에 의한 통지의 취지를 관보에 게재하는 것으로 그 통지를 갈음할 수 있다. 이 경우 심사일시 등의 통지를 관보에 게재한 날부터 10일이 경과하는 날에 그 통지가 당해 당사자에게 도달된 것으로 본다.

제10조(위원의 제척·기피·회피) ① 심사위원회의 위원은 다음 각 호의 어느 하나에 해당하는 경우에는 그 소청사건의 심사·결정에서 제척된다.

1. 위원 또는 그 배우자나 배우자이었던 자가 당해 소청사건의 당사자가 된 경우

2. 위원이 당해 소청사건의 당사자 또는 당사자의 대리인과 친족관계에 있거나 있었던 경우

3. 위원이 당해 소청사건에 관하여 증언이나 검정 또는 감정을 한 경우

4. 위원이 당해 소청사건에 관하여 당사자의 대리인으로서 관여하거나 관여하였던 경우

5. 위원이 당해 소청심사청구의 대상이 된 처분에 관여한 경우

② 당사자는 심사위원회의 위원에게 심사·결정의 공정을 기대하기 어려운 사정이 있는 경우에는 기피신청을 할 수 있다. 이 경우 심사위원회는 결정으로 기피신청을 받아들일 것인지 여부를 판단하여야 한다.

③ 제2항의 규정에 의하여 기피신청을 받은 위원은 기피신청에 대한 심사위원회의 의결에 참여하지 못한다.

④ 심사위원회의 위원은 제1항 또는 제2항의 사유에 해당하는 때에는 스스로 그 소청사건의 심사·결정에서 회피할 수 있다.

제11조(심사위원회의 심사) ① 심사위원회는 제2조의 규정에 의하여 청구서를 접수한 때에는 지체 없이 이를 심사하여야 한다.

② 심사위원회는 제1항의 규정에 의한 심사를 하는 데 필요하다고 인정하는 경우에는 전문적인 지식과 경험을 갖춘 자에게 검정·감정을 의뢰하거나 소속 직원으로 하여금 당해 소청사건과 관련된 사실조사를 하게 할 수 있다.

③ 심사위원회는 소청사건의 심사에 필요하다고 인정하는 경우에는 당해 소청사건과 관련된 증인을 불러 질문을 하거나 관계 기관 등에 필요한 서류의 제출을 요구할 수 있다.

④ 심사위원회가 소청사건을 심사하기 위하여 청구인에 대한 징계요구기관 또는 관계 기관의 소속직원을 증인으로 소환할 경우에는 당해 기관의 장은 이에 응하여야 한다.

⑤ 심사위원회가 관계 기관 등에 대하여 소청사건의 심사와 관련된 자료의 제출을 요구한 때에는 그 기관은 지정된 기간 내에 이를 제출하여야 한다.

⑥ 심사위원회가 증인을 불러 질문을 할 때에는 증인에게 예산의 범위 안에서 일당과 여비를 지급하여야 한다.

제12조(심사의 범위) 심사위원회는 소청심사청구의 원인이 된 사실 외의 사실에 대하여 심사하지 못한다.

제13조(청구인 등의 진술) ① 심사위원회가 소청사건을 심사할 때에는 청구인 또는 그 대리인에게 진술의 기회를 부여하여야 한다. 다만, 소청심사청구기간의 경과 등 소청심사의 청구가 부적법하여 각하결정을 하는 때와 소청심사청구의 대상이 되는 처분의 절차상 하자가 명백하여 그 처분의 취소결정을 하는 때는 당사자의 서면진술만으로 결정할 수 있다.

② 심사위원회는 출석한 당사자의 진술을 청취하여야 하고, 필요하다고 인정하는 때에는 구술로 신문할 수 있다.

③ 제9조제1항의 규정에 의한 통지를 받고 출석하지 아니한 당사자는 서면으로 그 의견을 진술할 수 있다.

④ 형사사건으로 구속되거나 그 밖의 사유로 인하여 심사위원회에 출석할 수 없는 청구인이 제9조제1항의 규정에 의하여 지정한 기일 또는 심사위원회가 특히 서면에 의한 진술을 위하여 지정한 기일 안에 서면에 의한 진술을 하지 아니한 때에는 심사위원회는 청구인의 진술 없이 당해 소청사건에 대하여 결정을 할 수 있다.

제14조(증거제출 등) ① 당사자는 증거물 그 밖에 당해 소청사건의 심사에 필요한 자료를 심사위원회에 제출할 수 있다.

② 당사자는 증인의 소환 또는 증거물 그 밖에 심사위원회의 심사에 필요한 자료의 제출명령을 심사위원회에 신청할 수 있다. 이 경우 심사위원회는 당사자의 증인소환 또는 자료제출명령 신청에 대한 채택 여부를 결정하여야 한다.

③ 심사위원회가 채택한 증인이 공무원 또는 사립학교 교직원인 경우 그 소속기관의 장은 공가를 허가하여야 한다.

제15조(조서작성) 심사위원회는 소청사건의 심사절차에 관한 조서를 작성하여야 한다.

제16조(심사위원회의 결정) ① 소청사건의 결정은 심사위원회 재적위원 3

분의 2 이상의 출석과 재적위원 과반수의 합의에 의하되, 의견이 나뉘어 위원 과반수의 합의에 이르지 못할 경우에는 재적위원 과반수에 이를 때까지 청구인에게 가장 불리한 의견에 차례로 유리한 의견을 더하여 그중 가장 유리한 의견을 합의된 의견으로 본다.

② 심사위원회의 결정은 다음과 같이 구분한다.

1. 소청심사청구가 부적법한 것인 때에는 그 청구를 각하한다.

2. 소청심사청구가 이유 없다고 인정하는 때에는 그 청구를 기각한다.

3. 처분의 취소 또는 변경을 구하는 소청심사청구가 이유 있다고 인정하는 때에는 처분을 취소 또는 변경하거나 처분권자에게 그 처분의 취소 또는 변경을 명한다.

4. 처분의 효력 유무 또는 존재 여부에 대한 확인을 구하는 소청심사청구가 이유있다고 인정하는 때에는 처분의 효력유무 또는 존재여부를 확인한다.

5. 위법 또는 부당한 거부처분에 대하여 의무이행을 구하는 소청심사청구가 이유있다고 인정하는 때에는 그 거부처분을 취소하거나 소청심사청구의 취지에 따른 의무이행을 명한다.

③ 제2항제3호 및 제4호의 규정에 의한 심사위원회의 결정이 소청심사의 대상이 된 처분에 있어서 법령의 적용, 증거 및 사실조사에 명백한 흠이 있거나 징계위원회의 구성 또는 징계의결 그 밖에 절차상의 흠이 있음을 이유로 한 경우 처분권자는 다시 청구인에 대한 징계절차를 밟아 심사위원회의 결정서를 받은 날부터 3월 이내에 징계절차를 끝내야 한다. 이 경우 심사위원회가 소청심사청구의 대상이 되는 처분에 대하여 한 취소 또는 변경명령 결정은 그에 따른 징계 그 밖의 처분이 있을 때까지 종전에 행한 처분의 효력에 영향을 미치지 아니한다.

④ 심사위원회는 소청심사청구의 대상이 되는 처분보다 청구인에게 불이익한 결정을 하지 못한다.

⑤ 심사위원회의 결정은 그 이유를 명시한 결정서로 하여야 한다.

제17조(결정서의 작성) 심사위원회는 소청사건에 대하여 결정을 한 때에
는 다음 각 호의 사항을 기재한 결정서를 작성하고 위원장과 출석한
위원이 이에 서명 또는 날인하여야 한다.

1. 당사자의 표시

2. 결정주문

3. 결정이유의 개요

4. 증거의 판단

제18조(결정의 경정) 심사위원회는 소청사건에 대한 결정에 오기·착오 그
밖에 이와 비슷한 잘못이 있는 것이 명백한 경우 직권 또는 당사자의
신청에 따라 경정결정을 할 수 있다.

제19조(결정서의 송부) ① 결정서(제18조의 규정에 의하여 경정결정을 한
경우 그 경정결정서를 포함한다. 이하 같다)는 그 정본을 작성히여 지
체 없이 당사자에게 송부하여야 한다.

② 심사위원회가 제1항의 규정에 의하여 결정서를 송부하였으나 그
결정서가 심사위원회의 과실 없이 청구인에게 송달되지 아니한 경우
에는 청구인의 주소·성명과 결정주문을 관보에 게재하는 것으로 결
정서의 송부를 갈음할 수 있다. 이 경우 관보에 심사위원회의 결정 결
과를 게재한 날부터 14일이 경과하는 날에 그 결정서는 청구인에게
도달된 것으로 본다.

제20조(위원장 및 상임위원의 겸직금지) 심사위원회의 위원장과 상임위원
은 소청심사에 있어서 다음 각 호의 직무를 겸할 수 없다.

1. 학교법인의 임원

2. 각종 교원단체의 임원

3. 그 밖에 소청의 당사자 중 그 일방의 이익을 위한 기관이나 단체
의 임원

제21조(수당) 심사위원회의 회의에 출석한 위원에 대하여는 예산의 범위
안에서 수당을 지급할 수 있다. 다만, 위원장과 상임위원의 경우에는
그러하지 아니하다.

제22조(감사원 요구에 의한 재심) ① 「감사원법」 제32조제6항의 규정에 따라 감사원이 심사위원회에 재심을 요구한 경우 심사위원회는 즉시 재심요구서 부본을 청구인에게 송부하고 답변 자료의 제출을 요구하여야 한다.

② 심사위원회는 제1항의 규정에 의한 재심사건의 심사를 위하여 필요하다고 인정하는 경우를 제외하고는 당사자의 출석 없이 결정할 수 있다.

③ 심사위원회가 재심사건을 결정한 때에는 재심결정서를 작성하여 그 정본을 지체 없이 당사자 및 감사원에 송부하여야 한다. 이 경우 감사원에는 교육부장관을 경유하여 송부하여야 한다.

④ 제1항의 재심요구서에 재심이유가 명시되어 있지 아니하거나, 그 밖에 흠이 있는 경우에는 심사위원회는 재심요구서를 접수한 날부터 7일 이내에 상당한 기간을 정하여 보정을 요구하여야 한다. 이 경우 재심청구사건의 처리기간은 그 보정이 완료된 날부터 기산한다.

⑤ 재심요구에 대한 결정은 특별한 사정이 있는 경우를 제외하고는 재심이 요구된 날부터 30일 이내에 하여야 한다.

제23조(행정소송 결과의 통보) 청구인이 법 제10조제3항의 규정에 의하여 피청구인을 피고로 하여 행정소송을 제기한 경우에는 당해 소청사건의 피청구인은 청구인이 소송을 제기한 사실 및 그 소송 결과를 심사위원회에 통보하여야 한다.

제24조(고유식별정보의 처리) 심사위원회는 법 제7조제1항에 따른 소청심사(訴請審査)에 관한 사무를 수행하기 위하여 불가피한 경우 「개인정보 보호법 시행령」 제19조제1호에 따른 주민등록번호가 포함된 자료를 처리할 수 있다.

❖ 부칙

이 영은 2014년 8월 7일부터 시행한다.

II
소청심사절차

소청심사청구

- 청구인의 성명 · 생년월일 · 주소 및 전화번호, 소속학교명 또는 전 소속학교명과 직위 또는 전 직위, 피청구인, 소청심사청구의 대상이 되는 처분의 내용, 처분이 있음을 안 날, 청구의 취지, 청구 이유 및 입증방법을 기재한 소청심사청구서 제출

- 파면 또는 해임이나 면직처분에 대하여 교원소청심사 청구가 있는 경우 처분권자는 위원회의 최종 결정이 있을 때까지 후임자의 보충발령을 하지 못함. 다만, 소청심사청구 기간이 경과한 후에는 보충발령이 가능함

- 청구인은 심사위원회의 결정이 있을 때까지는 청구의 일부 또는 전부를 취하 가능

↓

소청심사청구 접수

- 심사위원회는 소청심사청구서에 흠이 있다고 인정할 때에는 접수한 날로부터 7일 이내에 상당한 기간을 정하여 청구인에게 보정요구를 할 수 있으며, 경미한 때에는 직권으로 보정 가능

- 보정이 있는 경우 처음부터 적법한 소청심사청구가 제기된 것으로 봄

↓

소청심사청구서 접수 통지 및 답변서 제출 요구

- 심사위원회는 소청심사청구서 부본 1부를 피청구인에게 송부하고 필요한 경우 답변서 제출을 요구할 수 있음

- 피청구인은 지정된 기일 내에 소청심사청구의 취지와 이유에 대한 답변 및 이에 대한 입증자료가 포함된 답변서와 청구인의 수에 따른 부본을 심사위원회에 제출하여야 함

답변서 접수 및 검토

- 피청구인의 답변서가 접수되면 그 부본을 청구인에게 송부하고 필요할 경우 현지 등을 방문하여 사실 조사함

심사기일 지정·통지

- 심사위원회가 소청심사청구사건을 심사할 때에는 청구인과 피청구인이 심사위원회에 출석할 수 있도록 심사개최 7일 전까지 당사자에게 심사기일 및 장소를 통지

- 이 경우 심사기일 등의 통지를 받은 자가 정당한 사유로 출석할 수 없는 때에는 심사위원회에 심사연기를 요청할 수 있고, 심사위원회는 다시 심사일시 및 장소를 정하여 당사자가 출석할 수 있도록 하여야 함

심사

- 위원회는 소청심사청구의 원인이 된 사실 외의 사실에 대해서는 심사하지 못함
- 소청제기기간, 청구인 적격, 청구대상 등에 대한 요건심사, 징계 등 불이익 처분 절차, 사실관계, 법령적용, 징계양정 등이 제대로 이루어졌는지를 검토
- 위원회는 전문적인 지식과 경험을 갖춘 자에게 검정·감정을 의뢰하거나 소속 직원으로 하여금 사실조사 실시 가능
- 소청사건과 관련된 증인을 불러 질문하거나 관계기관 등에 필요한 서류제출 요구 가능
- 위원회는 청구인에게 진술의 기회를 부여하여야 함. 다만, 소청심사청구기간의 경과 등 소청심사의 청구가 부적법하여 각하결정을 하는 때와 소청심사청구의 대상이 되는 처분의 절차상 하자가 명백하여 그 처분의 취소결정을 하는 때는 당사자의 서면진술만으로 결정할 수 있음

↓

결정

- 접수일로부터 60일 이내(30일 연장 가능)에 결정하되 결정의 유형에는 각하, 기각, 취소, 변경 등이 있음

↓

결정서 작성 및 송부

- 결정서는 결정일로부터 15일 이내에 결정 주문과 이유 등을 명시하여 청구인과 피청구인에게 송부함

1. 소청심사청구

○ 청구인: 각급학교 교원 및 교육감 소속 교육전문직원

- 국·공·사립 구분 없이 유치원에서 대학에 이르기까지 초·중등교육법 제19조 및 고등교육법 제14조에 명시된 교원, 교육공무원법 제61조에 따른 교육감 소속 교육전문직원인 '교육연구사, 교육연구관, 장학사, 장학관'은 누구나 가능함

○ 청구의 대상: 징계처분 그 밖에 그 의사에 반하는 불리한 처분

- 징계처분: 파면, 해임, 강등, 정직, 감봉, 견책, 불문경고(국·공립의 경우만 해당)

- 기타 불리한 처분: 재임용 거부, 직위해제, 직권면직, 폐과면직, 휴직, 전보 등

○ 청구기간: 처분이 있었던 것을 안 날부터 30일 이내
{교원지위향상을 위한 특별법(이하 '법') 제9조 제1항}
※ 이 기간이 경과하면 심사대상에서 제외됨(각하)

○ 청구방식: 인편 또는 우편을 통해 서면(소청심사청구:이하 '청구서')으로 청구할 수 있고, 우리 위원회 홈페이지에서 온라인 소청심사청구를 할 수 있음(우편을 이용할 경우 위 청구 기간 내에 도달되어야 함
{교원소청에 관한 규정(이하 '규정') 제2조}

○ 대리인 선임: 청구인은 변호사를 대리인으로 선임 가능(법 제9조 제1항)
피청구인은 소속 직원 또는 변호사를 대리인으로 지정 또는 선임 가능(규정 제4조)

○ 청구의 제기시점: 우리 위원회에 청구서가 제출(접수)된 때
(행정심판법 제17조 제7항)

2. 사건배정

○ 심사과장은 청구서 내용 검토 후 담당 조사관을 지정

3. 청구서 검토

○ 흠결여부 확인: 필요적 기재사항, 첨부서류
 - 청구서에 흠이 있을 경우 접수한 날부터 7일 이내에 상당한 기간
  을 정하여 보정요구, 흠이 경미한 때에는 직권으로 보정(규정 제6
  조 제1항)

4. 청구서 접수통지 및 답변서 제출요구

○ 피청구인에게 청구서 부본 송부와 동시에 기일 내 답변서 제출을 요
 구(규정 제5조 제1항)

5. 답변서 접수·검토

○ 제출된 답변서 부본은 지체 없이 청구인에게 송달(규정 제5조 제3항)

6. 사실조사

○ 필요한 경우에는 전문적인 지식과 경험을 갖춘 자에게 검정·감정을
 의뢰하거나 소속 직원으로 하여금 당해 사건과 관련된 사실조사를
 하게 할 수 있음(규정 제11조 제2항)

7. 심사기일 지정·통지

○ 청구인과 피청구인에게 심사일시 및 장소 통지(규정 제9조 제1항)
○ 연기요청: 정당한 사유로 출석할 수 없는 때에는 우리 위원회에 심사
 연기를 요청할 수 있고, 우리 위원회는 다시 기일을 정하여 출석 통
 지(규정 제9조 제1항)

8. 심사회의

○ 심사회의: 소청사건을 심사

- 참석 범위: 위원장, 위원, 심사과장, 담당조사관, 양당사자 및 증인
- 회의 진행절차: 사건상정 → 당사자 확인 → 신문 및 진술 → 결정
- 심사의 범위: 소청심사청구의 원인이 된 사실 외의 사실에 대하여 심사하지 못함(규정 제12조)

○ 청구인의 권리
- 진술: 심사회의에 출석하여 진술(구두 또는 서면)할 수 있음(규정 제13조)
- 기피신청: 심사위원회 위원에게 심사·결정의 공정을 기대하기 어려운 사정이 있는 경우(규정 제10조 제2항)
- 증거제출: 증인의 소환 또는 증거물 기타 심사자료의 제출명령을 신청하거나 증거물 기타 심사자료를 제출할 수 있음(규정 제14조 제1항 및 제2항)
- 취하: 청구인은 심사위원회의 결정이 있을 때까지는 청구의 일부 또는 는 전부를 취하할 수 있음(규정 제8조)

9. 결 정

○ 결정방법: 재적위원 3분의 2 이상의 출석과 재적위원 과반수의 합의에 의하되 의견이 다를 경우에는 재적위원 과반수에 이를 때까지 청구인에게 가장 불리한 의견에 차례로 유리한 의견을 더하여 그중 가장 유리한 의견으로 함(규정 제16조 제1항)

○ 결정기한: 접수한 날부터 60일 이내, 불가피한 경우 30일 연장 가능(법 제10조 제1항)

○ 결정종류: 각하, 기각, 취소, 변경(감경), 확인, 이행명령 등(규정 제16조 제2항)

10. 결정서 작성

○ 소청사건에 대하여 결정을 한 때에는 결정서를 작성하고 위원장과 출석한 위원이 서명날인(규정 제17조)

○ 결정서의 기재사항(규정 제17조)
 - 당사자의 표시
 - 결정주문
 - 결정이유의 개요
 - 증거의 판단

11. 결정서 송부

○ 결정서 정본을 작성하여 지체 없이 당사자에게 송부(규정 제19조)
○ 경정신청: 결정에 오기·착오 그 밖에 이와 비슷한 잘못이 있는 때(
  규정 제18조)

12. 행정소송 제기

○ 심사위원회의 결정에 대하여 불복할 때, 교원 및 사립학교법인 또는
  사립학교 경영자는 행정소송 제기 가능
※ 국·공립교원은 원처분청을 대상으로 행정소송을 제기해야 함

III
처분 유형별 소청심사 통계

1. 2012년

처분 유형	취소	변경	기각	각하	취하 등	소계
징계처분	44	87	136	7	27	301
재임용 거부처분	37	0	10	2	17	66
기타 불이익처분	25	1	42	49	33	150
합계	106	88	188	58	77	517

2. 2013년

처분 유형	취소	변경	기각	각하	취하 등	소계
징계처분	43	67	159	3	21	293
재임용 거부처분	38	0	6	6	15	65
기타 불이익처분	37	0	20	37	35	129
합계	118	67	185	46	71	487

3. 2014년

처분 유형	취소	변경	기각	각하	취하 등	소계
징계처분	56	45	122	8	10	241
재임용 거부처분	107	0	34	6	14	161
기타 불이익처분	48	0	66	64	32	210
합계	211	45	222	78	56	612